十万个你问我答

第一辑

动物世界

李梦雨◎编

SPM 南方传媒 | 广东人民出版社
·广州·

图书在版编目（CIP）数据

十万个你问我答. 第一辑. 动物世界 / 李梦雨编. —
广州：广东人民出版社，2024.1
ISBN 978-7-218-16785-5

Ⅰ. ①十… Ⅱ. ①李… Ⅲ. ①科学知识—儿童读物②
动物—儿童读物 Ⅳ. ① Z228.1 ② Q95-49

中国国家版本馆 CIP 数据核字（2023）第 148387 号

SHI WAN GE NIWENWODA · DI-YI JI · DONGWU SHIJIE
十万个你问我答 · 第一辑 · 动物世界
李梦雨 编

出 版 人：肖风华

责任编辑：吴瑶瑶
责任技编：吴彦斌

出版发行：广东人民出版社
地　　址：广州市越秀区大沙头四马路 10 号（邮政编码：510199）
电　　话：（020）85716809（总编室）
传　　真：（020）83289585
网　　址：http://www.gdpph.com
印　　刷：三河市祥达印刷包装有限公司
开　　本：880 毫米 × 1230 毫米 1/32
总 印 张：24　　总 字 数：400 千
版　　次：2024 年 1 月第 1 版
印　　次：2024 年 1 月第 1 次印刷
定　　价：120.00 元（全八册）

如发现印装质量问题，影响阅读，请与出版社（020-87712513）联系调换。
售书热线：（020）87717307

目录 MULU

身边的动物

自然界中，有各种各样的动物，它们样貌不同，生活习性也各有各的特点，从这些动物的身上，我们会学到很多有趣的知识。现在，就跟随着我的脚步，一起去看看吧！

老师，我发现许多动物都有很奇怪的爱好，为什么呢？

这和它们的生活习性和身体结构有关系。

哦，老师，给我具体讲讲吧！

好的，让我们一起走进动物的世界吧！

为什么狗在睡觉时要捂着鼻子？

狗狗在生活中处处都要用到鼻子，灵敏的嗅觉对它们来说十分重要。在狗狗的鼻子上有一个专门控

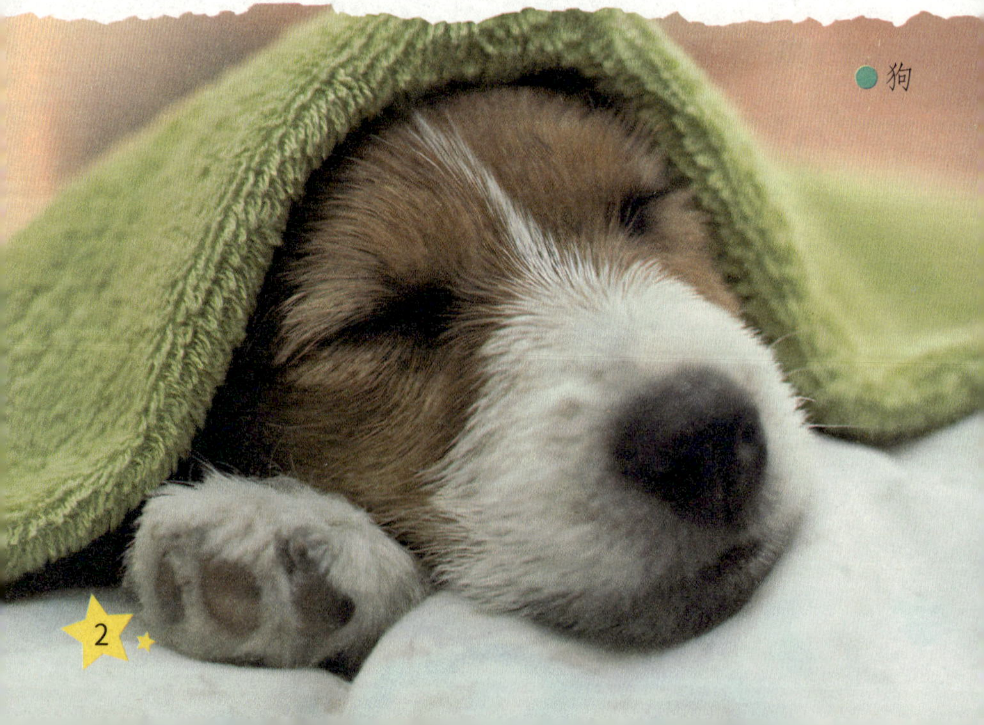

狗

zhì xiù jué de bù wèi zhè ge bù wèi jiù shì bí jiān tā
制嗅觉的部位，这个部位就是鼻尖，它
de bí jiān shang fù gài zhe yì céng nián mó shàng miàn bù mǎn
的鼻尖上覆盖着一层黏膜，上面布满
le xiù jué xì bāo dàn shì bí jiān shang méi yǒu máo fà
了嗅觉细胞，但是鼻尖上没有毛发，
yīn cǐ tè bié róng yì shòu shāng rú guǒ bí zi shòu dào le
因此特别容易受伤。如果鼻子受到了
shāng hài jiù huì yǐng xiǎng gǒu gou de zhèng cháng shēng huó
伤害，就会影响狗狗的正常生活。
yīn cǐ gǒu gou tè bié zhù yì bǎo hù zì jǐ de bí zi
因此，狗狗特别注意保护自己的鼻子，
zài shuì jiào shí wèi fáng zhǐ bí zi shòu shāng jiù huì wǔ
在睡觉时，为防止鼻子受伤，就会捂
zhe bí zi shuì jiào
着鼻子睡觉。

知识拓展

狗喜欢交朋友，不管是人还是其他动物，它都想要一起玩。另外，它还喜欢主人的抚摸，所以，闲暇时一定要多陪陪自己的狗狗。

为什么夏天时狗总是伸着舌头？

wèi shén me xià tiān shí gǒu zǒng shì shēn zhe shé tou

gǒu shǔ yú bǔ rǔ dòng wù， tǐ wēn héng dìng，
狗属于哺乳动物，体温恒定，

xià tiān tiān qì rè shí， jiù xū yào xiàng rén lèi yí yàng，
夏天天气热时，就需要像人类一样，

tōng guò wù lǐ fāng shì jiàng wēn。 gǒu de pí fū shang zhǎng
通过物理方式降温。狗的皮肤上长

yǒu máo fà， hěn nán tōng guò pí fū sàn rè。 tā de sàn
有毛发，很难通过皮肤散热。它的散

● 狗

rè qì guān zài shé tou shang xià tiān hěn rè shí gǒu jiù huì
热器官在舌头上，夏天很热时，狗就会
bǎ shé tou shēn chū lái rè liàng huì tōng guò shé tou shang de
把舌头伸出来，热量会通过舌头上的
hàn xiàn sàn fā diào gǒu gou de tǐ wēn yě jiù jiàng xià lái
汗腺散发掉，狗狗的体温也就降下来
le suǒ yǐ gǒu zài xià tiān shí zǒng shì shēn zhe shé tou
了。所以，狗在夏天时总是伸着舌头。

知识拓展

狗的正常体温高于人类，在37.8℃~39℃的范围内。如果狗的体温高于40℃，它的内脏器官就会受到损害；若体温达到41℃，它可能会中暑，还可能被热死。

猪为什么总是用嘴拱泥吃？

答：猪看起来总是脏脏的，还特别喜欢用嘴拱泥。猪的这个爱好，和它们的祖先——野猪有很大关系。野猪生活在野外，没有现成的食物吃，只能在野外找吃的，因为泥土中常

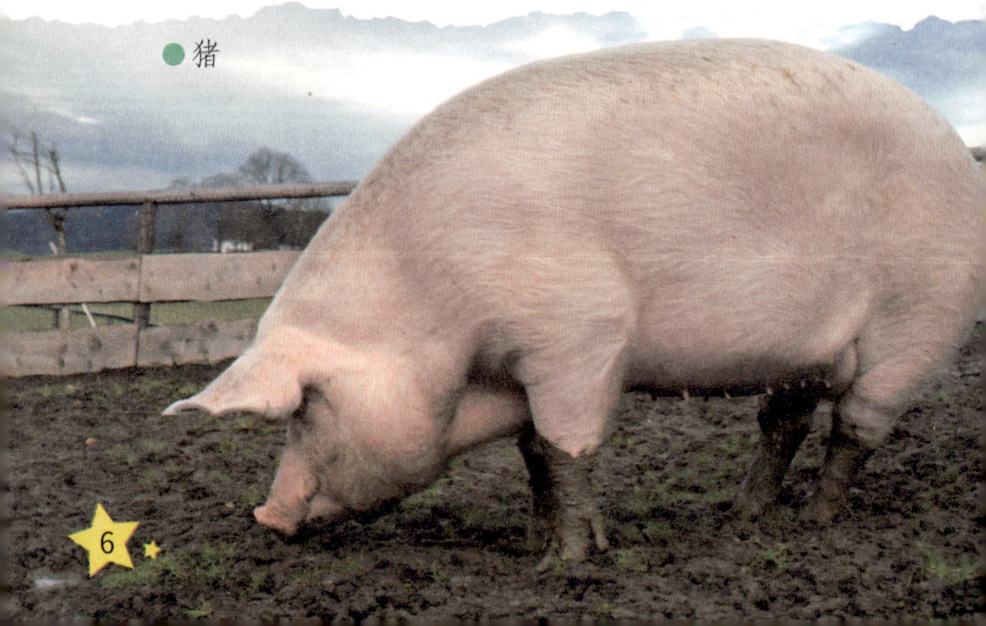

猪

chángcáng zhe tā men xǐ huan chī de shí wù suǒ yǐ tā men
常藏着它们喜欢吃的食物，所以它们

yǎngchéng le gǒng ní de xí guàn suī rán xiàn zài de zhū yǒu
养成了拱泥的习惯。虽然现在的猪有

rén wèi yǎng wú xū zì jǐ zhǎo shí wù dàn tā men de zhè
人喂养，无须自己找食物，但它们的这

ge xí guàn méi yǒu gǎi biàn
个习惯没有改变。

知识拓展

我国是世界上最早驯化野猪的国家，在新石器时代的早期和中期，已有野猪被驯化，距今大约一万年。

马为什么要站着睡觉？

马站着睡觉的习惯来源于它们被驯化前的野生时期。野马大都在草原上生活，没有物体遮挡，经常被食肉动物袭击。如果在它们正躺着睡觉的时候，食肉动物来攻击它们，它们就无法快速逃脱，只能被吃掉。

马

yīn cǐ wèi le néng zài dí rén dào lái shí kuài sù táo zǒu
因此，为了能在敌人到来时快速逃走，
yě mǎ dōu shì zhàn zhe shuì jiào bù guǎn shì bái tiān xiǎo qì
野马都是站着睡觉，不管是白天小憩
hái shi wǎn shang xiū xi jiā mǎ dà dōu shì yóu yě mǎ xùn
还是晚上休息。家马大都是由野马驯
huà ér lái yīn cǐ bǎo liú le zhàn zhe shuì jiào de xí guàn
化而来，因此保留了站着睡觉的习惯。

知识拓展

通常，马儿在奔跑一段时间后会闭上眼睛，把头低下去稍微休息一下。如果很累，并且周围没有危险时，它们也会闭着眼把头靠在同伴的背上，好好睡一觉。特别是跟着母亲的小马，它们因为有母亲在身边，所以经常那样睡觉。

wèi shén me niú chī cǎo hòu yào fǎn chú

为什么牛吃草后要反刍？

答：

niú chī cǎo hòu huì fǎn chú shì yīn wèi cǎo
牛吃草后会反刍，是因为草
jìn dào niú wèi hòu bìng bù néng wán quán bèi xiāo huà cǎo
进到牛胃后，并不能完全被消化，草
zhōng de xiān wéi sù xū yào bèi fǎn fù jǔ jué cái néng bèi
中的纤维素需要被反复咀嚼，才能被
xiāo huà xī shōu niú de wèi hé bié de dòng wù bù tóng
消化吸收。牛的胃和别的动物不同，
tā yǒu sì gè wèi niú de dì yī gè wèi jiào liú wèi
它有四个胃。牛的第一个胃叫瘤胃，
nà xiē jǔ jué bù wán quán jiù bèi yàn xià de cǎo huì shǒu xiān
那些咀嚼不完全就被咽下的草会首先
jìn rù liú wèi zài liú wèi zhōng bèi wèi yè jìn pào biàn
进入瘤胃，在瘤胃中被胃液浸泡。变
ruǎn hòu zhè xiē cǎo yòu fǎn huí kǒu qiāng jīng guò zài cì jǔ
软后，这些草又返回口腔，经过再次咀
jué hòu yòu huì jìn rù liú wèi jiē zhe liú wèi de shí
嚼后，又会进入瘤胃。接着，瘤胃的食
wù huì tōng guò wǎng wèi dào dá bàn wèi zuì zhōng quán bù
物会通过网胃，到达瓣胃，最终全部

jìn rù zhòu wèi jìn rù zhòu wèi de cǎo cái néng bèi wán
进入皱胃。进入皱胃的草，才能被完

quán xiāo huà ràng niú xī shōu
全消化，让牛吸收。

知识拓展

会反刍的动物除了牛还有长颈鹿、鹿、骆驼、马、羊以及羊驼。这些动物的共同点是没有上门牙，取而代之的是很硬的齿龈，以帮助下门牙把食物撕开。

lú jīng cháng zài dì shang dǎ gǔn
驴经常在地上打滚
de yuán yīn shì shén me
的原因是什么？

答：

lǘ gè zi bǐ mǎ xiǎo, bǐ luó zi dà,
驴个子比马小，比骡子大，
zhǎng zhe yí duì cháng ěr duo, shēn tǐ jiàn zhuàng, wèi yǎng qǐ
长着一对长耳朵，身体健壮，喂养起
lái jiào róng yì, qiě shí fēn tīng huà, kě yǐ bāng rén men
来较容易，且十分听话，可以帮人们

驴

yùn zhòng wù hái kě yǐ gēng dì shì rén lèi de hǎo bāng
运重物，还可以耕地，是人类的好帮
shou lǘ zuì ài zuò de shì jiù shì zài dì shang gǔn lái
手。驴最爱做的事，就是在地上滚来
gǔn qù lǘ xǐ huan dǎ gǔn shì yīn wèi tā men shēn shang
滚去。驴喜欢打滚是因为它们身上
jì shēng zhe yì xiē tǎo yàn de xiǎo chóng zi xiǎo chóng zi
寄生着一些讨厌的小虫子，小虫子
de cún zài ràng lǘ quán shēn dōu yǎng de bù xíng yīn cǐ lǘ
的存在让驴全身都痒得不行，因此驴
yòng dǎ gǔn de fāng shì lái zhǐ yǎng bìng bǎ zhè xiē tǎo yàn
用打滚的方式来止痒，并把这些讨厌
de chóng zi gǎn zǒu zhè jiù shì lǘ xǐ huan dǎ gǔn de yuán
的虫子赶走。这就是驴喜欢打滚的原
yīn nǐ zhī dào le ma
因，你知道了吗？

知识拓展

人们常说，天上龙肉，地上驴肉。可见，驴肉很受人们的欢迎。人们喜爱驴肉是因为它味美肉鲜，易咀嚼，且营养丰富。现在极流行的驴肉火烧就是用驴肉制作而成的美味。

猫为什么喜欢吃老鼠？

答：猫喜欢吃老鼠，不仅因为猫是食肉动物，还因为猫需要一种特殊的微量元素——牛磺酸，而老鼠的肉里就含有这种物质。为什么猫需要牛磺酸呢？因为猫如果缺少牛磺酸，就会得夜盲症，天黑后，就会什么也看不清，成为“瞎猫”。所以，猫就会经常捉老鼠来吃。除了这个原因，猫吃老鼠可能还因为老鼠肉有营养。而现在家养的宠物猫大都吃猫粮，猫粮基本包含

猫

le māo suǒ xū yào de yíng yǎng suǒ yǐ chǒng wù māo bù xū
了猫所需要的营养，所以宠物猫不需

yào bǔ shí lǎo shǔ lái bǔ chōng yíng yǎng
要捕食老鼠来补充营养。

知识拓展

关于猫捉老鼠的原因，还有这样一个神话故事：玉皇大帝要选十二生肖，让动物们比赛，谁最先达到天庭，谁就排在第一位。猫和老鼠原本是好朋友，约定一块儿去天庭，由于猫爱睡觉，老鼠为了抢第一，在猫睡着后，故意不叫醒猫，自己偷偷提前走了。猫醒后找不到老鼠，连忙上天，不但没赶上属相安排，还看到老鼠竟排在第一位，猫瞬间明白了老鼠的居心，从此见到老鼠就抓。

wèi shén me lǎo shǔ shā bù guāng

为什么老鼠杀不光？

答:

lǎo shǔ zhī suǒ yǐ shā bù guāng, yǒu liǎng fāng
老鼠之所以杀不光，有两方
miàn de yuán yīn. yī shì lǎo shǔ gǎn jué líng mǐn、cōng míng
面的原因。一是老鼠感觉灵敏、聪明
jǐn shèn. wǒ men jīng cháng shuō "shǔ mù cùn guāng", shì yīn
谨慎。我们经常说“鼠目寸光”，是因
wèi lǎo shǔ yǒu diǎnr jìn shì qiě shì sè máng, dàn shì tā
为老鼠有点儿近视且是色盲，但是它
men de xiù jué、wèi jué hé tīng jué tè bié líng mǐn, shí wù
们的嗅觉、味觉和听觉特别灵敏，食物
shì hǎo hái shi huài, tā men yì cháng biàn zhī, bìng qiě hái
是好还是坏，它们一尝便知，并且还
kě yǐ tīng dào rén men tīng bú jiàn de chāo shēng bō. lǎo shǔ
可以听到人们听不见的超声波。老鼠
suī rán dǎn xiǎo, dàn tā men shí fēn jǐn shèn, zài jiā shàng
虽然胆小，但它们十分谨慎，再加上
tā men de dòng xué yòu xiǎo yòu yǐn bì, rén men xiǎng wán quán
它们的洞穴又小又隐蔽，人们想完全
xiāo miè tā men què shí hěn kùn nan.
消灭它们确实很困难。

èr shì lǎo shǔ fán zhí néng lì hěn qiáng lǎo shǔ
二是老鼠繁殖能力很强。老鼠
xìng chéng shú zǎo qiě yì yùn bú dàn huái yùn zhōu qī hěn
性成熟早且易孕，不但怀孕周期很
duǎn ér qiě yì tāi chǎn xià de shù liàng hěn duō bǐ
短，而且一胎产下的数量很多。比
rú hēi xiàn jī shǔ huái yùn hòu zhǐ yòng tiān jiù kě
如黑线姬鼠，怀孕后只用21天就可
yǐ shēng chǎn qiě shēng chǎn hòu gé tiān jiù néng zài cì huái
以生产，且生产后隔天就能再次怀
yùn yòu zǎi chūn jì chū shēng dào le qiū jì jiù néng
孕。幼崽春季出生，到了秋季，就能

老鼠

jiāo pèi fán zhí le yīn cǐ, lǎo shǔ hěn nán bèi xiāo miè

交配繁殖了。因此，老鼠很难被消灭

gān jìng

干净。

知识拓展

若想让自己家里没有老鼠，我们必须注重卫生，把家里各个角落打扫干净，把粮食密封起来，老鼠既无处可藏，也找不到吃的，自然就离开了。

可怕的猛兽

猛兽大都是肉食性动物，常见的猛兽有狮子、老虎、豹以及狼等。这些动物凶猛异常，就算是体力健壮的成年人都不是它们的对手。小朋友们，你们见过这些动物吗？

老师，老虎被称为百兽之王，它真的那么可怕吗？

老虎是哺乳类食肉动物，擅长攻击，咱们可不能靠近它们。

狮子和老虎谁更厉害呢？

它们各有各的特点，都很厉害。下面，就跟着老师去了解一下这些凶猛的动物吧！

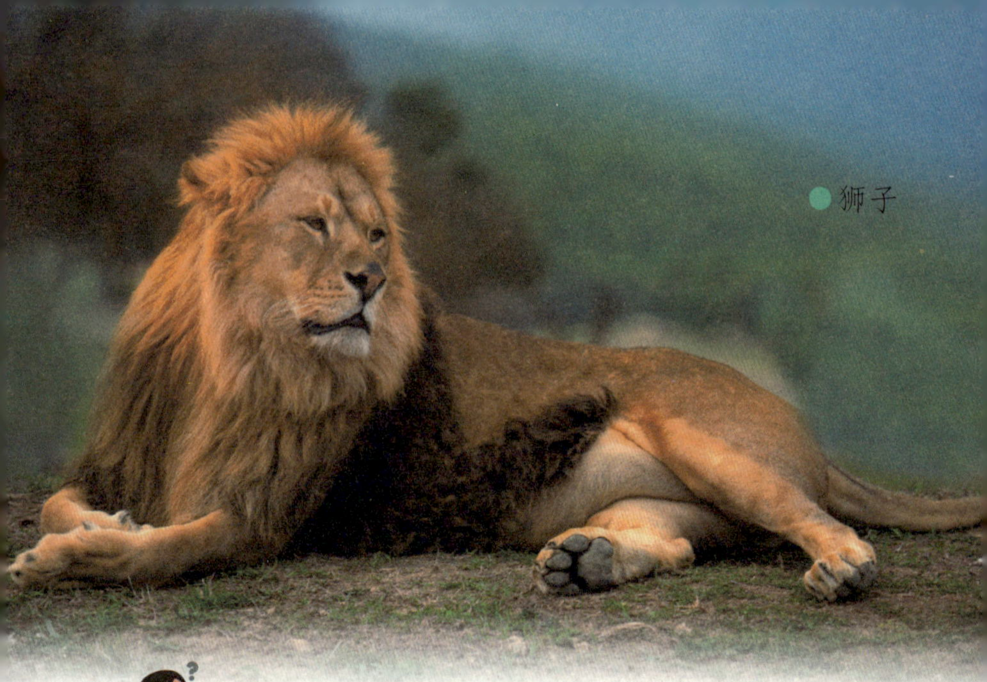

狮子

问：

狮子为什么被称为“草原之王”？

狮子之所以被称为“草原之王”，有两个原因。一是因为其外形和战斗力。狮子通体金黄，成年雄狮脑袋上还长着柔顺而细长的“头发”，

jiù xiàng huáng dì chuān zhe lóng páo dài zhe wáng guān tā
就像皇帝穿着龙袍，戴着王冠。它
men tǐ xíng páng dà yōng yǒu fēng lì de zhǎo yá bié de
们体型庞大，拥有锋利的爪牙，别的
xiǎo dòng wù dōu bú shì tā men de duì shǒu èr shì yīn
小动物都不是它们的对手。二是因
wèi shī zi tóu nǎo cōng míng shí fēn shàn cháng bǔ liè bú
为狮子头脑聪明，十分擅长捕猎。不
guò dòng nǎo jīn xiǎng jì cè de dōu shì mǔ shī zi tā
过，动脑筋想计策的都是母狮子，它
men zài bǔ liè qián huì jù zài yì qǐ shāng liang duì cè zuì
们在捕猎前会聚在一起商量对策，最
hòu xuǎn qǔ zuì jiā de bàn fǎ qù bǔ liè tōng guò zhè zhǒng
后选取最佳的办法去捕猎。通过这种
fāng fǎ tā men měi cì dōu shì shōu huò mǎn mǎn de
方法，它们每次都是收获满满的。

知识拓展

狮子不喜欢独自居住，它们会聚集在一起，组成狮群，每个狮群由二十到三十只狮子组成。狮子属于猫科动物，我们熟知的老虎、猫、豹子也属于猫科动物。在这些动物中，老虎体重第一，狮子排第二。

rén men wèi shén me chēng dōng běi hǔ wéi
人们为什么称东北虎为
cóng lín zhī wáng
“丛林之王”？

dōng běi hǔ tǐ xíng páng dà shēn tǐ dà yuē
东北虎体型庞大，身体大约
cháng mǐ wěi ba cháng yuē mǐ chéng nián de dōng běi hǔ
长3米，尾巴长约1米，成年的东北虎
shēn qiáng tǐ zhuàng tǐ zhòng dà yuē shì qiān kè dōng
身强体壮，体重大约是350千克。东

东北虎

běi hǔ bēn pǎo sù dù kuài zhǎo yá fēng lì zài bǔ zhuō
北虎奔跑速度快，爪牙锋利，在捕捉
liè wù fāng miàn shí fēn lì hai chángcháng ràng qí tā xiǎo dòng
猎物方面十分厉害，常常让其他小动
wù wén fēng sàng dǎn tā zhī suǒ yǐ bèi chēng wéi cóng lín
物闻风丧胆。它之所以被称为“丛林
zhī wáng chú le shēn tǐ jiàn zhuàng zhǎo yá fēng lì wài
之王”，除了身体健壮、爪牙锋利外，
hái yīn wèi tā de é tóu shang yǒu yí gè wéi miào wéi xiào de
还因为它的额头上有一个惟妙惟肖的
wáng zì
“王”字。

知识拓展

雪虎，是由白虎基因变异而来，出现的几率很小，它通体雪白，又叫作纯白虎，属于我国的珍稀动物。

liè bào wèi shén me
猎豹为什么
wú fǎ cháng shí jiān bēn pǎo
无法长时间奔跑？

答:

liè bào bù néng lián xù bēn pǎo hěn cháng shí jiān
猎豹不能连续奔跑很长时间
de yuán yīn yǒu liǎng gè yī shì liè bào bēn pǎo sù dù kuài
的原因有两个：一是猎豹奔跑速度快，
rú guǒ chí xù bēn pǎo hěn cháng shí jiān jiù wú fǎ jí shí
如果持续奔跑很长时间，就无法及时
xī rù yǎng qì hū chū èr yǎng huà tàn huì dǎo zhì quē
吸入氧气，呼出二氧化碳，会导致缺

●猎豹

yǎng yīn cǐ liè bào zài kuài sù bēn pǎo yí duàn shí jiān
氧，因此，猎豹在快速奔跑一段时间
hòu bì xū yuán dì xiū xi èr shì liè bào zài kuài sù bēn
后，必须原地休息；二是猎豹在快速奔
pǎo de guò chéng zhōng shēn tǐ huì chǎn shēng hěn duō rè liàng
跑的过程中，身体会产生很多热量，
dāng rè liàng dá dào yí gè jí xiàn zhí shí liè bào jiù huì
当热量达到一个极限值时，猎豹就会
hún shēn méi jìn zhǐ hǎo tíng xià xiū xi
浑身没劲，只好停下休息。

知识拓展

猎豹之所以跑得很快，和它特殊的身体结构有关。猎豹有着流线型的身体，四肢细长，脊柱十分柔软，容易弯曲，还有一条能够保持平衡的大尾巴，让猎豹在急转弯时也不会摔倒。

shēng huó zài wǒ guó de xióng
生活在我国的熊
yǒu nǎ xiē tè diǎn
有哪些特点？

zài wǒ guó zhǔ yào yǒu mǎ lái xióng hēi xióng hé zōng xióng sān zhǒng xióng
在我国主要有马来熊、黑熊和棕熊三种熊。

mǎ lái xióng fēn bù zài wǒ guó yún nán de nán bù shì sān zhǒng xióng li tǐ xíng zuì xiǎo de tā chú le xiōng qián yǒu yí kuài xíng de huáng máo wài qí tā dì fang dōu shì hēi liàng hēi liàng de yòu bèi chēng wéi tài yáng xióng
马来熊分布在我国云南的南部，是三种熊里体型最小的。它除了胸前有一块U形的黄毛外，其他地方都是黑亮黑亮的，又被称为“太阳熊”。

hēi xióng fēn bù fàn wéi hěn guǎng tā de xiōng qián yǒu yí gè xíng bái bān shǔ zá shí lèi dòng wù jī běn bù zhǔ dòng bǔ shí zhǔ yào chī sù shí ǒu ěr cái huì chī
黑熊分布范围很广。它的胸前有一个V形白斑，属杂食类动物，基本不主动捕食，主要吃素食，偶尔才会吃些腐肉。黑熊嗅觉很灵敏，但视力不太好，因此又被叫作“熊瞎子”。

棕熊是这三种熊里体型最大的，身体可达3米长，体重可达700千克，和黑熊一样，也是杂食类动物。

这三种熊中，只有马来熊所处的环境可以使它衣食无忧，黑熊和棕熊

●棕熊

在春、夏、秋三季只能勉强吃饱。冬季时天气十分寒冷，没有食物，它们只能尽量避免外出，在洞中睡大觉。

临近寒冬时，熊会进入洞里，不再进食，这时它们的体温会下降，脉搏会变得微弱，神经反应也不再灵敏，好像进入了冬眠。而那些在夏季孕育宝宝的母熊会在冬季生产，

冬眠的棕熊

此时，是它们最难熬的时期。为了安全度过严冬，它们只能在秋天多吃点儿，把自己吃得胖胖的；可即便这样，因许久不进食，到第二年春天时，它们还是会变瘦。

知识拓展

熊的冬眠不同于其他爬行动物，它们冬眠时只是身体不动，头脑是无比清醒的，有动静会立即惊醒，偶尔也会外出觅食，因此有“半冬眠动物”之称。

狼的眼睛为什么会发光？

答：狼在夜间活动时，会目不转睛地盯着猎物，两只眼睛发出黄绿光。从远处看过去，就像两盏闪着光的小灯笼。其实，这些绿光并不是狼自己发出来的，而是光线反射形成的。狼的眼球底部有许多特别的晶点，这些晶点可以把光反射出去。狼在夜间外出捕食时，虽然光线很弱，但它眼睛里的晶点可以把这些光线合在一起，再反射出去，因此，在我们的

狼

ròu yǎn kàn lái jiù xiàng shì láng de yǎn jing zài fā guāng
肉眼看来，就像是狼的眼睛在发光。

知识拓展

除狼之外，还有许多动物的眼睛也会发光，并且它们发出的光芒是不同的。比如，牛的眼睛在晚上会发出蓝光，猫的眼睛在晚上会发出绿光。

动物的奇怪行为

大自然中形形色色的动物都有自己独特的“爱好”，在我们看来可能这些行为很奇怪，但对它们来说，都是有用的小妙招！

老师，我发现动物也有自己的爱好，但它们的爱好都好奇怪啊！

这和它们的生活习性有关，动物们也是很聪明的。它们的这些小爱好都是非常实用的本领呢！

噢！那我可得快点了解一下它们的这些本领！

好哇，快跟上老师的脚步，我们一起去看看吧！

为什么松鼠喜欢把食物藏起来？

答：松鼠住在松树林里，每到秋天时，它们就会在树林里到处寻找食物。它们会找很多很多食物，并且把这些食物藏起来。如

●松鼠

guǒ zhǎo dào de shì xīn xiān de mó gu tā men hái huì nài
果找到的是新鲜的蘑菇，它们还会耐
xīn de jiāng mó gu shài qù shuǐ fèn rán hòu zài cáng qǐ
心地将蘑菇晒去水分，然后再藏起
lái sōng shǔ zhī suǒ yǐ huì bǎ shí wù cáng qǐ lái shì
来。松鼠之所以会把食物藏起来，是
yīn wèi tā men zài dōng tiān yào dōng mián dōng mián shí bù
因为它们在冬天要冬眠，冬眠时不
chī bù hē xǐng lái hòu jiù xū yào mǎ shàng dà liàng jìn
吃不喝，醒来后就需要马上大量进
shí cái néng jí shí bǔ jǐ shēn tǐ suǒ xū de néng liàng
食，才能及时补给身体所需的能量。

知识拓展

松鼠有一条巨大的尾巴，并且它的脾气特别温顺乖巧，它们喜欢亲近人类，和人类交朋友，也会和人类一起玩闹。松鼠晚上睡觉时，会用自己的大尾巴盖住身体，就像我们睡觉时用毛毯盖住身体一样。

wèi shén me hé mǎ zǒng shì pào zài shuǐ li
为什么河马总是泡在水里？

答：

hé mǎ shǔ yú cǎo shí xìng dòng wù, fēn bù
河马属于草食性动物，分布
zài fēi zhōu bǐ jiào yán rè de dì qū. yì tiān zhōng de dà
在非洲比较炎热的地区。一天中的大
bù fen shí jiān hé mǎ dōu pào zài shuǐ li, zhè shì hé mǎ
部分时间河马都泡在水里，这是河马
wèi le shì yìng yán rè de huán jìng ér yǎng chéng de shēng huó
为了适应炎热的环境而养成的生活
xí xìng. hé mǎ de pí fū bǐ jiào jiāo nèn, fēi zhōu de
习性。河马的皮肤比较娇嫩，非洲的
tài yáng yòu shí fēn dú là, ruò hé mǎ de pí fū cháng qī
太阳又十分毒辣，若河马的皮肤长期
bào lù zài kōng qì zhōng, jiù huì bèi zhuó shāng, yīn cǐ tā
暴露在空气中，就会被灼伤，因此它
xū yào pào zài shuǐ zhōng lái bì miǎn tài yáng de zhì shài. dāng
需要泡在水中来避免太阳的炙晒。当
rán, hái yǒu lìng yí gè yuán yīn, hé mǎ kàn qǐ lái pàng
然，还有另一个原因，河马看起来胖
pàng de, zhǎng de yě hěn xià rén, dàn shì tā méi yǒu néng
胖的，长得也很吓人，但是它没有能

河马

lì bǎo hù zì jǐ suǒ yǐ bái tiān tā wèi le duǒ bì měng
力保护自己。所以白天它为了躲避猛

shòu gōng jī jiù pào zài shuǐ li bù chū lái dào wǎn shang
兽攻击，就泡在水里不出来，到晚上

cái huì pá dào àn shang qù huó dòng chī cǎo dì èr tiān
才会爬到岸上去活动、吃草，第二天

zǎo shang yòu huì huí dào hé li
早上又会回到河里。

知识拓展

河马的皮肤上没有分泌汗液的汗腺，却有一种特殊的腺体，这种腺体分泌的液体被称为“防晒乳”，具有防晒和防蚊虫的功效。这种“防晒乳”是红色的，常被误认为是血，因此又称为“血汗”。

wèi shén me dà xiàng xǐ huan
为什么大象喜欢
bǎ ní mǒ zài shēn shang
把泥抹在身上？

答：

dà bù fen dà xiàng dōu shēng huó zài rè dài
大部分大象都生活在热带
dì qū yīn wèi tiān qì yán rè suǒ yǐ dà xiàng cháng cháng
地区，因为天气炎热，所以大象常常
xū yào dào shuǐ li pào huìr yǐ ràng zì jǐ liáng shuǎng xiē
需要到水里泡会儿以让自己凉爽些。
tā men cóng shuǐ li chū lái hòu jiù huì zài zì jǐ shēn shang
它们从水里出来后，就会在自己身上
tú mǒ ní ba bìng qiě huì tú hòu hòu de yì céng zhè
涂抹泥巴，并且会涂厚厚的一层。这
shì wèi shén me ne yuán lái dà xiàng pí fū de zhě zhòu chù
是为什么呢？原来大象皮肤的褶皱处
bù rú qí tā dì fang hòu shi cháng cháng huì bèi wén chóng dīng
不如其他地方厚实，常常会被蚊虫叮
yǎo zhè shǐ de dà xiàng téng yǎng nán nài yīn cǐ dà xiàng
咬，这使得大象疼痒难耐。因此大象
jiù yòng ní ba tú mǒ quán shēn bǎ pí fū de zhě zhòu chù
就用泥巴涂抹全身，把皮肤的褶皱处

堵住，用这种自制的保护膜，防止蚊虫叮咬。

dǔ zhù yòng zhè zhǒng zì zhì de bǎo hù mó fáng zhǐ wén chóng dīng yǎo

知识拓展

大象虽然体型庞大，但它的长鼻子是它的弱点。像蚊子、蚂蚁等小动物常常会钻进它的鼻子里，让它很不舒服，因此，它只好站着睡觉。但是，亚洲象都是躺着睡觉的。

大象

wèi shén me hóu zi xǐ huan
为什么猴子喜欢

gěi tóng bàn zhuō shī zi
给同伴“捉虱子”？

答：

dà jiā jīng cháng huì kàn dào liǎng zhī hóu zi hù
大家经常会看到两只猴子互

xiāng zài duì fāng shēn shang zhǎo dōng xi yú shì rén men jiù
相在对方身上找东西，于是，人们就

rèn wéi tā men zài wèi tóng bàn zhuō shī zi qí shí
认为它们在为同伴“捉虱子”。其实，

tā men bú shì zài zhuō shī zi ér shì zài cóng duì fāng shēn
它们不是在捉虱子，而是在从对方身

猴子

shang zhǎo yán lì chī
上找盐粒吃。

hóu zi pí fū shang pái chū de hàn yè li yǒu hěn duō
猴子皮肤上排出的汗液里有很多
yán fèn dāng hàn shuǐ zhēng fā hòu yán fèn jiù huì tóng hóu zi
盐分，当汗水蒸发后，盐分就会同猴子
shēn shang de zāng dōng xi zhān zài yì qǐ xíng chéng yán lì
身上的脏东西沾在一起，形成盐粒。
yīn wèi hóu zi chī de shí wù zhōng bù hán yán ér tā men
因为猴子吃的食物中不含盐，而它们
yòu xū yào bǔ chōng shì liàng de yán fèn suǒ yǐ tā men jiù
又需要补充适量的盐分，所以它们就
cóng tóng bàn de shēn shang zhǎo yán lì chī kàn qǐ lái jiù xiàng
从同伴的身上找盐粒吃，看起来就像
shì tā men zài hù xiāng zhuō shī zi
是它们在互相“捉虱子”。

知识拓展

大部分猴子的性格都不温顺。一般来说，雌猴性情较温和，雄猴则十分好斗。猴子的性格也会发生变化，有时因为一些原因，温和的猴子也会变得非常具有攻击性。

wèi shén me hú li yào xué bié de dòng wù jiào
为什么狐狸要学别的动物叫？

hú li yǒu yì zhǒng tè shū de néng lì jiù shì mó fǎng qí tā dòng wù de jiào shēng zhè néng ràng tā hěn kuài de bǔ zhuō dào liè wù hú li zài mó fǎng tù zi yǐ

狐狸有一种特殊的能力，就是模仿其他动物的叫声，这能让它很快地捕捉到猎物。狐狸在模仿兔子以

狐狸

jí yáng de shí hou néng yǐ jiǎ luàn zhēn dàng zhēn zhèng de
及羊的时候，能以假乱真。当真正的
tù zi hé yáng tīng dào zhè zhǒng jiào shēng hòu huì rèn wéi
兔子和羊听到这种叫声后，会认为
shì zì jǐ de tóng bàn zài hū jiào rán hòu zhǔ dòng xún zhe
是自己的同伴在呼叫，然后主动循着
shēng yīn zhǎo guò lái dāng tā men zhǎo dào shēng yuán hòu jiù
声音找过来。当它们找到声源后，就
huì bèi hú li zhuō zhù chéng wéi hú li de shí wù hú
会被狐狸捉住，成为狐狸的食物。狐
li yòng mó fǎng jiào shēng de bàn fǎ ràng liè wù zì tóu luó
狸用模仿叫声的办法，让猎物自投罗
wǎng kě zhēn gòu jiǎo huá de
网，可真够狡猾的。

知识拓展

狐狸生性狡猾，遇到敌人时，它会用肛腺分泌“狐臭”，迫使敌人停止追击。若已经被敌人捉住，它还会采用“装死”的办法，让自己暂时停止呼吸，然后趁对方不备，迅速逃走。

老鼠是怎样屯粮的？

答：说起来老鼠还是挺厉害的，不仅偷吃的本领一流，还能把食物带回去。如果你把鼠洞掏开，就会看到洞里到处是大米、瓜子、玉米、花生等食物，简直是一个名副其实的粮仓。那老鼠是如何给自己的粮仓屯粮的呢？

老鼠一般用两种方法来屯粮：一是集中贮藏，二是分散贮藏。集中贮藏就是把粮食保存在几个特定的地方，这样屯粮的优点是以后吃起来更

fāng biàn bù zú shì yùn shí wù yào huā hěn cháng shí jiān
方便，不足是运食物要花很长时间，
yào shi bèi bié de lǎo shǔ fā xiàn cáng liáng dì jiāng lái jiù
要是被别的老鼠发现藏粮地，将来就
huì è dù zi ér fēn sàn zhù cáng zé shì bǎ liáng shi cáng
会饿肚子。而分散贮藏则是把粮食藏
zài hěn duō bù tóng de dì fang shèn zhì dāng chǎng mái zài dì
在很多不同的地方，甚至当场埋在地
xià zhè yàng zuò de yōu diǎn shì shěng lì qi quē diǎn shì
下，这样做的优点是省力气，缺点是
cáng de dì fang tài duō bù róng yì zhǎo dào
藏的地方太多，不容易找到。

tún liáng duì lǎo shǔ lái shuō shí fēn zhòng yào bìng qiě
屯粮对老鼠来说十分重要，并且

老鼠

tā men zài tún liáng shí huì tiāo xuǎn nà xiē bǎo mǎn méi yǒu
它们在屯粮时会挑选那些饱满、没有
bèi chóng zhù de zhǒng zi sú huà shuō shǒu lǐ yǒu liáng
被虫蛀的种子。俗话说“手里有粮，
xīn lǐ bù huāng zhǔn bèi le chōng zú de liáng shi lǎo shǔ
心里不慌”，准备了充足的粮食，老鼠
cái néng ān wěn de dù guò hán lěng de dōng tiān
才能安稳地度过寒冷的冬天。

知识拓展

有一些比较懒的老鼠没有屯粮的优良习惯。它们在寒冷的冬天，只能继续外出觅食，有时不但没找到食物，还成了其他动物的美餐。

动物的本事

动物和人类一样，也会学习各种各样的本领，受伤后也有自己的治疗方法。动物界有许多我们不知道的神奇之处，需要我们慢慢去探索发现。

老师，动物们在遇到攻击时，是如何保护自己的呢？

和我们人一样，每种动物都有一套独特的自我保护的方法，遇到危险能快速躲避。

那动物们都有哪些独特的本领呢？

走，老师带你去观察一番。

黄鼠狼保护自己的绝招是什么？

答：黄鼠狼属于小型动物，偶尔会遭到大型肉食动物的攻击。因此，为了保护自己，黄鼠狼在遇到敌人时，就会放出一种有奇怪臭味的，看起来呈气雾状的液体，也就是平时人们说的“臭屁”。臭屁是在位于肛门两旁的臭腺中形成的，并且直接从黄鼠狼的肛门释放出来。臭屁的主要成分是硫，闻起来就像臭鸡蛋。敌人遭到

黄鼠狼

huáng shǔ láng de chòu pì xí jī hòu huì zàn tíng zhuī gǎn
黄鼠狼的臭屁袭击后，会暂停追赶，

zhè shí huáng shǔ láng jiù lì kè chèn jī táo zǒu yīn cǐ
这时，黄鼠狼就立刻趁机逃走。因此，

huáng shǔ láng de chòu pì bèi chēng wéi fáng yù dí rén de gāo
黄鼠狼的臭屁被称为防御敌人的高

zhāo yě shì tā de hù shēn fú
招，也是它的护身符。

知识拓展

有句歇后语叫“黄鼠狼给鸡拜年——没安好心”，这话说得其实不太对。黄鼠狼基本上不吃鸡，它们的最爱是鼠。黄鼠狼被称为“捕鼠能手”，平均每只黄鼠狼每年可以吃掉三四百只鼠类。

wèi shén me shuō dài shǔ
为什么说袋鼠
zuì zhòng yào de shì wěi ba
最重要的是尾巴？

答：

dài shǔ hěn róng yì bèi qí tā dòng wù xí
袋鼠很容易被其他动物袭
jī yīn cǐ tā men xū yào shí kè jǐng tì zhè shí hou
击，因此，它们需要时刻警惕。这时候
dài shǔ de wěi ba kě jiù yǒu dà yòng chù le dài shǔ jiāng
袋鼠的尾巴可就有大用处了。袋鼠将
wěi ba xiàng xiǎo bǎn dèng yí yàng fàng zài hòu miàn yí yù dào
尾巴像小板凳一样放在后面，一遇到
dí rén xí jī jiù shǐ jìn de tán wěi ba rán hòu xiàng
敌人袭击，就使劲地弹尾巴，然后向
qián tiào néng gòu tiào qī bā mǐ nà me yuǎn bìng qiě bú huì
前跳，能够跳七八米那么远，并且不会
shuāi dǎo yīn wèi wěi ba hái kě yǐ bǎo chí shēn tǐ píng héng
摔倒，因为尾巴还可以保持身体平衡。

yào shi xí jī zhě tài guò fèn bǎ dài shǔ rě nù le dài
要是袭击者太过分，把袋鼠惹怒了，袋

shǔ jiù huì yòng wěi ba huán jī rú guǒ bèi dài shǔ de wěi
鼠就会用尾巴还击。如果被袋鼠的尾

ba shuǎi dào duì fāng qīng zé gǔ zhé zhòng zé bì mìng
巴甩到，对方轻则骨折，重则毙命。

知识拓展

在袋鼠家族里，有着严重的“种族歧视”。它们非常讨厌其他族的袋鼠来到它们家族，甚至它们自己家族的袋鼠外出一段时间再回来，也会被排斥。

袋鼠

猎豹

wèi shén me liè bào néng pǎo de nà me kuài
为什么猎豹能跑得那么快？

答：

liè bào shì shì jiè shang pǎo de zuì kuài de dòng
猎豹是世界上跑得最快的动
wù tā men de sù dù shì rén lèi wàng chén mò jí de
物，它们的速度是人类望尘莫及的，
měi xiǎo shí kě dá dào qiān mǐ liè bào kuài sù bēn
每小时可达到120千米。猎豹快速奔
pǎo shì wèi le bǔ zhuō dào liè wù bú ràng zì jǐ ái è
跑是为了捕捉到猎物，不让自己挨饿。
dāng rán tā men néng gòu kuài sù bēn pǎo hé tā de shēn
当然，它们能够快速奔跑，和它的身

tǐ jié gòu yǒu hěn dà guān xì liè bào yǒu xiàng tán huáng
体结构有很大关系。猎豹有像弹簧
yí yàng de jǐ zhuī gǔ bìng qiě tā de jǐ zhuī gǔ tè bié
一样的脊椎骨，并且它的脊椎骨特别
róu ruǎn hái kě yǐ wān qū jiā shàng tā nà yòu xì yòu
柔软，还可以弯曲，加上它那又细又
cháng de sì zhī jī ròu fēn míng de shēn tǐ yǐ jí kě yǐ
长的四肢，肌肉分明的身体以及可以
bǎo chí píng héng de cū wěi ba tā bēn pǎo shí néng gòu quán
保持平衡的粗尾巴，它奔跑时能够全
shēn yòng lì shēn tǐ qián hòu qǐ fú yīn cǐ tā de sù
身用力，身体前后起伏，因此它的速
dù shí fēn kuài
度十分快。

知识拓展

猎豹跑起来时虽然速度很快，但它不能持续奔跑太长时间，因为它在奔跑过程中，身体会产生大量热量，且无法快速排出，所以猎豹每跑一段时间，就必须停下来休息。因此，我们把猎豹称为“短跑冠军”更合适。

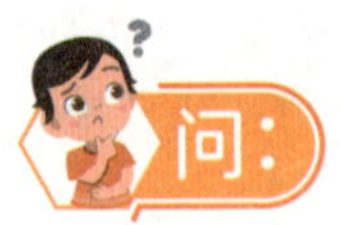

问：

wèi shén me shù dài xióng bú yòng hē shuǐ

为什么树袋熊不用喝水？

答：

shù dài xióng shēng huó zài ào dà lì yà，shì ào dà lì yà de “guó bǎo”。ào dà lì yà rén mín yòu jiào tā “kǎo lā”，“kǎo lā” de yì si shì “bù hē shuǐ”，qǔ zhè ge míng zi hé shù dài xióng bú ài hē

树袋熊生活在澳大利亚，是澳大利亚的“国宝”。澳大利亚人民又叫它“考拉”，“考拉”的意思是“不喝水”，取这个名字和树袋熊不爱喝

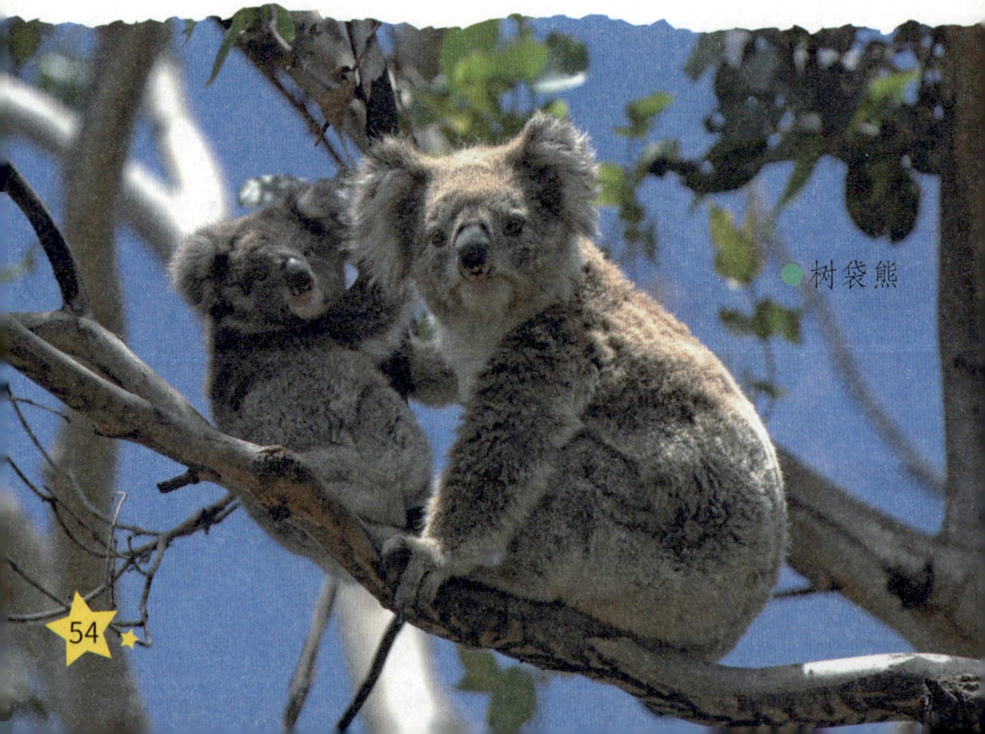

树袋熊

shuǐ de shēng huó xí xìng yǒu guān shù dài xióng bú ài hé
水的生活习性有关。树袋熊不爱和
qí tā dòng wù jiāo wǎng yě bù xǐ huan yùn dòng dà bù
其他动物交往，也不喜欢运动，大部
fen shí jiān dōu zài shuì jiào ér qiě tā suǒ chī de shí wù
分时间都在睡觉，而且它所吃的食物
yòu hán yǒu dà liàng shuǐ fèn rú jiāo shù yè ān shù yè
又含有大量水分，如胶树叶、桉树叶。
yīn cǐ tā měi tiān suǒ xū de shuǐ fèn tōng guò shí wù jiù
因此，它每天所需的水分通过食物就
néng dé dào bǔ chōng yě jiù bù xū yào zài hē shuǐ le
能得到补充，也就不需要再喝水了。

知识拓展

在澳大利亚，树袋熊是非常珍贵的原始动物，喜欢栖居在树上。它们居住在澳大利亚东南方的一大片尤加利树林里，澳大利亚人非常喜欢它们。

cháng jǐng lù de cháng bó zi
长颈鹿的长脖子
shì zěn me zhǎng chū lái de
是怎么长出来的？

答：

zuì kāi shǐ, cháng jǐng lù de bó zi bìng méi
最开始，长颈鹿的脖子并没
yǒu nà me cháng, tā men dāng shí shēng huó de huán jìng wēn shī
有那么长，它们当时生活的环境温湿
duō cǎo, kào chī qīng cǎo jiù néng qīng sōng tián bǎo dù zi.
多草，靠吃青草就能轻松填饱肚子。
hòu lái, dì qiú shang de qì hòu fā shēng le biàn huà, dì
后来，地球上的气候发生了变化，地
miàn shang de qīng cǎo nán yǐ shēng zhǎng, cháng jǐng lù quē fá shí
面上的青草难以生长，长颈鹿缺乏食
wù, zhǐ néng qù chī shù shang de yè zi. yào xiǎng chī dào
物，只能去吃树上的叶子。要想吃到
shù shang nà xiē yòu nèn yòu lǜ de yè zi, cháng jǐng lù jiù
树上那些又嫩又绿的叶子，长颈鹿就
xū yào diǎn zhe jiǎo, shēn zhe bó zi qù gòu. jiàn jiàn de,
需要踮着脚，伸着脖子去够。渐渐地，
nà xiē duǎn bó zi de cháng jǐng lù yīn chī bú dào shù yè dōu
那些短脖子的长颈鹿因吃不到树叶都

miè jué le ér zhè xiē néng gòu chī dào shù yè de cháng jǐng
灭绝了，而这些能够吃到树叶的长颈
lù shēng cún le xià lái jīng guò yí dài dài yǎn huà tā
鹿生存了下来。经过一代代演化，它
men de bó zi yuè
们的脖子越
lái cháng zuì
来长，最
zhōng chéng le jīn tiān wǒ
终成了今天我
men jiàn dào de yàng zi
们见到的样子。

长颈鹿

知识拓展

长颈鹿晚上都是怎么睡觉的呢？生活在非洲野外的长颈鹿，大部分是站着睡觉的。而居住在动物园的长颈鹿，它们就十分惬意了，能够随意趴着，很舒服地睡觉。

wèi shén me luò tuo 为什么骆驼 néng gòu zài shā mò shēng huó 能够在沙漠生活？

luò tuo zhī suǒ yǐ néng zài shā mò shēng huó 骆驼之所以能在沙漠生活，shì yīn wèi tā yǔ zhòng bù tóng de shēn tǐ jié gòu 是因为它与众不同的身体结构。shǒu xiān 首先，luò tuo de bí zi néng gòu chǔ shuǐ 骆驼的鼻子能够储水。wǎn shang shí 晚上时，luò tuo bí zi de nèi céng néng gòu bǎ hū chū de qì tǐ 骆驼鼻子的内层能够把呼出的气体 zhōng de shuǐ fèn huí shōu 中的水分回收，hái néng ràng qì tǐ biàn lěng 还能让气体变冷，jìn 进

而让体温下降。这样就可以节省体内70%的水分。其次，骆驼的眼睫毛很长，当眼睑垂下时，就能够防止风沙进入眼睛。再次，骆驼脚掌下面的肉垫十分厚实，能够让骆驼在沙漠行走时不陷进去。最后，骆驼背上有驼

骆驼

峰，可以储存大量的热量和水分。因此，骆驼即使很多天不吃饭、不喝水也可以毫发无损。以上四种身体结构让骆驼能够在沙漠中自由生活，并且可以帮助人们运载货物，因此人们又把骆驼称为“沙漠之舟”。

知识拓展

有些单峰骆驼被驯化后，不仅能供给奶和肉给人们享用，还可以帮人们运载物品，或者充当人类的交通工具。埃及的警察，大都骑着骆驼在大街上巡逻。

两栖
爬行动物

动物按有无脊柱可以分为脊椎动物和无脊椎动物。脊椎动物又包括鱼类、鸟类、哺乳动物、两栖动物和爬行动物等几大类。

老师，乌龟能在水中生活，又能在陆地上生活，为什么它不是两栖动物呢？

因为两栖动物的幼体用鳃呼吸，而乌龟从小就用肺呼吸。

可是乌龟也能在水里自由活动是怎么回事？

虽然乌龟能在水中活动，但它要定期浮出水面用肺换气，因此和两栖动物不同。

wèi shén me wū guī
为什么乌龟
yào bēi nà me zhòng de ké ne
要背那么重的壳呢？

shuō dào wū guī huò xǔ dà jiā de nǎo zhōng
说到乌龟，或许大家的脑中
shǒu xiān fú xiàn de jiù shì pá de zhēn màn jiē zhe jiù
首先浮现的就是“爬得真慢”，接着就
huì xiǎng dào tā nà bèn zhòng de ké wū guī wèi shén me yào
会想到它那笨重的壳。乌龟为什么要
bēi zhe nà me zhòng de ké ne
背着那么重的壳呢？

wū guī shì tè shū jìn huà ér lái de dòng wù yǐ
乌龟是特殊进化而来的动物，已
jīng cún zài le jǐ qiān wàn nián hé kǒng lóng chū xiàn de shí
经存在了几千万年，和恐龙出现的时
jiān xiāng tóng wū guī de ké shì hé tā jǐ zhuī de xiōng
间相同。乌龟的壳是和它脊椎的胸
gǔ lèi gǔ lián zài yì qǐ de zài jiā shàng biǎo pí de
骨、肋骨连在一起的，再加上表皮的
jiǎo zhì lín hé yóu zhēn pí xíng chéng de gǔ bǎn zhè jǐ yàng
角质鳞和由真皮形成的骨板，这几样

东西组合在一起，才形成这样一个大大的、坚硬的甲板，即龟壳。龟壳分成了上下两部分，上半部在乌龟的背上，称为背甲，下半部在乌龟的身体下方，包裹着它的腹部，称为腹甲，背甲和腹甲的两边是连在一起的。这样的龟壳就像一个铠甲，既能保护乌龟的身体，又不会阻碍它爬行。尽管乌龟

乌龟

的四肢很粗壮，但它爬起来很慢，碰到敌人时，不能立刻逃走，只好把头、四肢及尾巴都藏进龟壳里。乌龟的龟壳十分坚硬，能够很好地保护它们不受伤害，这是乌龟在长期的进化过程中适应环境的结果。

知识拓展

乌龟的龟壳、龟板都是十分珍贵的药材，含有丰富的钙、酶、磷、蛋白质、肽类、脂类和骨胶原。目前，乌龟养殖比较容易，大多数人都会把乌龟买来做宠物。

为什么蛙的叫声那么响亮？

在夏天的雨后，我们总会听到“呱呱呱”的叫声，蛙的个头确实不算大，但它们的叫声却很大。为什么这么小的蛙能发出那么响亮的叫声呢？

原来，在蛙的嗓子里除了有声带用于发声，还有声囊进行扩音，蛙的声囊就像一个大喇叭，声音经声囊放出来后，就会变得特别大。如果你仔

xì guān chá jiù huì fā xiàn dà bù fen de wā zài guā guā
细观察，就会发现大部分的蛙在呱呱
jiào de shí hou yān hóu liǎng páng huì chū xiàn liǎng gè dà gǔ
叫的时候，咽喉两旁会出现两个大鼓
pào zhè liǎng gè dà gǔ pào jiù shì wā de shēng náng kě
泡，这两个大鼓泡就是蛙的声囊，可
yǐ ràng wā de jiào shēng biàn de dà qiě xiǎng liàng wā shì
以让蛙的叫声变得大且响亮。蛙是
zěn me fā shēng de ne shǒu xiān xióng wā huì bǎ qì xī
怎么发声的呢？首先，雄蛙会把气吸
dào fèi bù ràng zì jǐ de dù zi biàn de yuán gǔ gǔ de
到肺部，让自己的肚子变得圆鼓鼓的，
rán hòu tōng guò shōu suō fù bù bǎ dù zi li de qì tǐ jǐ
然后通过收缩腹部把肚子里的气体挤
yā dào yān hóu zhè shí shēng dài jiù huì chǎn shēng zhèn dòng jìn
压到咽喉，这时声带就会产生振动进
ér fā chū shēng yīn zuì hòu qì tǐ hé shēng yīn huì yí
而发出声音。最后，气体和声音会一
kuàir lái dào hóu bù páng biān huò xià miàn de shēng náng li
块儿来到喉部旁边或下面的声囊里，
qì tǐ huì ràng shēng náng gǔ qǐ lái hé shēng dài fā chū de
气体会让声囊鼓起来，和声带发出的
shēng yīn gòng míng zhè yàng shēng yīn fàng chū lái hòu jiù shí fēn
声音共鸣，这样声音放出来后就十分
hóng liàng cí wā méi yǒu shēng náng yīn cǐ jiào shēng méi yǒu
洪亮。雌蛙没有声囊，因此叫声没有

雄蛙响亮。

此外，蛙的叫声多种多样，不同的叫声有不同的含义。若有别的雄蛙靠近自己的地盘，蛙会发出警告的叫声；若有擅自闯入者，蛙会发出驱逐的叫声；若两蛙相争，双方会发出遭遇对手的叫声；若到了交配季节，它们会发出求偶的叫声；若蛙被天敌捉住，会发出求救的叫声……

知识拓展

当周围环境非常合适时，蛙也会呱呱大叫。比如，夏天的傍晚，或下雨前后，田野里就会响起一片片蛙声，就像一个大型乐队在演奏。

为什么蜥蜴被称为"变色龙"？

答：一些喜欢去野外游玩的人，可能看到过蜥蜴变换自己的体色。其实，蜥蜴变色的本领十分厉害，尤其是避役科蜥蜴。因为它们可以改变自己的体色，所以被叫作"变色龙"。

蜥蜴变色的本领不但能够用来躲避敌人，还可以传达自己的想法，准确来说，它们的变色是防卫时的应激反应所导致的。例如，当蜥蜴发现有人闯入自己的地盘时，就会把身体的

mǒu xiē dì fang biàn chéng hóng sè yòng lái jǐng gào duì fāng
某些地方变成红色，用来警告对方；
dāng xī yì xiǎng yào xí jī duì shǒu shí jiù huì bǎ tǐ sè
当蜥蜴想要袭击对手时，就会把体色
biàn chéng bǐ jiào àn de yán sè yòng lái yǐn cáng zì jǐ
变成比较暗的颜色，用来隐藏自己；
dāng tā men yào duǒ bì dí rén de zhuī jī huò xiǎng sì jī bǔ
当它们要躲避敌人的追击或想伺机捕
zhuō liè wù shí jiù huì bǎ tǐ sè biàn de hé huán jìng yí
捉猎物时，就会把体色变得和环境一
yàng ràng dí rén hé liè wù nán yǐ fā xiàn
样，让敌人和猎物难以发现。

nà me xī yì wèi shén me huì biàn sè ne dòng wù
那么蜥蜴为什么会变色呢？动物
xué jiā jīng guò yán jiū fā xiàn xī yì de shēn tǐ li hán
学家经过研究发现，蜥蜴的身体里含

蜥蜴

有灰、蓝、绿三种颜色的色素细胞。其中，绿和蓝两种色素细胞形状都是长纺锤形，它们在细胞中含量较多，并且和皮肤表面相垂直。灰色的色素细胞在绿、蓝细胞的下面，与皮肤表面平行。蜥蜴变色的原因就是绿和蓝这两种色素细胞不断变换位置。若绿色色素细胞向外扩张，我们看到的就

shì lǜ sè de xī yì ruò lán sè sè sù xì bāo xiàng wài
是绿色的蜥蜴；若蓝色色素细胞向外

kuò zhāng wǒ men kàn dào de jiù shì lán sè de xī yì ruò
扩张，我们看到的就是蓝色的蜥蜴；若

lán lǜ liǎng zhǒng xì bāo dōu jǐn suō jiù huì xiǎn shì chū
蓝、绿两种细胞都紧缩，就会显示出

dǐ bù de huī sè zhè shí wǒ men jiù néng kàn dào huī sè
底部的灰色，这时我们就能看到灰色

de xī yì le
的蜥蜴了。

知识拓展

关于变色龙变色的原因，还有另一种说法。科学家经过研究发现，变色龙变色不是因为色素细胞的变化，而是因为皮肤表面的纳米晶体，变色龙可以自己调节这种纳米晶体，改变阳光照射在上面的角度，从而改变身体颜色。

qīng wā wèi shén me bì zhe yǎn chī dōng xi
青蛙为什么闭着眼吃东西？

dòng wù ài hào zhě zài guān chá qīng wā shí, fā xiàn qīng wā zài jìn shí shí zǒng shì jǐn bì shuāng yǎn。zhè shì wèi shén me ne?
动物爱好者在观察青蛙时，发现青蛙在进食时总是紧闭双眼。这是为什么呢？

shǒu xiān, qīng wā zuǐ li de yá chǐ bù néng bǎ shí wù jiáo suì, qīng wā de shé tou méi yǒu tuī dòng shí wù néng lì。suǒ yǐ, qīng wā zài chī dōng xi shí, yá chǐ、shé tou dōu pài bú shàng yòng chǎng, tā men zhǐ néng jiāng shí wù zhí jiē yàn xià qù。
首先，青蛙嘴里的牙齿不能把食物嚼碎，青蛙的舌头没有推动食物能力。所以，青蛙在吃东西时，牙齿、舌头都派不上用场，它们只能将食物直接咽下去。

ér zài qīng wā tūn yàn shí wù shí, tā de yǎn jing kě
而在青蛙吞咽食物时，它的眼睛可

青蛙

帮了大忙了。因为在蛙眼和蛙嘴中间有一层皮肉，皮肉上面是眼睛，下面是口腔。青蛙闭上眼睛时，眼球就会紧缩回眼眶，进而向下挤压中间的皮肉，皮肉就会把嘴里的食物推向咽喉。青蛙就是用这个特殊方法来进食的，所以我们会看到它在吃东西时闭着双眼。

知识拓展

青蛙的舌头主要是用来捕食的，它的舌头具有很强的收缩性，又长又宽，表面布满黏液，可以快速地卷住猎物。

飞翔的鸟儿

天空中自由飞翔的鸟儿总是令人羡慕。鸟类和其他动物一样，也有很多分类，但它们的共同特征是有羽毛、有喙。鸟儿身上同样有许多秘密，需要我们一一去发现。

老师，所有的鸟都会飞吗？

并不是，比如家里养的鸡，它属于鸟类，但是它不会飞。

为什么有的鸟会飞？有的鸟不会飞呢？

每种鸟的生活习性都不同，我们一起去了解一下吧！

为什么鸟儿可以飞？

答：鸟儿可以在空中自由翱翔，和它的翅膀紧密相关。鸟的翅膀上那排列整齐的羽毛，让鸟儿可以滑翔。鸟儿在扇动翅膀时，因为惯性，翅膀上面和下面的空气不会立刻运动，所以翅膀下面的气压会升高，而翅膀上面的气压会变低。这样翅膀上部和下部就有了气压差，当鸟儿翅膀扇动的速度加快时，气压差就会变大，鸟儿就能飞得更快。因此，鸟儿

néng gòu fēi qǐ lái kào de jiù shì chì bǎng shàng xià de qì
能够飞起来，靠的就是翅膀上下的气

yā chā
压差。

知识拓展

大部分鸟儿飞行的方式主要有两种：第一种是滑翔，在向下滑翔时，通过气流运动，产生飞翔需要的升力；第二种是利用翅膀不断扇动得到升力，翅膀在上下拍打时鸟儿就会获得向上的动力。

成群的鸟儿

wèi shén me kǒng què huì kāi píng
为什么孔雀会开屏？

答：

kǒng què kāi píng shí fēi cháng měi lì, kǒng què kāi píng shì wèi le hé bié rén bǐ shuí gèng měi lì。 tā men shí fēn zì xìn, kāi píng shí gèng shì jué de zì jǐ shì tiān xià dì yī měi。 bú guò, xǔ duō rén kě néng dōu bù zhī dào, yōng yǒu měi lì wěi ba de dà dōu shì xióng kǒng què。 yīn cǐ xióng kǒng què kě yǐ yòng zì jǐ de wěi ba lái xiàng cí kǒng què qiú ài, hǎo duō cí kǒng què dōu huì bèi xióng kǒng què měi lì de wěi ba mí zhù。

孔雀开屏时非常美丽，孔雀开屏是为了和别人比谁更美丽。它们十分自信，开屏时更是觉得自己是天下第一美。不过，许多人可能都不知道，拥有美丽尾巴的大都是雄孔雀。因此雄孔雀可以用自己的尾巴来向雌孔雀求爱，好多雌孔雀都会被雄孔雀美丽的尾巴迷住。

kǒng què chú le zài bǐ měi shí kāi píng, hái huì zài yù dào wēi xiǎn shí kāi píng。 yīn wèi tā men de wěi ba shang

孔雀除了在比美时开屏，还会在遇到危险时开屏。因为它们的尾巴上

de tú àn zhǎng de tè bié xiàng yǎn jing xǔ duō dí rén
的图案长得特别像眼睛，许多敌人

kàn dào hòu jiù huì bèi xià pǎo
看到后，就会被吓跑。

知识拓展

孔雀没有燕子那样高超的飞行本领，它最厉害的是奔跑，因为孔雀的双腿非常强壮，且特别有力，所以它们都是飞奔着逃跑。

孔雀

wèi shén me dà yàn yào jié duì nán fēi

为什么大雁要结队南飞?

答: dà yàn shǔ yú hòu niǎo, měi nián yào jìn xíng liǎng cì qiān xǐ. qiū tiān de shí hou, dà yàn huì chéng qún jié duì de xiàng nán fēi. zài nán fēi de guò chéng zhōng, tā men yǒu zì jǐ gù dìng de duì xíng, jí "rén" zì huò "yī" zì duì xíng.

大雁属于候鸟，每年要进行两次迁徙。秋天的时候，大雁会成群结队地向南飞。在南飞的过程中，它们有自己固定的队形，即“人”字或“一”字队形。

dà yàn nán fēi shí jié duì fēi xíng, bìng qiě pái liè zhěng qí, shuō míng dà yàn shí fēn cōng míng. tā men liè duì

大雁南飞时结队飞行，并且排列整齐，说明大雁十分聪明。它们列队

大雁

qián xíng pái zài qián miàn de dà yàn shān dòng chì bǎng shí chǎn
前行，排在前面的大雁扇动翅膀时产
shēng de qì liú huì bāng zhù fēi zài hòu miàn de dà yàn zēng
生的气流会帮助飞在后面的大雁增
dà fú lì ràng duì yuán men zài fēi xíng de guò chéng zhōng gèng
大浮力，让队员们在飞行的过程中更
shěng lì bǐ cǐ yě yǒu shí jiān xiū xi zài dà jiā de
省力，彼此也有时间休息。在大家的
tuán jié xié zuò xià jué dà bù fen dà yàn dōu néng gòu ān
团结协作下，绝大部分大雁都能够安
quán fēi dào mù dì dì zhè jiù shì tuán jié de lì liàng
全飞到目的地。这就是团结的力量。

知识拓展

在大雁飞行的队伍中，都有一个头雁。头雁为大家掌握方向，让其他大雁能够节省力气。因此，雁阵中的头雁大都比较累，为了大家都能平安飞达，大雁们会轮流来当头雁。

wèi shén me yīng wǔ néng gòu kāi kǒu shuō huà
为什么鹦鹉能够开口说话？

答：
yīng wǔ de shé gēn bǐ qí tā dòng wù de shé gēn gèng fā dá tóng shí yīng wǔ de shé jiān zhǎng de xì xì cháng cháng de yīn cǐ yīng wǔ de shé tou néng gòu hěn qīng chu de fā chū yīn diào yīng wǔ běn shēn shí
鹦鹉的舌根比其他动物的舌根更发达，同时，鹦鹉的舌尖长得细细长长的，因此鹦鹉的舌头能够很清楚地发出音调。鹦鹉本身十

鹦鹉

fēn cōng míng shàn yú mó fǎng tōng guò rén lèi de xùn liàn
分聪明，善于模仿，通过人类的训练，

yīng wǔ jiù yōng yǒu le xué rén shuō huà hé chàng gē de běn
鹦鹉就拥有了学人说话和唱歌的本

lǐng bú guò yīng wǔ zhǐ shì mó fǎng bìng méi yǒu zì jǐ
领。不过，鹦鹉只是模仿，并没有自己

de sī xiǎng yě bù dǒng de huà yǔ de hán yì
的思想，也不懂得话语的含义。

知识拓展

鹦鹉的喙十分坚硬有力，因此鹦鹉的食物大都是坚果类。鹦鹉不仅会模仿人说话，羽毛还非常漂亮，所以人们喜欢买鹦鹉来当作宠物。

wèi shén me gōng jī zǎo shang yào dǎ míng

为什么公鸡早上要打鸣?

答:

zǎo shang dǎ míng shì gōng jī de shēng wù běn
早上打鸣，是公鸡的生物本
néng zài gōng jī de dà nǎo li yǒu yí gè jiào sōng guǒ
能。在公鸡的大脑里有一个叫“松果
tǐ de qì guān měi dāng tiān hēi shí sōng guǒ tǐ jiù huì
体”的器官，每当天黑时，松果体就会
fēn mì dà liàng de tuì hēi sù zhè dǎo zhì gōng jī zài yè
分泌大量的褪黑素，这导致公鸡在夜
wǎn shén me yě kàn bú jiàn ér gōng jī de zǔ xiān shēng
晚什么也看不见。而公鸡的祖先生
huó zài yě wài yè wǎn kàn bú jiàn dōng xi huì dǎo zhì tā
活在野外，夜晚看不见东西会导致它

公鸡

们很容易被其他动物攻击。等到第二天天亮时，大脑里的松果体被光线抑制，不再分泌褪黑素，这时公鸡终于重新看见事物了。在经历了一晚的担惊受怕后再次见到光明，它们会不由自主地兴奋起来，发出“喔喔喔”的打鸣声，这似乎在庆祝自己又顺利地度过了一晚上。虽然现在的公鸡不生活在野外，但是打鸣的习惯代代相传，成了公鸡极具标志性的行为。

知识拓展

一般一个鸡群的首领都是公鸡，又称为鸡头。因为公鸡的顽强和英勇，法国把公鸡作为自己国家的国鸟。

为什么鸽子可以认路？

答：科学家对鸽子能够认路的情况进行了长期的研究，大部分科学家认为，在鸽子的大脑中有定位系统，所以鸽子无论飞多远，都能准确地到达目的地。除此之外，关于鸽子的认路本领还有很多种说法：一部分人说鸽子是借助太阳来辨别方向的；另一

鸽子

部分人说鸽子体内存在着磁性物质，可以感应到地球的磁场，就像指南针一样，以此来确认方向；还有一部分人说鸽子有个强大的鼻子，可以闻出它所经过地方的味道，靠味道来记路。大家众说纷纭，最根本的原因，还需要科学家不断地研究。

知识拓展

鸽子生来就能够辨别方向，因此，从古时候开始，许多人都利用鸽子传递讯息。但是，飞鸽传书也是有缺点的，传递的信息很容易被别人半路拦截，并且鸽子大都只向一个方向飞。

wèi shén me niǎor kě yǐ 为什么鸟儿可以 zhàn zài shù shang shuì jiào 站在树上睡觉？

●鸟儿

答：

niǎo néng gòu zài shù shang zhàn zhe shuì jiào, hé tā men jiǎo zhǐ shang tè shū de jī ròu jié gòu yǒu guān, dāng niǎo lèi qū tuǐ zhàn zài shù zhī shang shí, tǐ zhòng de yā lì huì ràng tā men jiǎo shang de jìng fū gǔ yǔ fū zhǐ gǔ xiāng hù kào jìn, cóng ér qiān lā qū zhǐ jī de jī jiàn, shǐ zú zhǐ wān qū, jǐn kòu qī zhī。yǔ cǐ tóng shí, niǎo lèi jiǎo zhǐ de pí

鸟能够在树上站着睡觉，和它们脚趾上特殊的肌肉结构有关，当鸟类屈腿站在树枝上时，体重的压力会让它们脚上的胫跗骨与跗趾骨相互靠近，从而牵拉屈趾肌的肌腱，使足趾弯曲，紧扣栖枝。与此同时，鸟类脚趾的皮

fū shí fēn cū cāo néng gòu qǐ dào fáng huá de zuò yòng zài
肤十分粗糙，能够起到防滑的作用，再
jiā shàng niǎo lèi jù yǒu liáng hǎo de bǎo chí píng héng de néng
加上鸟类具有良好的保持平衡的能
lì yīn cǐ tā men zài shù shang zhàn zhe shuì jiào yě bú huì
力，因此它们在树上站着睡觉也不会
diào xià lái
掉下来。

知识拓展

鸟在树上睡觉时有个习惯，它们会一条腿站着，另一条腿蜷缩在肚子下面，这样可以帮助它们保持身体的热量。因为鸟的腿上没有羽毛，晚上不活动时，热量会从腿上散出去，为了保持体温，它们在休息时都会抬起其中的一只脚。

为什么企鹅和鸵鸟属于鸟类，却不会飞？

答：企鹅和鸵鸟都是鸟，却都不会飞，这是为什么呢？

企鹅主要吃海中的鱼虾，它们生活在南极比较冷的地方。为了不被冻死，它们只好多吃食物，多储存脂肪来保暖，慢慢地，企鹅的身体就变得胖嘟嘟的，这样肥胖的身体很难被翅膀带起

企鹅

lái ér tā men de chì bǎng yě yīn jīng cháng qián shuǐ ér biàn
来。而它们的翅膀也因经常潜水而变
chéng shí fēn qiáng zhuàng de qí zhuàng zhī shī qù le fēi xíng
成十分强壮的鳍状肢，失去了飞行
de néng lì suǒ yǐ qǐ é jiù yǔ tiān kōng wú yuán le
的能力。所以，企鹅就与天空无缘了。

tuó niǎo de zǔ xiān zài fēi zhōu de huāng mò zhōng shēng
鸵鸟的祖先在非洲的荒漠中生
huó nà lǐ quē shǎo shí wù tuó niǎo bì xū huā hěn duō
活，那里缺少食物，鸵鸟必须花很多
shí jiān qù xún zhǎo shí wù jiàn jiàn de tā men de shuāng
时间去寻找食物。渐渐地，它们的双
tuǐ biàn de qiáng zhuàng yǒu lì
腿变得强壮有力，
gèng shàn yú bēn pǎo ér chì bǎng yīn
更善于奔跑，而翅膀因
wèi yòng de shǎo bú duàn tuì huà
为用得少，不断退化，
biàn duǎn biàn xiǎo le cǐ wài
变短变小了。此外，
zài yǔ tiān dí de dòu zhēng guò chéng
在与天敌的斗争过程
zhōng nà xiē tǐ xíng jiào xiǎo de tuó
中，那些体型较小的鸵
niǎo hěn kuài bèi táo tài shèng xià de dōu shì tǐ xíng
鸟很快被淘汰，剩下的都是体型

鸵鸟

巨大的鸵鸟。经过不断的演变，鸵鸟就变成了大个子、短翅膀的样子，而这个样子已经不能让鸵鸟再展翅飞翔了。

知识拓展

除了企鹅和鸵鸟，还有很多鸟类也不会飞。比如新西兰的短翅水鸡，生活在热带雨林中的食火鸡，最小的不会飞的鸟——小岛铁路鸟，世界上最重的鸭子——短翅船鸭等。

十万个你问我答

第一辑

植物天地

李梦雨◎编

SDM 南方传媒 | 广东人民出版社
·广州·

图书在版编目（CIP）数据

十万个你问我答. 第一辑. 植物天地 / 李梦雨编. —
广州：广东人民出版社，2024.1
ISBN 978-7-218-16785-5

Ⅰ. ①十… Ⅱ. ①李… Ⅲ. ①科学知识—儿童读物②
植物—儿童读物 Ⅳ. ① Z228.1 ② Q94-49

中国国家版本馆 CIP 数据核字（2023）第 148385 号

SHI WAN GE NIWENWODA · DI-YI JI · ZHIWU TIANDI
十万个你问我答 · 第一辑 · 植物天地
李梦雨 编

出 版 人：肖风华

责任编辑：吴瑶瑶
责任技编：吴彦斌

出版发行：广东人民出版社
地　　址：广州市越秀区大沙头四马路 10 号（邮政编码：510199
电　　话：（020）85716809（总编室）
传　　真：（020）83289585
网　　址：http://www.gdpph.com
印　　刷：三河市祥达印刷包装有限公司
开　　本：880 毫米 ×1230 毫米 1/32
总 印 张：24　　　总 字 数：400 千
版　　次：2024 年 1 月第 1 版
印　　次：2024 年 1 月第 1 次印刷
定　　价：120.00 元（全八册）

如发现印装质量问题，影响阅读，请与出版社（020-87712513）联系调换。
售书热线：（020）87717307

目录 MULU

植物身上的秘密

田野和公园里生长的树木和花草总是在春天发芽，秋天结果，为什么会这样呢？这其中有什么奥妙吗？让我们一起走进植物世界吧。

老师，为什么松树常年都是绿色的？

因为松树属于常绿乔木，叶片面积比较小，可以有效防止叶片内的水分蒸发，所以叶片可以常年保持绿色。

其他植物为什么不可以呢？

我们带着这些问题一起学习下面的知识吧。

sōng shù de yè zi wèi shén me
cháng nián dōu shì lǜ sè de

松树的叶子为什么常年都是绿色的？

答：

wǒ men jīng cháng huì kàn dào zhí wù zài chūn tiān
我们经常会看到植物在春天
fā yá qiū tiān luò yè dào dōng tiān de shí hou jī hū
发芽，秋天落叶，到冬天的时候几乎
dōu yǐ jīng guāng tū tū le dàn shì yǒu yì zhǒng zhí wù
都已经光秃秃了。但是有一种植物
shì lì wài nà jiù shì sōng shù jí shǐ zài hán lěng de
是例外，那就是松树。即使在寒冷的
dōng tiān tā yī rán huì chuān zhe lǜ sè de yī fu
冬天，它依然会穿着绿色的“衣服”，
zhè zhǔ yào shì yīn wèi sōng shù de yè zi hěn dú tè sōng
这主要是因为松树的叶子很独特。松
shù yè zi de xíng zhuàng shì zhēn xíng de miàn jī hěn xiǎo
树叶子的形状是针形的，面积很小，
suǒ yǐ tā xiāo hào de shuǐ fèn jiù bǐ jiào shǎo lìng wài
所以它消耗的水分就比较少。另外，
sōng shù yè zi de biǎo miàn hái yǒu yì céng hòu hòu de là zhì
松树叶子的表面还有一层厚厚的蜡质

●松树

层，类似于我们身上穿的厚衣服，在冬天可以为松树挡住严寒。松树叶子常年是绿色的，我们就会认为松树的叶子不会落，其实这是错误的，松树的叶子也会落下，只不过三五年的时间才会落一次，并且落掉一批叶子，还会再长出一批新的叶子，所以给我们的

gǎn jué jiù shì sōng shù yè zi cháng nián shì lǜ sè de
感觉就是松树叶子常年是绿色的。

知识拓展

除了松树是四季常青外，还有冬青树、铁树、黄杨和香樟树，它们也是四季常青的树木。冬青树还是我国重点保护的常绿乔木，铁树属于生命力极强的植物。

zì rán jiè de zhí wù chī shén me
自然界的植物“吃”什么？

答：

wǒ men rén lèi kào chī liáng shi zhǎng dà nà
我们人类靠吃粮食长大，那
zhí wù shì chī shén me zhǎng dà de ne qí shí zhí
植物是“吃”什么长大的呢？其实，植
wù yě yǒu zì jǐ de shí wù hé dòng wù bù tóng dà duō
物也有自己的食物，和动物不同，大多
shù zhí wù kě yǐ hé chéng zì jǐ suǒ xū yào de yíng yǎng
数植物可以合成自己所需要的营养。
zhí wù de yè zi zhōng yǒu yì zhǒng shén qí de yuán
植物的叶子中有一种神奇的元
sù yè lǜ sù tā jì kě yǐ bǎ
素——叶绿素。它既可以把
zì rán jiè zhōng de yáng guāng shuǐ èr yǎng
自然界中的阳光、水、二氧
huà tàn hé chéng yíng yǎng wù zhì yě kě
化碳合成营养物质，也可
yǐ bǎ zhè xiē yíng yǎng wù zhì xiāo huà
以把这些营养物质消化

● 植物

吸收掉，转变成自身的能量。植物除了“吃”自身制造出来的营养物质之外，还会大量吸收土壤中的碳、氮、磷等各种元素。对于植物而言，既要“吃”自己制造的营养物质，也要“吃”土壤中的各种元素，否则就不能活下去。

知识拓展

碳是一种非金属元素，在生活中具有稳定性，不容易发生化学反应，对人体的毒性也很低。它是一种常见的元素，以多种形式存在于地壳、大气和生物中。

蝴蝶

zhí wù shì rú hé
植物是如何
xī yǐn fēng dié de
吸引蜂蝶的？

wǒ men zǒng jué de zhí
我们总觉得植
wù shì méi yǒu rèn hé qíng gǎn de qí
物是没有任何情感的，其
shí zhí wù de shì jiè bìng bú xiàng wǒ men suǒ xiǎng xiàng de
实，植物的世界并不像我们所想象的
nà me jiǎn dān
那么简单。

zhòng suǒ zhōu zhī hú dié mì fēng hé fēi é dōu shì
众所周知，蝴蝶、蜜蜂和飞蛾都是
zì rán jiè chuán bō huā fěn de gāo shǒu jīng cháng bèi rén lèi
自然界传播花粉的高手，经常被人类
kuā zàn qín láo dàn zhè xiē xiǎo dòng wù bìng bú shì gěi suǒ yǒu
夸赞勤劳，但这些小动物并不是给所有
zhí wù cǎi mì tā men zhǐ gěi zì jǐ xǐ huan de zhí wù cǎi
植物采蜜，它们只给自己喜欢的植物采
mì nà tā men bù xǐ huan de zhí wù gāi zěn me chuán
蜜。那它们不喜欢的植物，该怎么传

播花粉呢？

其他植物也有自己的办法，比如，北美洲和地中海一带的兰科植物，为了吸引细腰蜂来传粉，就用盛开的花朵散发出雌性细腰蜂的味道，这种办法果然成功地把细腰蜂吸引了过来。美洲的三星兰则努力地分泌出一种蜜蜂喜欢的“香水”，也能将其吸引过来，从而传播花粉。

知识拓展

传粉是指成熟花粉从雄蕊花药或小孢子囊中散出后，传送到雌性花蕊柱头或者胚珠上的过程。传粉包括自花传粉和异花传粉。传播花粉的媒介有昆虫和风。

为什么有的树叶秋天会变红？

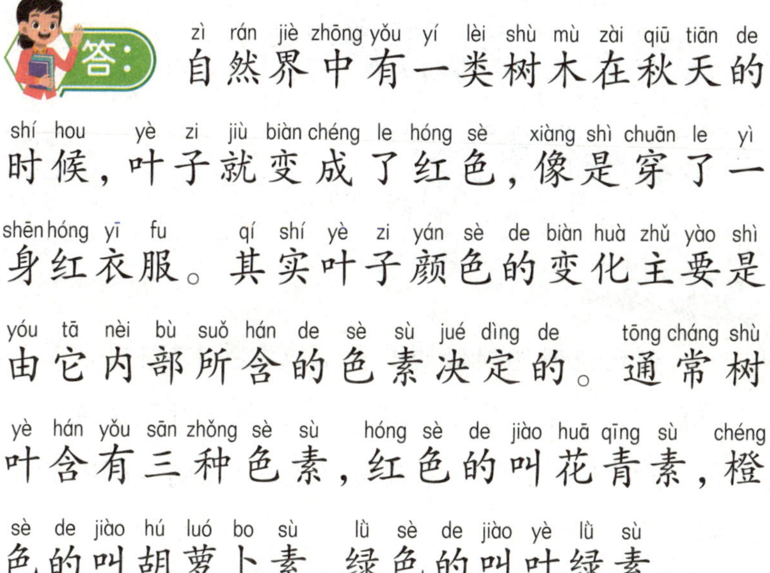

答：自然界中有一类树木在秋天的时候，叶子就变成了红色，像是穿了一身红衣服。其实叶子颜色的变化主要是由它内部所含的色素决定的。通常树叶含有三种色素，红色的叫花青素，橙色的叫胡萝卜素，绿色的叫叶绿素。

夏天，我们会看到树叶都是绿色的，这是因为叶片中在源源不断地合成叶绿素。到了秋天，有的树木的叶子就变成了红色，这是因为天气变冷了，植物内部更容易形成花青素，叶绿素被破坏，所以叶子里面的花青素多于叶绿素，叶子就变成了红色，也就是我们平时所看到的树木仿佛为自己穿上了一身红衣服的景象。

知识拓展

枫树是槭树科槭属的乔木或者灌木树种，非常适合在辽宁地区生长。到了秋天，枫树叶变成火红色，落到地面后就会变成深红色，可以制成书签和标本。

为什么树干是圆的？

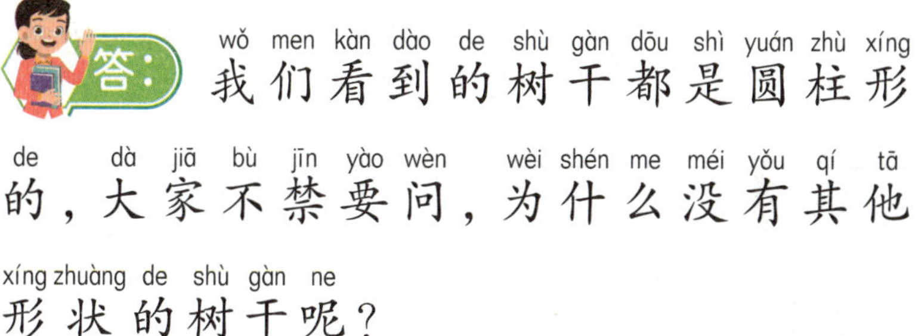

我们看到的树干都是圆柱形的，大家不禁要问，为什么没有其他形状的树干呢？

树干长成圆柱形主要是为了减少养分的消耗。圆柱形相对于其他形状来说，树皮面积是最小的。这既能减少水分的消耗，又能够维持树木的生长。

我们做一个实验，分别做底面为三角形、正方形和圆形的纸筒，并用这三个纸筒来支撑重物，结果显示底面为圆形的纸筒支撑力是最强的。

不仅如此，圆柱体对风的阻力也是最小的，不管是来自哪个方向的风，都能顺利地绕过去，因此圆柱形树干的抗风能力是最强的。

另外，圆柱形树干更能避免外界的伤害，比如动物的啃咬等。

知识拓展

一棵树可以分成树根、树干、树枝和树叶四个部分。树根是营养器官，负责吸收水分和养分；树干负责输送水分和营养物质；树枝负责向上延伸枝条；树叶负责合成营养物质。

zhí wù yǒu jiǎo ma
植物有脚吗？

wǒ men rén lèi yǒu jiǎo bìng qiě kào jiǎo lái zǒu lù zhí wù yě yǒu zì jǐ de jiǎo tā men de jiǎo jiù shì shù gēn shù gēn zhǎng zài dì xià wǒ men yì bān kàn bú dào kě shì shù gēn wèi shén me bù zhǎng zài dì shang

我们人类有脚，并且靠脚来走路。植物也有自己的脚，它们的脚就是树根。树根长在地下，我们一般看不到。可是树根为什么不长在地上

树根

ne zhè zhǔ yào shì yīn wèi dì xīn yǐn lì de zuò yòng
呢？这主要是因为地心引力的作用。
dì xīn yǐn lì jiù xiàng yì zhī dà shǒu shǐ jìnr de wǎng
地心引力就像一只大手，使劲儿地往
xià lā dà shù de gēn yīn wèi dì qiú yǒu qiáng dà de dì
下拉大树的根。因为地球有强大的地
xīn yǐn lì bù jǐn shì dà shù suǒ yǒu de wù tǐ dōu huì
心引力，不仅是大树，所有的物体都会
bèi lā xiàng dì xīn fāng xiàng jiù xiàng wǒ men wǎng kōng zhōng
被拉向地心方向。就像我们往空中
pāo yí gè dōng xi zuì zhōng zhè ge dōng xi yí dìng huì luò
抛一个东西，最终这个东西一定会落
xiàng dì miàn jiù suàn wǒ men bǎ zhí wù héng zhe fàng tā
向地面。就算我们把植物横着放，它
de gēn yě yí dìng huì xiàng xià shēng zhǎng
的根也一定会向下生长。

wǒ men de jiǎo huì chuān wà zi dà shù yě yǒu zì
我们的脚会穿袜子，大树也有自
jǐ de wà zi tā de wà zi jiù shì gēn guān gēn guān
己的袜子，它的袜子就是根冠。根冠
de zuò yòng hěn dà tā lǐ miàn bù jǐn hán yǒu dà liàng de
的作用很大，它里面不仅含有大量的
gài hái néng kòng zhì zhí wù de gēn xiàng xià shēng zhǎng píng
钙，还能控制植物的根向下生长。平
shí dì xià shuǐ jiù shì tōng guò zhí wù de gēn wǎng shàng shū
时地下水就是通过植物的根往上输

送。我们会看到，如果一个地方地下水很多，这个地方的植物的根就会比较密，反之就比较稀疏。但是如果地下水很少，那植物的根也会比较长，这是树根在努力地向下寻找水源，以便维持植物正常的生长。

知识拓展

引力是指一切有质量的物体之间所产生的互相吸引的作用力。地球对其他物体的这种作用就叫作地心引力。由于地球本身有着很大的质量，因此它会对地球周围的任何物体表现出引力。

zhí wù de zhǒng zi yǒu duō shén qí
植物的种子有多神奇？

答：

jù shuō yí lì zhǒng zi kě yǐ dǎ kāi dāo zi
据说一粒种子可以打开刀子
hé jù zi dōu wú fǎ dǎ kāi de tóu gǔ, zhǒng zi de lì
和锯子都无法打开的头骨，种子的力
liàng què shí hěn shén qí
量确实很神奇。

zhǒng zi zài méng yá de guò chéng zhōng, néng bào fā
种子在萌芽的过程中，能爆发
chū jù dà de lì liàng, bù guǎn shén me yàng de tǔ rǎng dōu
出巨大的力量，不管什么样的土壤都
wú fǎ zǔ zhǐ zhǒng zi pò tǔ ér chū
无法阻止种子破土而出。

yǒu shí hou wǒ men huì zài xuán yá biān shang kàn dào
有时候我们会在悬崖边上看到
yì kē zhí wù, zhè kē zhí wù de zhǒng zi yí dìng shì cóng
一棵植物，这棵植物的种子一定是从
shí tou huò zhě shí tou fèng xì lǐ miàn shēng zhǎng chū lái de,
石头或者石头缝隙里面生长出来的，
kě jiàn zhí wù zhǒng zi de lì liàng yǒu duō qiáng dà
可见植物种子的力量有多强大。

大豆

相传有一艘轮船在行驶的过程中，船身突然出现断裂。经过检查后发现，断裂的原因竟然是船舱里面装满了大豆，轮船在行驶的过程中进了水，这时候大豆开始发芽，最后把船舱挤得破裂了。这个例子再一次说

míng zhǒng zi de lì liàng shì duō me qiáng dà
明种子的力量是多么强大。

知识拓展

在地中海地区，生长着一种名叫喷瓜的植物。当它的种子成熟时，风一吹动果实，果实就能将种子喷出15米远，所以人们将它称为“铁炮瓜”。

高大的树木

在公园和路边，我们经常会见到许多树木，这些树木叫什么名字，又有哪些特征呢？让我们一起去认识一下吧。

老师，为什么一到春天，就会有很多柳絮啊？

柳絮是柳树的种子，柳树是靠风传播的，柳树在用这种方式把种子散播出去。

原来如此，树木还有哪些传播种子的方式呢？

树木种子的传播方式很多，我们可以慢慢地学习。

问：

sōng shù wèi shén me bù kāi huā
松树为什么不开花？

答：

sōng shù yīn wèi cháng nián pī zhe lǜ sè de wài yī suǒ yǐ bèi yù wéi cháng qīng shù sōng shù de guǒ shí jiào zuò sōng guǒ sōng guǒ shì xiǎo sōng shǔ zuì xǐ huan de shí wù jì rán sōng guǒ shì sōng shù de guǒ shí nà zěn me méi jiàn guò sōng shù kāi huā ne
松树因为常年披着绿色的外衣，所以被誉为常青树。松树的果实叫作松果，松果是小松鼠最喜欢的食物。既然松果是松树的果实，那怎么没见过松树开花呢？

sōng shù dāng rán huì kāi huā zhǐ shì huā kāi de bǐ
松树当然会开花，只是花开得比

松树

jiào shǎo méi yǒu huā bàn yě méi yǒu xiāng wèi jiù róng yì
较少，没有花瓣，也没有香味，就容易
bèi rén men hū lüè bú guò wǒ men yào shi zǐ xì guān chá
被人们忽略。不过我们要是仔细观察，
jiù huì fā xiàn zài sōng shù xīn zhī tiáo de jī bù yǒu yì xiē
就会发现在松树新枝条的基部有一些
dàn huáng sè de xiǎo huā yòng shǒu yì niǎn huā bàn jiù biàn
淡黄色的小花，用手一捻，花瓣就变
chéng le huáng sè yān wù huā fěn yīn wèi sōng shù de huā tài
成了黄色烟雾花粉。因为松树的花太
bù qǐ yǎn děng wǒ men zhù yì dào de shí hou huā yǐ jīng
不起眼，等我们注意到的时候，花已经
biàn chéng lǜ sè de xiǎo sōng qiú le ér xiǎo sōng qiú shang yǒu
变成绿色的小松球了。而小松球上有
sōng shǔ xǐ huan de sōng zǐ chú le sōng zǐ shèng xià de
松鼠喜欢的松子。除了松子，剩下的
bù fen wǒ men kě yǐ zuò chénggōng yì pǐn
部分我们可以做成工艺品。

知识拓展

松鼠属于啮齿目松鼠科，一般指那种尾巴上披着蓬松长毛的啮齿类动物，目前有58属285种，分布在南极以外的各个大洲。它们活跃在各种陆地环境中。

水杉为什么被叫作“植物中的大熊猫”？

我们都知道在动物界，熊猫是珍贵的动物。其实在植物界，也有一种比较珍贵的植物，那就是水杉。

看到水杉这个名字，大家一定觉得水杉是生活在水中的吧。其实不然，水

红水杉

杉属于裸子植物杉科水杉属，是我国特有的珍贵树种。一般高30—40米，树干笔直，树冠呈塔形，叶子呈羽状排列，球果下垂，属于雌雄同株的植物。水杉生活在1亿多年前的中生代的白垩纪，曾经在欧亚大陆生活过，后来受第四纪冰期的影响，水杉已经处于濒临绝迹的境地，只有极少数地区有水杉幸存，所以它才被称为“植物中的大熊猫”。

知识拓展

第四纪冰期是地球史上距离现在时间最近的一次大冰川期。冰川表面一般高低不平，有的地方还有很深的裂口，这个裂口就是冰隙。根据冰川的形态和性质，可以分成大陆冰川和山岳冰川。

yáng shù shang diào xià de máo shì shén me
杨树上掉下的“毛”是什么？

答：

chūn tiān wàn wù fù sū dào chù dōu shì yí
春天万物复苏，到处都是一
piàn niǎo yǔ huā xiāng de jǐng xiàng dàn shì yě huì yǒu màn tiān
片鸟语花香的景象，但是也会有漫天
fēi bái máo de xiàn xiàng zhè xiē bái máo shì shén
飞“白毛”的现象，这些“白毛”是什
me ne
么呢？

kàn qǐ lái yì céng yì céng de bái sè máo xù qí
看起来一层一层的白色毛絮，其
shí shì yáng shù de huā yáng shù huā kě yǐ fēn chéng cí xióng
实是杨树的花。杨树花可以分成雌雄
liǎng zhǒng xióng huā de huā xù dà gài cháng lí mǐ chuàn
两种：雄花的花序大概长10厘米，串
zhuàng chéng àn hóng sè huò zhě àn huáng sè rú guǒ zǐ xì
状，呈暗红色或者暗黄色，如果仔细
guān chá huì fā xiàn huā xù shang yǒu hěn duō xiǎo huā dàn
观察会发现，花序上有很多小花，但
zhè xiē xiǎo huā hěn kuài jiù diào luò le cí huā huā xù shì
这些小花很快就掉落了；雌花花序是

yí chuàn yí chuàn de zhōng jiān yǒu yì
一串一串的，中间有一
gēn zhóu bǎ tā men chuān qǐ lái
根轴把它们穿起来，
huā xù shang yǒu hěn
花序上有很
duō gǎn lǎn sè de xiǎo
多橄榄色的小
qiú xiǎo qiú màn màn
球，小球慢慢
de zhǎng dà zhàng
地长大、胀
pò zhàng pò zhī
破，胀破之
hòu jiù huì chū
后就会出
xiàn hěn duō bái
现很多白
sè de máo xù
色的毛絮，
yě jiù shì wǒ men
也就是我们
kàn dào de yáng xù zài
看到的杨絮。在

杨树

杨絮里面包裹着很多种子，这些种子的直径只有一毫米。一阵风吹来，杨絮就带着成千上万的种子随风飘荡，遇到合适的地方，种子就会落下来，为明年的生长做准备。

知识拓展

植物传播种子的方式大致有五种：

靠风力传播，比如蒲公英和柳树；

靠自身弹力传播，比如芝麻和豌豆；

靠水传播，比如睡莲和椰子；

靠动物传播，比如苍耳和板栗；

靠鸟传播，比如无花果。

为什么榕树又叫作“独木林”？

在孟加拉地区有一种奇特的榕树，树冠特别大，远远望去像一把大伞。这把伞至少可以覆盖15亩左右的土地，差不多有半个足球场那么大。

不仅如此，孟加拉榕树的根也很

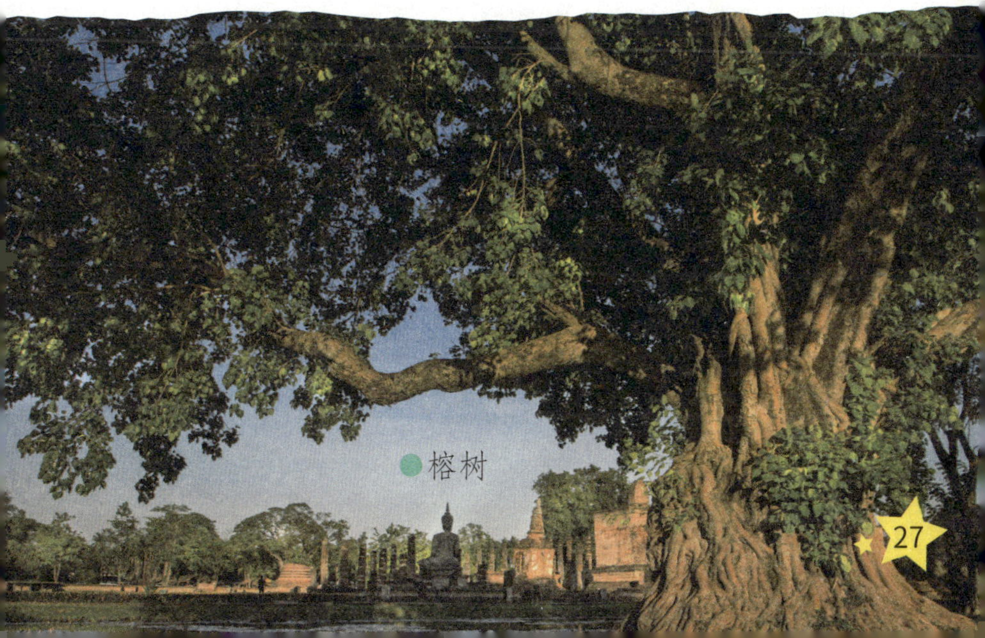

榕树

独特，它能由树枝向下生根，榕树的根悬挂在半空中，可以从空中吸收养料和水分，人们把这种根叫作“气根”。大多数气根能长达地面，能够吸收养分并支撑树枝。一棵榕树最多有4000多根气根，从远处看，这棵榕树就像一片大森林一样，因此榕树又被称为“独木林”。一到夏天，就会有很多人在树下乘凉。

知识拓展

孟加拉地区包括孟加拉国以及由印度控制的西孟加拉邦。主要居民为孟加拉人，讲孟加拉语，66%的人信奉伊斯兰教，33%的人信奉印度教。孟加拉国是全世界人口密度最高的人口大国。

桃树的树干为什么是黏黏的?

táo shù de shù gàn wèi shén me shì nián nián de

因为桃树的树干能分泌出一些像胶水一样黏稠的物质。这些黏稠物质对于我们来说没有任何用处，但它是桃树的特殊武器，它能够起到保

yīn wèi táo shù de shù gàn néng fēn mì chū yì xiē xiàng jiāo shuǐ yí yàng nián chóu de wù zhì zhè xiē nián chóu wù zhì duì yú wǒ men lái shuō méi yǒu rèn hé yòng chù dàn tā shì táo shù de tè shū wǔ qì tā néng gòu qǐ dào bǎo

桃树

护桃树的作用。

桃树树干上分泌黏稠物质，主要是为了避免自身被害虫侵犯。很多害虫喜欢桃树的汁液，常常会爬到桃树上肆意地吸食，但是它们如果被桃树胶粘住了，就死路一条了。这种胶特别黏，害虫粘到上面根本无法动弹，最后只能饿死。

知识拓展

植物保护自己的方法很多，如利用保护色、警戒色、拟态、假死、分泌物、警戒性颤动等。这些方法能使植物在遇到危险的时候有效地保护自身安全。

jù shān wèi shén me bèi chēng wéi jù mù zhī shǒu ne
巨杉为什么被称为“巨木之首”呢？

答:

zài zì rán jiè zhōng yǒu hěn duō tǐ jī páng dà de shù mù kě shì nǎ yì zhǒng shù mù shì zuì páng dà de ne

在自然界中，有很多体积庞大的树木，可是哪一种树木是最庞大的呢？

yào shuō zuì páng dà de shù mù yí dìng yào shǔ jù shān le jù shān fēn bù zài měi guó jiā lì fú ní yà shān qū yǔ pǔ tōng shù mù bù yí yàng de shì jù shān de shù pí shì hóng hè sè de bìng qiě shàng miàn hái yǒu hěn duō zòng liè zhè ge tè zhēng yǔ běi měi hóng shān fēi cháng xiāng sì suǒ yǐ rén men bǎ zhè liǎng zhǒng shù mù dōu jiào zuò

要说最庞大的树木，一定要数巨杉了。巨杉分布在美国加利福尼亚山区。与普通树木不一样的是，巨杉的树皮是红褐色的，并且上面还有很多纵裂。这个特征与北美红杉非常相似。所以，人们把这两种树木都叫作

hóng shān suī rán zhè liǎng zhǒng shù mù bèi fā xiàn de bǐ jiào
红杉。虽然这两种树木被发现得比较

wǎn dàn shì yīn wèi tā men zhǎng de gāo dà bìng qiě shòu
晚，但是因为它们长得高大，并且寿

mìng hěn cháng suǒ yǐ hěn kuài jiù dé dào yán jiū rén yuán
命很长，所以，很快就得到研究人员

de guān zhù rén men shèn zhì qīn qiè de chēng hu tā men wéi
的关注，人们甚至亲切地称呼它们为

shì jiè yé
“世界爷”。

知识拓展

加利福尼亚州是美国西部太平洋沿岸的一个大州，面积约411013平方千米，名称来自西班牙传说中一个小岛的名字，州花是金罂粟，州树是加州红木，州鸟是加州鹑。

yē zi shù wèi shén me
椰子树为什么
huì shēng zhǎng zài hǎi biān
会生长在海边?

zhí wù hé rén lèi yí yàng dōu yào xiǎng jìn bàn
植物和人类一样都要想尽办
fǎ jiě jué shēng cún wèn tí bìng qiě hái yào nǔ lì fán zhí hòu
法解决生存问题，并且还要努力繁殖后
dài duì yú zhí wù lái shuō qí fāng shì jiù shì chuán bō zhǒng
代，对于植物来说其方式就是传播种
zi wǒ men zhī dào zhí wù chuán bō zhǒng zi de fāng fǎ yǒu
子。我们知道，植物传播种子的方法有
hěn duō zhǒng ér yē zi chuán bō zhǒng zi xū yào shuǐ suǒ yǐ
很多种，而椰子传播种子需要水，所以
yē zi jiù yào shēng huó zài hǎi biān dào
椰子就要生活在海边。到
le yē zi chéng shú de
了椰子成熟的
jì jié shú tòu de
季节，熟透的
yē zi jiù huì cóng
椰子就会从

椰子

树上掉下来。有的椰子会落到海里，由于椰子是中空的，所以会浮在海面。等到海水涨潮的时候，那些掉在水里的椰子会随着潮水漂到各个角落。等到潮水退去，椰子就被留在了海岸上。如果椰子留下的地方适合生长，那椰子的种子就会很快生根发芽，长成新的椰子树，所以，我们看到的椰子树总是生长在海边。

知识拓展

涨潮是一种自然现象。海水有涨潮和落潮两种情况。涨潮的时候，海水上涨，波涛汹涌，景象非常壮观；落潮的时候，海水慢慢退去，露出一片平静的海滩。在中国大部分地方，一般一天内有两次涨潮和落潮。

世界上最高的树是什么树？

你见过世界上最高的树吗？在澳大利亚草原上，有一种树木叫杏仁桉树，它被称为“世界上最高的树木”。

杏仁桉树最高可达156米，相当于50层楼那么高，最普通的杏仁桉树也有100多米，所以这种树木被称为“树木世界里的最高塔”。杏仁桉树的树干笔直，向上就会明显变细，枝叶主要分布在树的顶端。杏仁桉树的叶子与众不同，其他植物的叶子都是表面朝上，而它的叶子则是侧面朝上。也许大家会觉得杏仁桉树的叶子很奇特，其实它这样生长主要是为了适应当地的气候，在澳大利亚这个地方，气候干燥、阳光强烈，杏仁桉树的叶子这样生长能够减少阳光照射，防止水分蒸发。

知识拓展

草原是地球生态系统的一种，可以分成热带草原、温带草原等多种类型。草原形成的主要原因是土壤层比较薄或者是降水量比较少，草本植物受影响小，而木本植物无法广泛地生长。

cǎo yuán shang wèi shén me 草原上为什么 jǐ hū méi yǒu shù mù shēngzhǎng 几乎没有树木生长？

答：yīn wèi cǎo yuán shang de tǔ céng hěn báo dà 因为草原上的土层很薄，大 gài zhǐ yǒu lí mǐ tǔ céng xià miàn jiù shì jiān yìng de 概只有20厘米，土层下面就是坚硬的 yán shí céng zhè me báo de tǔ céng zhǐ néng gōng dī ǎi de 岩石层，这么薄的土层只能供低矮的

草原

植物生长，根本无法供给高大的树木所需的营养，树木在这里扎不了根，也就难以生存下去。另外，草原上的水分蒸发得特别快，树木生长需要的水分比较多，所以树木在草原是几乎无法生存下去的。

知识拓展

灌木是指比较矮小的树木，它们没有明显的主干，一般呈丛生的状态，可以分成观枝、观花、观果等几种类型。矮小丛生的木本植物，一般是阔叶植物，但也有一些针叶类植物。

美丽的花朵

植物一般都会开花，可是为什么有的植物开花时间长，有的开花时间短，有的在晚上开花，有的在早晨开花呢？带着这些疑问，我们一起来学习关于花朵的知识。

老师，为什么一种花会有不同的颜色呢？

这主要和花朵接收的温度、湿度、酸碱度有关。

花儿是不是和人类一样，每天也会睡觉呢？

是的，花儿也会睡觉。你肯定还有很多问题，咱们一起走近花朵，学习关于花朵的知识吧。

kāng nǎi xīn wèi shén me shì mǔ qīn huā

康乃馨为什么是“母亲花”？

答：

kāng nǎi xīn zài hěn jiǔ hěn jiǔ yǐ qián jiù bèi chēng zuò mǔ qīn huā nián de yuè měi guó shǒu cì fā xíng le mǔ qīn jié jì niàn yóu piào zài zhè bǎn yóu piào de zhèng miàn yǒu yì fú huà huà shang yǒu yí wèi

康乃馨在很久很久以前就被称作“母亲花”。1934年的5月，美国首次发行了母亲节纪念邮票。在这版邮票的正面有一幅画，画上有一位

●康乃馨

mǔ qīn tā ān xiáng de zuò zhe shuāng shǒu fàng zài xī gài
母亲，她安详地坐着，双手放在膝盖
shang yǎn qián shì yí gè huā píng huā píng lǐ miàn chā zhe
上，眼前是一个花瓶，花瓶里面插着
yí shù měi lì de kāng nǎi xīn zì cóng yóu piào fā xíng zhī
一束美丽的康乃馨。自从邮票发行之
hòu kāng nǎi xīn jiù bèi rén men chēng wéi mǔ qīn huā
后，康乃馨就被人们称为“母亲花”，
zài xī fāng rén men měi nián dōu huì zài mǔ qīn jié zhè yì
在西方，人们每年都会在母亲节这一
tiān gěi mǔ qīn sòng shàng měi lì de kāng nǎi xīn hóng sè de
天给母亲送上美丽的康乃馨。红色的
kāng nǎi xīn sòng gěi jiàn zài de mǔ qīn bái sè de kāng nǎi
康乃馨送给健在的母亲，白色的康乃
xīn xiàn gěi yǐ gù de mǔ qīn kāng nǎi xīn yě jiù chéng wéi
馨献给已故的母亲。康乃馨也就成为
rén rén xǐ ài de huā
人人喜爱的花。

知识拓展

母亲节是一个感恩母亲的节日，起源于美国，每年5月的第二个星期日就是母亲节。母亲在这一天会收到儿女送的礼物。康乃馨被公认为是“母亲花”，我们中国的“母亲花”是忘忧草。

wèi shén me duǎn mìng jú de
为什么短命菊的
shēng mìng nà me duǎn
生命那么短？

答：

dòng wù de shēng mìng yǒu cháng yǒu duǎn, zhí wù yě yí yàng. zài shā mò zhōng yǒu yì zhǒng zhí wù, jiào zuò duǎn mìng jú, tā de shòu mìng fēi cháng duǎn, zhǐ yǒu sān sì gè xīng qī de shí jiān. shā mò shǔ yú gān hàn dì qū, duǎn mìng jú zài zǎo chūn shí jié shāo wēi yǒu yì diǎnr yǔ shuǐ de shí hou, jiù néng xùn sù fā yá, hǎo xiàng yào gǎn jǐn bǎ zhè xiē yǔ shuǐ quán dōu xī shōu le shì de. tā cóng fā yá dào jiē guǒ zhǐ yǒu èr shí duō tiān, zhè zhǒng kuài sù wán chéng shēng mìng zhōu qī de xí xìng shì tā shì yìng jí duān huán

动物的生命有长有短，植物也一样。在沙漠中有一种植物，叫作短命菊，它的寿命非常短，只有三四个星期的时间。沙漠属于干旱地区，短命菊在早春时节稍微有一点儿雨水的时候，就能迅速发芽，好像要赶紧把这些雨水全都吸收了似的。它从发芽到结果只有二十多天，这种快速完成生命周期的习性是它适应极端环境的结果。

短命菊只生活在沙漠中，我们基本上见不到这种植物，那些沙漠考察人员和骆驼队也许会有幸看到短命菊。

知识拓展

骆驼属于骆驼科，头比较小，颈部很粗，并且弯曲得像鹅颈。骆驼躯体高大，体毛呈褐色。它能忍耐饥渴，每饮够一次水，就可以好几天不喝水，经常在干旱炎热的沙漠地区活动。

骆驼

问：

玉兰花为什么先开花后长叶？

答：一般情况下，植物到了春天就会发芽，慢慢地长出叶子，等植物成熟以后，开始长出花芽，花芽长大后就会开出美丽的花朵。但是也有特殊的植物，比如说玉兰，它跟其他植物不一样，它是先开花后长叶，这是怎么回事呢？

原来玉兰花芽不怕冷，在春天还没有到来的时候，玉兰的花芽已经开

shǐ xíng chéng le xiāng fǎn de shì yù lán de yè yá bǐ jiào
始形成了。相反的是玉兰的叶芽比较
pà lěng zhè shì yīn wèi huā yá hé yè yá duì wēn dù de
怕冷，这是因为花芽和叶芽对温度的
yāo qiú bù yí yàng yīn cǐ zài chūn tiān zhà nuǎn huán hán
要求不一样。因此，在春天乍暖还寒
de shí hou yù lán de huā duǒ jiù kāi fàng le děng tiān qì
的时候，玉兰的花朵就开放了，等天气
zài nuǎn huo yì xiē yè zi cái kāi shǐ zhǎng chū lái zhè
再暖和一些，叶子才开始长出来。这
jiù ràng wǒ men kàn dào le yì zhǒng qí tè de xiàn xiàng
就让我们看到了一种奇特的现象——
guāng tū tū de zhī shang kāi mǎn le hǎo kàn de yù lán huā
光秃秃的枝上开满了好看的玉兰花。

知识拓展

大多数植物都会开花，但花期有长有短。花期是指花朵从开放到凋谢之间的一段时期。

千岁兰为什么被叫作“沙漠章鱼”？

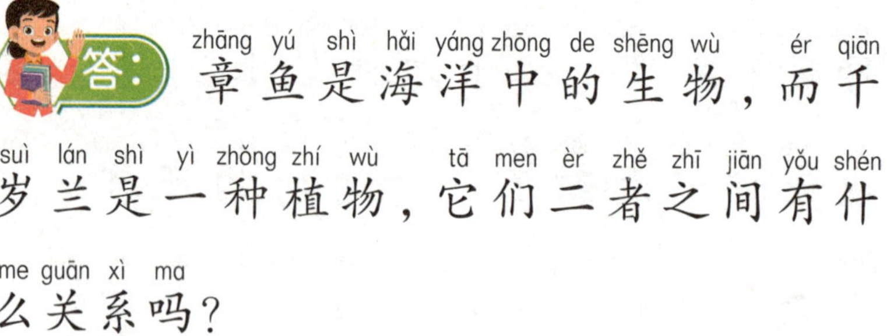

章鱼是海洋中的生物，而千岁兰是一种植物，它们二者之间有什么关系吗？

千岁兰生长在沙漠宽阔的谷地内，颈部又短又粗，在颈部的边缘部分还长着两片巨大的叶子，这些叶子长出来后就不会落下，一直伴随千岁兰一生。

千岁兰开花的时候，是沙漠中一道亮丽的风景线。它的花苞是鲜红的，与昏暗的沙漠形成了鲜明的对比。目前已知最长寿的千岁兰已经有两千岁了，当沙漠中的狂风吹过，它的叶片被撕裂成许多小条，远远望去，就好像一只大章鱼在向前爬，因此人们就给它起了一个名字，叫“沙漠章鱼”。

知识拓展

章鱼属于海洋软体动物，肌肉很强健，体表一般不具水孔。章鱼生活在水下，适宜水温不能低于17摄氏度，处于低盐度的环境中会死亡。

章鱼

wèi shén me yè lái xiāng huì
为什么夜来香会
zài yè wǎn sàn fā xiāng wèi
在夜晚散发香味？

答:

yè lái xiāng de xiāng wèi zǒng shì zài yè wǎn bǐ jiào nóng zhè zhǔ yào hé yè lái xiāng de shēngzhǎng xí xìng yǒu guān tā de huā bàn yǔ qí tā huā duǒ de huā bàn jié gòu bù yí yàng yè lái xiāng de huā bàn shang yǒu hěn duō qì

夜来香的香味总是在夜晚比较浓，这主要和夜来香的生长习性有关。它的花瓣与其他花朵的花瓣结构不一样。夜来香的花瓣上有很多气

夜来香

孔，每当夜晚来临，空气湿度增大时，花瓣上的气孔就会张得特别大，而气孔张得越大，散发的香味也就越浓，所以夜来香在晚上特别香。同样的道理，如果是在雨天，夜来香也会比较香。夜来香在夜晚比较香的另外一个原因是它要在晚上用香气吸引飞蛾传粉，这是夜来香传播种子的方式。

知识拓展

飞蛾多在夜间活动，喜欢在光亮处聚集，所以就有一句谚语叫“飞蛾扑火自烧身”。植物会为飞蛾提供多种食物，而飞蛾的幼虫及成虫也是鸟类的食物来源之一。

xiàng rì kuí wèi shén me huì wéi zhe tài yáng zhuàn
向日葵为什么会围着太阳转？

zhè shì yīn wèi xiàng rì kuí huā pán xià miàn de jīng bù yǒu yì zhǒng jiào zhí wù shēng zhǎng sù de dōng xi
这是因为向日葵花盘下面的茎部有一种叫植物生长素的东西。

生长素会从向光面移到背光面，阳光照到什么地方，它就能够从什么地方“溜掉”，天天跟太阳捉迷藏。早晨太阳升起的时候，生长素就会溜到背阳的一面，背阳那面的组织生长就很快。不久，花盘茎部的背阳部分长得

向日葵

tài kuài le xiàng yáng nà bù fen zhǎng de tài màn le xiàng
太快了，向阳那部分长得太慢了，向
rì kuí de zhí zhū jiù huì xiàng guāng wān qū yīn cǐ xiàng
日葵的植株就会向光弯曲。因此向
rì kuí de huā pán huì yì zhí miàn xiàng tài yáng
日葵的花盘会一直面向太阳。

知识拓展

除了向日葵之外，太阳花也有向光性，也会随着太阳转动。太阳花是一年生草本植物，最高达9米。太阳花夏季开花，花序边缘生黄色的舌状花，花序中部为两性的管状花，不结果实。

植物的叶子

大自然中有很多植物，植物的叶子也有各种各样的形态。叶子大多会在春天变绿，秋天变黄。叶子还有哪些学问呢？就让我们一起来学习一下吧。

老师，为什么有的植物不长叶子呢？

植物不长叶子主要是为了保持水分不被蒸发。

为什么有的叶子会变色呢？

让我们一起带着这些问题去探索植物叶子的秘密吧！

树叶为什么会从绿色变成黄色呢？

答：树叶在春天长出绿色的叶子，到秋天叶子逐渐变黄，最后会落下来。

树叶中除了叶绿素，还含有花青素、胡萝卜素等物质，这些物质本身的颜色是橙红色或者黄色。当树叶中叶绿素的含量比其他色素高时，叶子就会呈现出绿色。春天的时候，树叶中的叶绿素比较多，所以叶子就是绿色的。

到了夏天，日照时间变长，叶绿素能及时得到补充，所以叶子还是保持绿色。到了秋天，光照减少，天气渐渐地变冷，叶绿素被逐渐分解，且合成速度大大降低，所以叶子中花青素和胡萝卜素的含量比例就越来越高，叶子的颜色也就变成了黄色。

树叶

知识拓展

花青素是广泛存在于自然界植物中的水溶性天然色素，是水果、蔬菜、花卉的主要呈色物质之一。花青素被用于食品着色方面，也可以应用到染料、医药和化妆品等方面。

树叶

问：

shù yè wèi shén me huì zhǎng bān diǎn
树叶为什么会长斑点？

答：

wǒ men jīng cháng huì fā xiàn shù yè shang yǒu xǔ duō bān diǎn, wèi shén me shù yè shang huì zhǎng chū bān diǎn ne?
我们经常会发现树叶上有许多斑点，为什么树叶上会长出斑点呢？

qí shí zhè xiē bān diǎn bú shì shù yè zì jǐ zhǎng chū lái de, ér shì huán jìng wū rǎn ràng shù yè "shēng le bìng". wǒ men de zhōu wéi yǒu hěn duō huà gōng chǎng、yě liàn
其实这些斑点不是树叶自己长出来的，而是环境污染让树叶“生了病”。我们的周围有很多化工厂、冶炼厂等，这些工厂排出来的有害气体对植物都是有害的。

有毒气体对植物的危害大多表现在植物的叶子上。污染成分不一样，对植物的伤害也就不一样。

如果叶子的边缘长了斑点，可能是受到氟化氢的伤害；如果叶子的叶脉上长斑点，可能是受到二氧化硫的伤害；如果叶子表面出现了很多集中性斑点，可能是

shòu dào chòu yǎng de shāng hài
受到臭氧的伤害。

lìng wài bù tóng zhí wù duì wū rǎn wù de mǐn gǎn
另外，不同植物对污染物的敏感
dù yě bù yí yàng xiàng rì kuí duì lǜ qì bǐ jiào mǐn
度也不一样。向日葵对氯气比较敏
gǎn ér píng guǒ shù zé duì èr yǎng huà liú bǐ jiào mǐn gǎn
感，而苹果树则对二氧化硫比较敏感。
yīn cǐ zhí wù shì dà qì wū rǎn de zuì hǎo jiǎn cè qì
因此，植物是大气污染的最好检测器。

知识拓展

氯气是氯元素形成的一种单质，常温常压下为黄绿色，它是一种有强烈刺激性气味的剧毒气体，具有窒息性，密度比空气大。氯气是氯碱工业的主要产品之一，还可以作为强氧化剂。

zhí wù yè zi shang
植物叶子上
wèi shén me huì yǒu jīng mài
为什么会有经脉?

wǒ men zài gōng yuán li suí biàn jiǎn qǐ yí
我们在公园里随便捡起一
piàn yè zi huì fā xiàn yè zi shang
片叶子,会发现叶子上
yǒu hěn duō tū qǐ de jīng
有很多凸起的经
mài jiù xiàng lǎo rén shǒu shang
脉,就像老人手上
de qīng jīn zhè shì zěn me huí
的青筋,这是怎么回
shì ne
事呢?

树叶

zhí wù de shēng zhǎng xū yào
植物的生长需要
yǎng liào hé shuǐ fèn ér yǎng liào hé shuǐ fèn lái zì nǎ lǐ
养料和水分,而养料和水分来自哪里
ne zhè jiù xū yào zhí wù de gēn cóng tǔ rǎng li xī
呢?这就需要植物的根从土壤里吸

qǔ gēn xī shōu yǎng liào hé shuǐ fèn hòu chuán sòng gěi jīng hé
取，根吸收养料和水分后传送给茎和

yè zi qǐ dào chuán sòng zuò yòng de shì zhí wù lǐ miàn nà
叶子，起到传送作用的是植物里面那

xiē xì xiǎo de guǎn zi ér yè zi shang de nà xiē jīng mài
些细小的管子，而叶子上的那些经脉

jiù shì zhè zhǒng chuán sòng yǎng liào hé shuǐ fèn de guǎn dào zhī
就是这种传送养料和水分的管道之

yī chú le shū sòng yǎng liào zhī wài zhè xiē jīng mài hái
一。除了输送养料之外，这些经脉还

kě yǐ qǐ dào zhī chēng yè piàn de zuò yòng
可以起到支撑叶片的作用。

知识拓展

茎是植物的根和叶之间起疏导和支持作用的重要营养器官。茎的发达程度和植物的生长周期密切相关，多年生的木本植物较一年生的草本植物具有更为发达的茎。

shù yè wèi shén me kě yǐ pào shuǐ hē
树叶为什么可以泡水喝？

答：
wǒ guó de chá wén huà zài táng cháo shí qī jiù
我国的茶文化在唐朝时期就
yǐ jīng fēi cháng xīng shèng le， bìng qiě hái liú chuán dào zhōu
已经非常兴盛了，并且还流传到周
biān de guó jiā。 qí shí， chú le chá shù yè kě yǐ zhì
边的国家。其实，除了茶树叶可以制
chá yǐ wài， yǒu xiē qí tā zhí wù de yè zi yě kě yǐ
茶以外，有些其他植物的叶子也可以

茶树

yòng lái pào chá hē
用来泡茶喝。

bǐ rú běi fāng zǎo shù de yè zi jiù kě yǐ zhāi
比如，北方枣树的叶子就可以摘
xià lái liàng gān chǎo shú hòu pào chá hē qǐ lái yǒu yì gǔ
下来晾干炒熟后泡茶，喝起来有一股
gān tián de wèi dào shì zi hú zhī zi hé shān zhā shù
甘甜的味道；柿子、胡枝子和山楂树
de yè zi pào de chá kě yǐ qǐ dào jiàng xuè yā de zuò
的叶子泡的茶可以起到降血压的作
yòng huáng qín de yè zi zhāi xià lái kě yòng yú zhì zuò nǎi
用；黄芩的叶子摘下来可用于制作奶
chá rú guǒ zài xià tiān hē shàng yì bēi hái yǒu jiě shǔ
茶，如果在夏天喝上一杯，还有解暑
de zuò yòng
的作用。

知识拓展

黄芩又叫作山茶根、土金茶根，是一种多年生的草本植物。生长在向阳的草坡地、休荒地上，我国北方多数省区可以种植。其根可以入药，有清热解毒、止血等功效。

为什么有的植物不长叶子?

干旱的荒漠中常年雨水稀少,在这里生长的植物要想生存下去,就得想尽各种办法来适应环境。其实,植物的办法也比较单一,最好的办法就是“节约开支”,简单地说就是减少叶片的蒸腾作用。比如仙人掌,它的叶子是针形的,这样就能够大量地减少水分蒸发。甚至有的

仙人掌

shù mù gēn běn jiù bù zhǎng yè zi rú guāng gùn shù guāng
树木根本就不长叶子，如光棍树。光
gùn shù zhī suǒ yǐ bù zhǎng yè zi yě shì yīn wèi tā shēng huó
棍树之所以不长叶子，也是因为它生活
zài yì nián sì jì dōu hěn shǎo xià yǔ dì xià yòu quē shuǐ de
在一年四季都很少下雨，地下又缺水的
shā mò dì qū ér bù zhǎng yè zi jiù néng bǎo cún dà liàng de
沙漠地区，而不长叶子就能保存大量的
shuǐ fèn shǐ tā shēng cún de shí jiān gèng cháng zhè yàng shuǐ fèn
水分，使它生存的时间更长。这样水分
shì jié shěng le dàn shì zěn me jìn xíng guāng hé zuò yòng ne
是节省了，但是怎么进行光合作用呢？
guāng gùn shù hěn cōng míng de bǎ jīng hé zhī tiáo biàn chéng
光棍树很“聪明”地把茎和枝条变成了
lǜ sè lái dài tì yè zi jìn xíng guāng hé zuò yòng zhì zào
绿色，来代替叶子进行光合作用，制造
yíng yǎng wù zhì wèi zhěng kē shù mù de shēng zhǎng fú wù
营养物质，为整棵树木的生长服务。

知识拓展

蒸腾作用是水分从活的植物体表面以水蒸气形式散失到大气中的过程。它主要受外界环境条件的影响，还受植物本身的调节和控制，所以蒸腾作用是一种比较复杂的生理过程。

为什么含羞草会“害羞”呢？

我们都见过会“害羞”的含羞草，它为什么会害羞呢？

这是因为在含羞草叶柄的基部有一个叫作叶枕的组织，它里面有很多薄壁细胞，这些细胞对外界环境特别敏感。只要叶子稍微颤动一下，叶枕下部细胞里的水分就会向叶子的上部和两侧流去，这个时候叶柄就会自然下垂合拢了。

含羞草有这样的特点，和它生

含羞草

huó de huán jìng yǒu guān hán xiū cǎo shēng huó zài rè dài dì
活的环境有关，含羞草生活在热带地
qū nà lǐ jīng cháng huì yǒu kuáng fēng bào yǔ dāng kuáng fēng
区，那里经常会有狂风暴雨，当狂风
bào yǔ lái lín de shí hou zhè xiē xiǎo zhí wù de yè piàn
暴雨来临的时候，这些小植物的叶片
jiù děi gǎn jǐn bì hé fǒu zé jiù huì zāo shòu miè dǐng zhī
就得赶紧闭合，否则就会遭受灭顶之
zāi zhè jiù shì hán xiū cǎo róng yì hài xiū de yuán yīn
灾。这就是含羞草容易害羞的原因。

知识拓展

热带处于南北回归线之间，位于赤道的两侧。这个地带终年太阳高度角大，一年有两次太阳直射的现象。这里常年高温，并且变化幅度较小，全年温度大于16摄氏度。

美味的果实

我们平时吃的苹果、梨和桃子都是植物的果实，为什么这些果实有的甜、有的香，还有的脆？让我们一起学习关于果实的知识。

老师，我发现好多植物的种子都在果实里面，可香蕉为什么没有种子呢？

其实，香蕉也有种子，只是种子退化了，所以比较小，我们不仔细观察就发现不了。

原来是这样啊！植物的果实还有这么多学问。

是的，我们一起去学习吧。

wèi shén me shuǐ guǒ huì yǒu xiāng wèi
为什么水果会有香味？

答：

dà jiā fā xiàn le ma zǒu jìn shuǐ guǒ diàn
大家发现了吗？走进水果店
jiù néng wén dào shuǐ guǒ de xiāng wèi wèi shén me shuǐ guǒ huì
就能闻到水果的香味，为什么水果会
yǒu xiāng wèi ne
有香味呢？

qí shí shuǐ guǒ hé huā huì yí yàng zì shēn jiù
其实，水果和花卉一样，自身就
dài zhe yì zhǒng fāng xiāng suī rán xiāng wèi bú shì hěn nóng
带着一种芳香。虽然香味不是很浓，
dàn shì wǒ men yě néng gēn jù zhè zhǒng xiāng wèi pàn duàn chū
但是我们也能根据这种香味判断出
tā shì shén me shuǐ guǒ
它是什么水果。

shuǐ guǒ de xiāng wèi lái zì yú yì zhǒng jiào huī fā
水果的香味来自于一种叫挥发
yóu de wù zhì tā shì yóu jǐ zhǒng shèn zhì jǐ shí zhǒng huà
油的物质，它是由几种甚至几十种化
xué chéng fèn zǔ chéng de yīn wèi měi zhǒng shuǐ guǒ de huī
学成分组成的。因为每种水果的挥

fā yóu bù tóng suǒ yǐ shuǐ guǒ de xiāng wèi jiù bù yí yàng
发油不同，所以水果的香味就不一样。

bù jǐn bù tóng shuǐ guǒ zhī jiān de xiāng wèi bù yí yàng zài
不仅不同水果之间的香味不一样，在

bù tóng de jì jié chéng shú de tóng yì zhǒng shuǐ guǒ xiāng wèi
不同的季节成熟的同一种水果，香味

yě bù yí yàng rén men fā xiàn shuǐ guǒ yǒu dú tè de xiāng
也不一样。人们发现水果有独特的香

wèi zhī hòu jiù lì yòng huà xué fāng fǎ tí qǔ shuǐ guǒ zhōng
味之后，就利用化学方法提取水果中

de fāng xiāng wù zhì rán hòu mó fǎng shuǐ guǒ de xiāng wèi
的芳香物质，然后模仿水果的香味，

zhì chéng shuǐ guǒ xiāng jīng zuò chéng wǒ men ài chī de yǐn liào
制成水果香精，做成我们爱吃的饮料

hé shuǐ guǒ táng
和水果糖。

知识拓展

食品添加剂能够在不影响食品营养成分的基础上，改善食品的色、香、味，同时也起到防腐作用。

wèi shén me xiāng jiāo méi yǒu zhǒng zi
为什么香蕉没有种子？

答：zài píng guǒ lí pú tao de guǒ ròu zhōng jiān dōu huì kàn jiàn zhǒng zi dàn shì xiāng jiāo méi yǒu zhè shì wèi shén me ne
在苹果、梨、葡萄的果肉中间都会看见种子，但是香蕉没有，这是为什么呢？

qí shí xiāng jiāo yě yǒu zhǒng zi zhǐ shì zhǒng zi
其实，香蕉也有种子，只是种子

香蕉

bù róng yì bèi fā xiàn　yě shēng de xiāng jiāo guǒ ròu lǐ miàn
不容易被发现。野生的香蕉果肉里面

yǒu yì kē kē hěn yìng de zhǒng zi　wǒ men chī qǐ lái bú
有一颗颗很硬的种子，我们吃起来不

tài fāng biàn　yú shì　rén men jiù duì xiāng jiāo jìn xíng le rén
太方便。于是，人们就对香蕉进行了人

gōng péi yù gǎi liáng　gǎi liáng hòu lǐ miàn biàn chéng le kàn qǐ
工培育改良，改良后里面变成了看起

lái méi yǒu zhǒng zi de guǒ ròu　wǒ men xiàn zài chī dào de
来没有种子的果肉。我们现在吃到的

xiāng jiāo qí shí bú shì méi yǒu zhǒng zi　zài xiāng jiāo de guǒ
香蕉其实不是没有种子，在香蕉的果

ròu zhōng jiān yǒu yì pái hè sè de xiǎo diǎn　zhè jiù shì tā de
肉中间有一排褐色的小点，这就是它的

zhǒng zi　zhǐ shì zhè xiē zhǒng zi jīng guò gǎi liáng hòu　méi
种子。只是这些种子经过改良后，没

yǒu chōng fèn de fā yù ér zhú jiàn tuì huà le
有充分地发育而逐渐退化了。

知识拓展

香蕉是芭蕉属植物，植株丛生，有匍匐茎，一般高不到两米，叶片是长圆形，每株香蕉树可以存活多年。香蕉原产于亚洲东南部，我国是香蕉原产地之一。

问：

“种瓜得瓜，种豆得豆”需要满足怎样的条件？

答：我们都听说过“种瓜得瓜，种豆得豆”这句谚语，意思是你在地里种下什么种子，就会收获同样的果实。假如我们把小米种到地里，来年我们能收获小米吗？这显然是不能的，这是因为小米是谷子

小米

qù diào ké zhī hòu dé dào de ， ké kě yǐ bǎo hù xiǎo mǐ
去掉壳之后得到的，壳可以保护小米
lǐ miàn de pēi ， ér pēi kě yǐ zhǎng chéng yāng miáo 。 tuō qù
里面的胚，而胚可以长成秧苗。脱去
ké de xiǎo mǐ zhǒng dào dì li ， shī qù le ké de bǎo hù
壳的小米种到地里，失去了壳的保护
de xiǎo mǐ jiù huì shòu dào dì li xiǎo chóng zi de shāng hài 。
的小米就会受到地里小虫子的伤害。
pēi yí dàn shòu dào shāng hài ， jiù zài yě bù néng fā yá
胚一旦受到伤害，就再也不能发芽
le ， xiǎo mǐ jiù huì fǔ làn 。 zhè yàng xiǎo mǐ jiù bái bái
了，小米就会腐烂。这样小米就白白
de làng fèi le 。
地浪费了。

知识拓展

胚是指初期发育的生物体，包括胚芽、胚轴、胚根和子叶，是种子植物的种子的重要组成部分。胚芽位于胚的顶端，未来会发育成植物的地上部分，胚根未来会发育成植物的根。

什么是“小人参”？

答：我们都知道人参是非常名贵的药材，不仅十分稀有，而且营养价值很高。其实，在我们吃的蔬菜里面也有一种被称为“小人参”的蔬菜，你知道是什么吗？

这种蔬菜就是胡萝卜。胡萝卜含有丰富的胡萝卜素，经过人体吸收后，能够在体内转化

●胡萝卜

成维生素A，有效地促进人体发育。胡萝卜还含有丰富的维生素B、维生素C和氨基酸等物质，这些营养成分有利于人体生长发育的正常进行。所以，胡萝卜的营养价值简直可以和人参媲美，被人们称作“小人参”。

当你吃饭不愿意吃胡萝卜的时候，想象胡萝卜是小人参，你肯定就不会拒绝了。

知识拓展

维生素A是一种脂溶性维生素，对热、酸、碱稳定，但容易被氧化，紫外线会加快它氧化的速度。它具有促进生长、繁殖，维持骨骼、上皮组织、视力健康等多种生理功能。

guǒ zi wèi shén me huì cóng
果子为什么会从
shù shang diào xià lái ne
树上掉下来呢？

答：

wǒ men lù guò guǒ shù de shí hou， huì fā
我们路过果树的时候，会发
xiàn hǎo duō guǒ zi cóng shù shang diào le xià lái， zhè shì wèi
现好多果子从树上掉了下来，这是为
shén me ne
什么呢？

zhè shì yīn wèi guǒ zi zài chéng shú zhī hòu， rú guǒ
这是因为果子在成熟之后，如果
méi yǒu jí shí de cǎi zhāi， guǒ bǐng jiù huì jiàn jiàn de lǎo
没有及时地采摘，果柄就会渐渐地老
huà， zài guǒ bǐng hé shù zhī zhī jiān jiù chǎn shēng le yì zhǒng
化，在果柄和树枝之间就产生了一种
lí céng lí céng huì zǔ duàn guǒ shù duì guǒ zi yíng yǎng
“离层”。离层会阻断果树对果子营养
de gōng yìng， yí dàn quē fá yíng yǎng， yù dào fēng qǐ， guǒ
的供应，一旦缺乏营养，遇到风起，果
zi jiù huì cóng guǒ shù shang diào xià lái
子就会从果树上掉下来。

●果树

在我们看来，果子掉下来很可惜，其实这是果树的一种自我保护。如果果子不掉到地上，果树怎么进行繁殖呢？这样来看，离层对于果树的作用挺大的。

知识拓展

维生素B是人类身体内新陈代谢必需的，每一种维生素B都参与了关键的代谢反应，一般以辅酶的形式存在。它对于维护人体健康，预防和治疗多种疾病都有重要的作用。

马铃薯的薯块是茎吗？

我们平时吃的马铃薯，也就是土豆，其实是由它的茎长成的。

如果你在地里挖过马铃薯，就会发现马铃薯是地下匍匐茎的顶端。当匍匐茎长到一定程度的时候，它的顶端就会膨大起来，慢慢地长成薯块，

马铃薯

yīn wèi jīng zhǎng de cū hòu rén men jiù yǐ wéi tā shì guǒ
因为茎长得粗厚，人们就以为它是果
shí zǐ xì guān chá mǎ líng shǔ jiù huì fā xiàn mǎ líng
实。仔细观察马铃薯就会发现，马铃
shǔ de biǎo pí shang yǒu hěn duō xiǎo kǒng kǒng lǐ miàn yǒu
薯的表皮上有很多小孔，孔里面有
yá zài xiǎo kǒng de biān shang hái yǒu yí dào xiàng méi mao de
芽，在小孔的边上还有一道像眉毛的
hén jì kàn qǐ lái jiù xiàng rén de yǎn jing suǒ yǐ zhè
痕迹，看起来就像人的眼睛，所以这
xiē xiǎo kǒng bèi jiào zuò yá yǎn yá yǎn hé yá yǎn
些小孔被叫作“芽眼”。芽眼和芽眼
zhī jiān shì àn zhào yí dìng shùn xù pái liè de yá yǎn lǐ
之间是按照一定顺序排列的，芽眼里
miàn guǒ zhe yá kě yǐ chōu chū yè zi lái zhè xiē tè
面裹着芽，可以抽出叶子来，这些特
zhēng jiù biǎo míng mǎ líng shǔ qí shí shì zhí wù de jīng
征就表明马铃薯其实是植物的茎。

知识拓展

植物表皮是指植物体最外面的一层细胞，植物的地上器官，比如茎、叶、花、果实等的表皮具有保护功能；地下器官的表皮具有吸收功能，当根和茎加粗生长时，表皮就会由另外的保护组织周皮替代。

问：

为什么树上能结番茄呢？

答：番茄既可以用糖拌着吃，也可以炒菜吃，是大家喜欢的蔬菜。我们常见的番茄都是和茄子一样长在茎上的，你们见过树上结的番茄吗？

树番茄最早生活在南美洲的秘鲁，最初是作为观赏性植物种植的。

各式各样的番茄

hòu lái rén men fā xiàn shù fān qié shang jiē de guǒ shí hé xī
后来人们发现树番茄上结的果实和西
hóng shì wèi dào yí yàng bìng qiě hái jù yǒu hěn gāo de yíng
红柿味道一样，并且还具有很高的营
yǎng jià zhí yú shì shù fān qié jiù jìn rù le rén men de
养价值，于是树番茄就进入了人们的
rì cháng shēng huó zhī zhōng wǒ guó zuì xiān yǐn jìn shù fān
日常生活之中。我国最先引进树番
qié de shì yún nán shěng zhì jīn yǒu yì bǎi duō nián de lì
茄的是云南省，至今有一百多年的历
shǐ le qí shí rú guǒ sù yuán de huà shù fān qié
史了。其实，如果溯源的话，树番茄
hé cǎo běn fān qié shì qīn qi shù fān qié zuì gāo kě dá
和草本番茄是亲戚。树番茄最高可达
mǐ guǒ shí chéng shú de shí hou yuǎn yuǎn wàng qù jiù
5米，果实成熟的时候，远远望去，就
xiàng shù shang guà mǎn le hóng tóng tóng de xiǎo dēng long
像树上挂满了红彤彤的小灯笼。

知识拓展

西红柿又叫番茄，是一年生或者多年生草本植物，有强烈气味，茎容易倒伏，果实近球状，肉质厚而多汁液，有黄色种子，花果期在夏季。西红柿营养丰富，是人们喜爱的蔬菜之一。

植物的本领

谈论动物的时候，我们经常会说动物很有本领。其实，植物和动物一样，也有自己的本领，到底植物有什么本领呢？让我们一起来学习吧。

老师，听说植物还能预报地震呢？

是的，如果你仔细观察就会发现，在遇到异常天气的时候，植物也会表现出异常。

真的吗？那真是太神奇了。

植物不光能预报地震，还有很多其他本领，我们一起看看植物都有哪些本领吧。

植物还能吃虫吗？

答：我们都知道动物中有食草动物，也有食肉动物。可是你们见过会吃虫子的植物吗？

有一类植物能靠叶子来“吃”虫子，它们的叶子一般会变形，如果有虫子靠近它们，叶子会迅速把虫子卷起来，然后分泌出一种特殊的物质，虫子慢慢地就被溶化了。如猪笼草，它有特化成囊状的叶子，就像一个罐子，为了吸引更多虫子过来，罐子

猪笼草

kǒu hái huì chǎn shēng yì xiē dài tián wèi de fēn mì wù ér
口还会产生一些带甜味的分泌物。而

guàn zi nèi bù tè bié guāng huá yīn wèi lǐ miàn yǒu xǔ duō
罐子内部特别光滑，因为里面有许多

yè tǐ chóng zi yí dàn diào jìn guàn zi lǐ miàn lì kè
液体。虫子一旦掉进罐子里面，立刻

jiù huì bèi zhè xiē yè tǐ róng huà diào xiǎo péng yǒu men
就会被这些液体溶化掉。小朋友们，

nǐ men shì bu shì jué de zhū lóng cǎo hěn jiǎo huá a
你们是不是觉得猪笼草很狡猾啊？

知识拓展

和猪笼草相似，捕蝇草也会“吃”小昆虫。它形状像一个贝壳，边缘带有小刺，当小昆虫飞入“贝壳”中，它就会立刻合上，捉住小虫子。

zhí wù néng kěn shí tou ma
植物能“啃”石头吗？

答：

xiǎo jī méi yǒu yá chǐ, tā tūn shí shí tou
小鸡没有牙齿，它吞食石头
zhǔ yào shì wèi le xiāo huà shí wù, kě tóng yàng méi yǒu yá
主要是为了消化食物，可同样没有牙
chǐ de zhí wù zhēn de huì “kěn” shí tou ma?
齿的植物真的会“啃”石头吗？

wǒ men kě yǐ zuò yí gè shí yàn: bǎ yí kuài shí
我们可以做一个实验：把一块石
tou fàng jìn huā pén lǐ miàn, děng zhí wù zhǎng dà yì xiē zài
头放进花盆里面，等植物长大一些再

去看的时候，石头已经变得面目全非。还有我们去爬山时也会看到松树脚下的石头“龇牙咧嘴”的，仿佛被“啃食”了。这其实是因为植物的根释放的二氧化碳与水结合，产生了碳酸，能够溶解石头，使根从石头中吸收养分，所以我们会看到植物“啃”石头的现象。

知识拓展

小鸡是鸡的幼崽，吃饲料及青菜、小虫和碎米长大。鸡是人类饲养的家禽，源自野生的原鸡。

植物会预报地震吗？

答：说起地震，大家都心有余悸，主要是因为地震会带给人类巨大的伤害。全世界每年都会发生几百次地震，破坏力强的也有很多次。地震每次到来之前，人们感知不到任何预兆，反而是自然界更能提醒人类。

地震到来之前，一些动物会出现异常行为，比如老鼠四处乱窜、牲口不进窝等。除了动物之外，植物也会有许多异常情况。只要你仔细观察，

jiù huì fā xiàn zhí wù yě néng yù bào dì zhèn bǐ rú hán
就会发现植物也能预报地震。比如含

xiū cǎo zhèng cháng de shí hou bái tiān tā de yè piàn jiù
羞草，正常的时候，白天它的叶片就

huì shū zhǎn kāi lái wǎn shang cái xiàng guān mén yí yàng guān bì
会舒展开来，晚上才像关门一样关闭

yè piàn rú guǒ tiān qì chū xiàn yì cháng hán xiū cǎo de
叶片。如果天气出现异常，含羞草的

yè zi bái tiān yě bú zài shū zhǎn yì zhí dào wǎn shang dōu
叶子白天也不再舒展，一直到晚上都

shì bì hé de zhè yàng zhǔ yào shì wèi le bǎo hù zì jǐ
是闭合的，这样主要是为了保护自己。

含羞草

xiǎo péng yǒu wǒ men píng shí yào zǐ xì guān chá shēn biān de
小朋友，我们平时要仔细观察身边的
zhí wù zhè yàng jiù néng xué dào hěn duō zhī shi
植物，这样就能学到很多知识。

知识拓展

地震来临之前，气象会出现异常，如天气闷热、久旱不雨；井水、泉水会有发浑、冒泡等现象；家畜、蛇、老鼠等在地上乱窜。

shù mù kě yǐ jiǎn shǎo zào shēng ma
树木可以减少噪声吗？

答：jiē dào liǎng páng zhòng zhe hěn duō shù mù, wǒ men dōu zhī dào zhè shì wèi le jìng huà kōng qì. qí shí shù mù hái yǒu lìng wài yí gè gōng néng, nà jiù shì jiǎn shǎo zào shēng.

街道两旁种着很多树木，我们都知道这是为了净化空气。其实树木还有另外一个功能，那就是减少噪声。

lù shang huì yǒu gè zhǒng gè yàng de zào shēng, ér nóng mì de shù yè yǒu zhe hěn qiáng de xī yīn néng lì. dāng shēng yīn chuán dào shù mù nà lǐ, shù yè huì xī shōu yí bù

路上会有各种各样的噪声，而浓密的树叶有着很强的吸音能力。当声音传到树木那里，树叶会吸收一部

树木

分声音，这样噪音就减弱了很多。调查研究发现，10米宽的树林可以使噪声减弱30%。当我们走进树木茂密的公园时，会觉得公园很安静，甚至还能听到鸟叫声，其实这就是因为树林的吸音作用。

在树木茂密的公园里，人们还会觉得特别凉快，这是因为树木的光合作用和蒸腾作用消耗了空气中的热能。

知识拓展

物理学上，噪声指一切不规则的信号，凡是干扰人们休息、学习和工作，以及对人们听觉产生干扰的声音，或者是我们不需要听到的声音，都可以叫作噪声，比如电磁噪声、热噪声等。

十万个你问我答

第一辑

昆虫奥秘

李梦雨◎编

南方传媒 | 广东人民出版社
·广州·

图书在版编目（CIP）数据

十万个你问我答. 第一辑. 昆虫奥秘 / 李梦雨编. —
广州：广东人民出版社，2024.1
ISBN 978-7-218-16785-5

Ⅰ. ①十… Ⅱ. ①李… Ⅲ. ①科学知识—儿童读物②
昆虫—儿童读物 Ⅳ. ① Z228.1 ② Q96-49

中国国家版本馆 CIP 数据核字（2023）第 148384 号

SHI WAN GE NIWENWODA · DI-YI JI · KUNCHONG AOMI
十万个你问我答 · 第一辑 · 昆虫奥秘

李梦雨 编

出 版 人：肖风华

责任编辑：吴瑶瑶
责任技编：吴彦斌

出版发行：广东人民出版社
地 址：广州市越秀区大沙头四马路 10 号（邮政编码：510199）
电 话：（020）85716809（总编室）
传 真：（020）83289585
网 址：http://www.gdpph.com
印 刷：三河市祥达印刷包装有限公司
开 本：880 毫米 × 1230 毫米 1/32
总 印 张：24 总 字 数：400 千
版 次：2024 年 1 月第 1 版
印 次：2024 年 1 月第 1 次印刷
定 价：120.00 元（全八册）

如发现印装质量问题，影响阅读，请与出版社（020-87712513）联系调换。
售书热线：（020）87717307

目录 MULU

目录

认识身边的昆虫

在日常生活中我们会见到各种各样的昆虫。孩子们对这些昆虫最感兴趣，当见到昆虫的时候，你是不是也会停下来仔细观察它们呢？让我们一起来认识一下身边的昆虫吧。

老师，为什么我们常见的昆虫体型都很小呢？

常见的昆虫体型都是较小的，这样有利于它们的生存。体型较小是昆虫的一个普遍特征。

昆虫还有哪些特征呢？

不同的昆虫有不同的特征，它们的生活习性也有所差异，让我们一起来了解一下吧。

所有的昆虫体型都很小吗？

答：我们常见的昆虫体型都是比较小的，比如蜘蛛、蚂蚁、蟋蟀、蜻蜓、瓢虫等。大多数昆虫还不如人的手指头大。目前发现的世界上最小的昆虫仅有0.21毫米长，体重也只有0.005毫克，它就是寄生蜂，属于膜翅目。假如让50只寄生蜂排起队来也才只有1厘米长。当然，也有些昆虫的体型是比较大的。在南美洲，生活着一种犀牛甲虫，它们的身体有15厘

mǐ cháng zài mǎ lái bàn dǎo shēng huó zhe shì jiè shang zuì
米长。在马来半岛，生活着世界上最
cháng de kūn chóng zhú jié chóng tā men de shēn tǐ yǒu
长的昆虫——竹节虫，它们的身体有
lí mǐ cháng dàn zhè xiē kūn chóng yǔ rén lèi xiāng bǐ
27厘米长。但这些昆虫与人类相比
dōu shì bǐ jiào jiāo xiǎo de
都是比较娇小的。

知识拓展

昆虫娇小的身体为它们的生存提供了便利。当遇到危险的时候，它们可以随意躲避在树叶下或角落里避免受到伤害；昆虫体型较小，使得它们所需要的食物量也较少，比如一粒米就可以供一只蚂蚁吃上好几天，它们无须天天觅食。

竹节虫

kūn chóng dōu zài nǎ lǐ chǎn luǎn

昆虫都在哪里产卵？

答:

luǎn shì kūn chóng fā yù de yí gè jiē duàn
卵是昆虫发育的一个阶段，
shì yí gè xīn shēng mìng de zuì chū xíng tài kūn chóng chǎn
是一个新生命的最初形态。昆虫产
luǎn yǔ qí tā luǎn shēng dòng wù chǎn luǎn yǒu hěn duō bù tóng
卵与其他卵生动物产卵有很多不同
zhī chù shǒu xiān zài shù liàng shang kūn chóng chǎn luǎn yào duō
之处。首先在数量上，昆虫产卵要多
de duō kūn chóng de fán zhí néng lì fēi cháng qiáng dà bái
得多。昆虫的繁殖能力非常强，大白
yǐ jiù shì chǎn luǎn shù liàng zuì duō de kūn chóng dà bái yǐ
蚁就是产卵数量最多的昆虫，大白蚁
jǐn jǐn yí cì chǎn luǎn de shù liàng jiù kě dá lì
仅仅一次产卵的数量就可达40000粒。
shù liàng rú cǐ zhī duō de luǎn huì chǎn zài nǎ lǐ ne bù
数量如此之多的卵会产在哪里呢？不
tóng de kūn chóng shēng huó xí xìng hé shēng cún huán jìng bù
同的昆虫生活习性和生存环境不
tóng tā men xuǎn zé de chǎn luǎn dì yě huì yǒu suǒ bù tóng
同，它们选择的产卵地也会有所不同。

bǐ rú yǒu xiē kūn chóng shēng huó zài shuǐ li yǒu de zé
比如，有些昆虫生活在水里，有的则
shēng huó zài lù dì shang tā men huì gēn jù gè zì de
生活在陆地上。它们会根据各自的
shēng huó xí xìng xuǎn zé zuì hé shì de chǎn luǎn dì diǎn
生活习性选择最合适的产卵地点。

wǒ men zuì cháng jiàn de cāng ying tā men huì bǎ luǎn
我们最常见的苍蝇，它们会把卵
chǎn zài bào lù de huán jìng li yè jiǎ huì bǎ luǎn chǎn zài
产在暴露的环境里；叶甲会把卵产在
shù yè shang là chán huì bǎ luǎn chǎn zài shù zhī shang mián
树叶上；蜡蝉会把卵产在树枝上；棉
líng chóng huì bǎ luǎn chǎn zài huā lěi shang dàn yě yǒu xiē kūn
铃虫会把卵产在花蕾上。但也有些昆

昆虫产卵

虫会把卵产在比较隐蔽的地方，例如蝉，蝉有非常发达的产卵器，它们可以把卵产在植物组织中，卵会在植物组织的小孔里慢慢生长。还有一些寄生昆虫会把自己的卵产在寄主的卵里，两种卵会一起发育，直到寄生昆虫的幼虫成熟后才会从寄主幼虫身体里钻出来。也有一些昆虫会把卵产在水中，我们常见的“蜻蜓点水”实际上就是雌蜻蜓在水面飞行时进行产卵的过程，它们把腹部插入水中产卵。像蚊子、水螳螂、石蝇等昆虫都是将卵产入水中，卵和幼虫会在水中

chéng zhǎng zhí dào fā yù chéng shú hòu cái huì cóng shuǐ zhōng
成长，直到发育成熟后才会从水中
fēi chū lái
飞出来。

kūn chóng men wú lùn bǎ luǎn chǎn zài bào lù de huán
昆虫们无论把卵产在暴露的环
jìng hái shi yǐn bì de huán jìng zhōng chǎn zài shuǐ zhōng hái shi
境还是隐蔽的环境中，产在水中还是
tǔ zhōng dōu shì wèi le shǐ zì jǐ de hòu dài néng gòu jiàn
土中，都是为了使自己的后代能够健
kāng de chéngzhǎng cóng ér dá dào fán yǎn de mù dì
康地成长，从而达到繁衍的目的。

知识拓展

昆虫们为了自己的后代能够安全健康地生存下去，会选择各种各样的环境进行产卵。有一种昆虫为了卵的安全，干脆把卵产在雄性昆虫的背上，保护卵和孵化卵的任务自然也就交给了昆虫爸爸，这种昆虫就是负子蝽。

kūn chóng dōu yǒu
昆虫都有
xì xì cháng cháng de chù jiǎo ma
细细长长的触角吗？

答：
wǒ men kàn dào xǔ duō kūn chóng dōu yǒu yí duì
我们看到许多昆虫都有一对
cháng cháng de chù jiǎo bǐ rú hú dié huáng chóng xī shuài
长长的触角，比如蝴蝶、蝗虫、蟋蟀
děng chù jiǎo jiù xiàng yí duì xiǎo tiān xiàn yí yàng zhǎng zài kūn
等。触角就像一对小天线一样长在昆
chóng xiǎo xiǎo de nǎo dai shang qiān wàn bú yào xiǎo qiáo le zhè
虫小小的脑袋上。千万不要小瞧了这
duì chù jiǎo chù jiǎo kě yǐ bāng zhù kūn chóng gǎn zhī zhōu wéi
对触角，触角可以帮助昆虫感知周围
de huán jìng bìng qiě hái kě yǐ yòng lái yǔ tóng lèi jìn xíng
的环境，并且还可以用来与同类进行
gōu tōng rán ér bìng bú shì suǒ yǒu kūn chóng de chù jiǎo
沟通。然而，并不是所有昆虫的触角
dōu shì xì xì cháng cháng de yóu yú kūn chóng de zhǒng lèi
都是细细长长的，由于昆虫的种类、
xìng bié bù tóng tā men de chù jiǎo xíng tài yǒu suǒ bù tóng
性别不同，它们的触角形态有所不同，

触角的长度也有所不同。昆虫学家们根据昆虫触角的不同特征进行了分类，苍蝇的触角就好比是成熟的麦

蚂蚁的触角

穗，它的触角为具芒状；金龟子的触角就好像扇子一样，一头聚拢一头发散，它的触角属于鳃叶状；白蚁的触角每一节呈圆球形，它的触角属于念珠状；瓢虫的触角就像一把锤子，属于锤状触角。昆虫触角的形状除了扇子状的、念珠状的、锤子状的，还有锯齿状的、羽毛状的、梳子状的等。各种形状的触角可以帮助昆虫辨别气味，从而帮助其觅食。触角还有与同伴交流的作用，如果你观察过蚂蚁，一定看到过它们互相用触角在联系，仿佛能够交流什么。有的昆虫的触角

hái yǒu bǎo chí píng héng de zuò yòng bù guǎn shì nǎ yì zhǒng
还有保持平衡的作用。不管是哪一种

xíng zhuàng de chù jiǎo duì yú kūn chóng lái shuō dōu jù yǒu
形状的触角，对于昆虫来说都具有

fēi cháng qiáng dà de gōng néng
非常强大的功能。

知识拓展

仿生学家们根据昆虫触角的特点进行了很多发明，很多现代化的精密仪器的制造灵感都源于昆虫触角。制造汽车的技术人员根据昆虫触角“传感器”的功能，进行了汽车前端防碰撞的设计。

为什么有的昆虫会蜕皮？

夏天，我们常常会听到知了的叫声。如果你傍晚行走在有大树的路上，会发现树上有蝉蜕下来的空壳子。当蝉从土地里钻出来后，它们

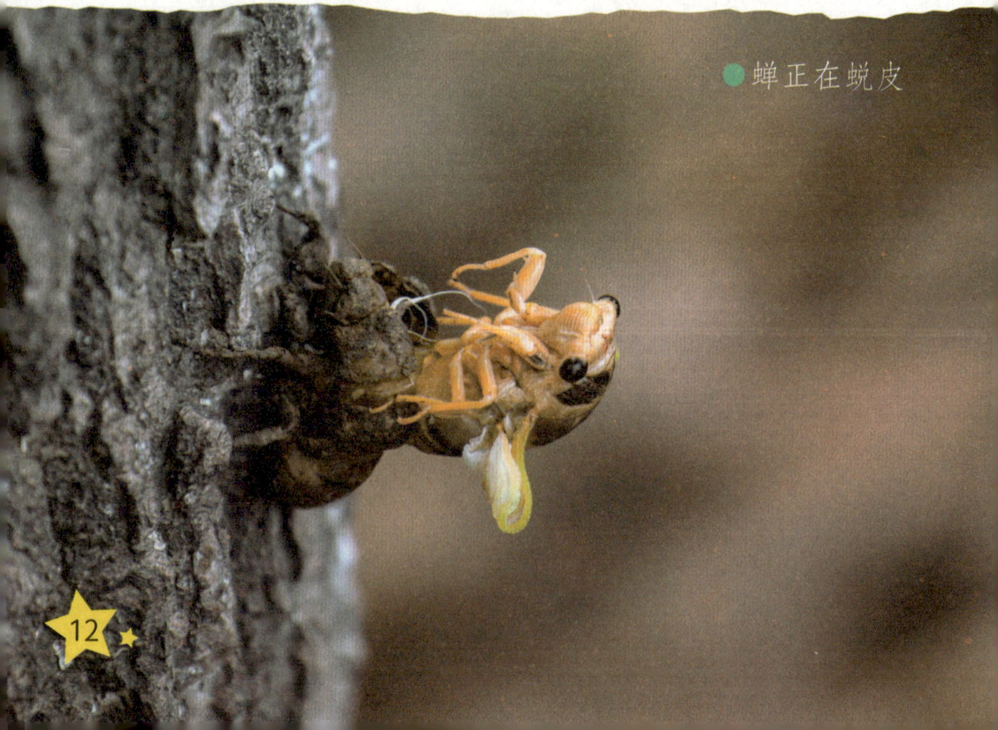

蝉正在蜕皮

就会朝着大树爬去，在经历了蜕皮之后，蝉才会发育成熟，它们也才能够发出声音。不仅仅是蝉，很多昆虫都会经历蜕皮这一阶段。像蝴蝶、飞蛾这些昆虫没有能够伴随它们生长的外骨骼，就会通过不断的蜕皮来完成生长发育。当这些昆虫还是幼虫的时候，身体非常柔软，为了保护柔软的身体，它们的外壳就是坚硬的外骨骼。坚硬的外壳虽然保护了身体，但也在一定程度上限制了昆虫的发育，所以它们会通过脱去外皮来不断地成长，蜕皮之后它们才可以无拘束地

shēngzhǎng zài zhè xiē kūn chóng tuì pí de shí hou tā men
生长。在这些昆虫蜕皮的时候，它们

shēn tǐ li huì fēn mì yì zhǒng méi zhè zhǒng méi kě yǐ róng
身体里会分泌一种酶，这种酶可以溶

jiě shēn tǐ wài céng de pí dāng wài pí biàn de ruǎn yì xiē
解身体外层的皮，当外皮变得软一些

hòu zhè xiē kūn chóng jiù huì cóng lǐ miàn pá chū lái chéng
后，这些昆虫就会从里面爬出来，成

gōng tuō diào hòu hòu de pí tuì pí tōng cháng huì fā shēng
功脱掉厚厚的皮。蜕皮通常会发生

zài yòu chóng bú duàn shēng zhǎng de jiē duàn zhōng dāng kūn chóng
在幼虫不断生长的阶段中，当昆虫

fā yù dào bú zài zhǎng dà de shí hou tuì pí yě jiù jié
发育到不再长大的时候，蜕皮也就结

shù le
束了。

知识拓展

小小的昆虫在生长的过程中会蜕去厚重的壳，自由地成长。我们也要学习小昆虫这种方式，在成长的过程中，要时不时地反思自己，改掉不好的习惯，带着轻松和快乐继续成长。

kūn chóng de chì bǎng yǒu shén me zuò yòng
昆虫的翅膀有什么作用？

答：
duì yú lù dì shang de shēng wù lái shuō jiǎo
对于陆地上的生物来说，脚
de zhòng yào xìng bù yán ér yù ér duì yú fēi xíng de kūn
的重要性不言而喻，而对于飞行的昆
chóng lái shuō chì bǎng yě shì rú cǐ tí dào chì bǎng de
虫来说，翅膀也是如此。提到翅膀的
zuò yòng wǒ men shǒu xiān xiǎng dào de jiù shì fēi xíng rú
作用，我们首先想到的就是飞行。如
guǒ nǐ duì fēi xíng lèi kūn chóng jìn xíng guò zǐ xì de guān
果你对飞行类昆虫进行过仔细的观
chá nǐ yí dìng huì fā xiàn fēi xíng lèi kūn chóng tōng cháng huì
察，你一定会发现飞行类昆虫通常会
yǒu liǎng duì chì bǎng fēn bié shì qián chì hé hòu chì bù
有两对翅膀，分别是前翅和后翅。不
tóng lèi xíng de kūn chóng tā men qián chì hé hòu chì de xíng
同类型的昆虫，它们前翅和后翅的形
zhuàng jí dà xiǎo yě shì bù tóng de wǒ men jiàn dào guò
状及大小也是不同的。我们见到过
měi lì de huā hú dié tā men yǒu liǎng duì chì bǎng qián
美丽的花蝴蝶，它们有两对翅膀，前

翅是比较大的，后翅则比较小。前翅的主要作用是飞行，后翅的作用则是辅助前翅飞行得更加平稳。类似的昆虫还包括蜜蜂、蝉、苍蝇、蚊子等等。甲虫类昆虫的前翅和后翅的作用正好相反，它们的前翅比较小，后翅比较大。后翅的作用是控制飞行的速度和方向，前翅则起到辅助和保护的作用。无论前翅和后翅起到哪种作用，不同构造的翅膀都是昆虫适应环境的结果。

蝴蝶

kūn chóng de chì bǎng chú le
昆虫的翅膀除了

yǒu fēi xíng de zuò yòng yǐ wài
有飞行的作用以外，

hái yǒu wěi zhuāng hé yǐn bì de
还有伪装和隐蔽的

gōng néng wǒ men tōng cháng huì kàn
功能。我们通常会看

dào fēi xíng kūn chóng de chì bǎng zài yán sè
到飞行昆虫的翅膀在颜色

shang yǒu hěn duō tè diǎn zhè shì tā men zì wǒ bǎo hù de
上有很多特点，这是它们自我保护的

yì zhǒng fāng shì rú guǒ yù dào wēi xiǎn kūn chóng kě yǐ
一种方式。如果遇到危险，昆虫可以

yòng chì bǎng lái yǐn bì zì jǐ dá dào shùn jiān xiāo shī
用翅膀来隐蔽自己，达到“瞬间消失”

de xiào guǒ dāng wǒ men zài cǎo cóng zhōng bǔ zhuō mà zha
的效果。当我们在草丛中捕捉蚂蚱

de shí hou jiù cháng cháng yù dào zhè zhǒng qíng kuàng yuán běn
的时候就常常遇到这种情况：原本

jiù zài yǎn qián de mà zha yí shùn jiān jiù kàn bú jiàn le
就在眼前的蚂蚱，一瞬间就看不见了。

zhè shì yīn wèi shēng huó zài cǎo cóng zhōng mà zha de chì bǎng
这是因为生活在草丛中，蚂蚱的翅膀

yě hé cǎo cóng de yán sè yí yàng zhè shǐ de mà zha yōng
也和草丛的颜色一样，这使得蚂蚱拥

yǒu le yǐn shēn shù cǐ wài yì xiē kūn chóng de chì
有了“隐身术”。此外，一些昆虫的翅
bǎng hái jù yǒu bǎo hù zì shēn de zuò yòng bǐ rú wǒ men
膀还具有保护自身的作用，比如我们
cháng jiàn de qī xīng piáo chóng tā men wài céng de chì bǎng fēi
常见的七星瓢虫。它们外层的翅膀非
cháng jiān yìng lǐ céng de chì bǎng zé fēi cháng qīng báo qī
常坚硬，里层的翅膀则非常轻薄。七
xīng piáo chóng de fēi xíng zhǔ yào kào lǐ céng de chì bǎng wài
星瓢虫的飞行主要靠里层的翅膀，外
céng jiān yìng de chì bǎng zé kě yǐ qǐ dào bǎo hù shēn tǐ de
层坚硬的翅膀则可以起到保护身体的
zuò yòng
作用。

知识拓展

昆虫的翅膀与鸟类的翅膀不同，鸟类的翅膀可以利用飞行时上升的气流进行滑翔，这样既减少了阻力，又节省了体力。昆虫在飞行的时候，靠翅膀震动时产生的向下的气流推动自己上升和前进。

不可思议的昆虫

炎炎夏日的晚上，我们会在河边或者水池边看到正在发光的萤火虫、成群的小蚂蚁……我们总会在生活中看到一些不可思议的昆虫，见识到大自然的神奇。让我们来了解更多昆虫的技能吧。

老师，我昨天松土的时候不小心把一条蚯蚓给弄断了，它为什么没有死呢？

这可是蚯蚓的“特异功能”啊！因为蚯蚓有非常强的再生能力。你是不是感觉非常不可思议呢？

蚯蚓的再生能力简直太不可思议了，还有哪些昆虫有“特异功能”呢？

大自然中拥有“特异功能”的昆虫数不胜数，我们赶快去看看还有哪些昆虫吧。

为什么屎壳郎会受到澳大利亚的青睐？

随着物质生活水平的提高，很多人为了感受外面世界的精彩而走出国门，出国旅行成为非常普遍的一件事情。人类出国很正常，屎壳郎竟然也出国，还受到外国人的青睐，这是怎么一回事呢？

在我们眼里，屎壳郎是一种不太受欢迎的昆虫，它们整日推着粪球，我们见了它总想离它远远的。为什么

屎壳郎

shǐ ke láng huì shòu dào wài guó rén de qīng lài bìng qiě tā
屎壳郎会受到外国人的青睐，并且它
men hái néng zǒu chū guó mén ne
们还能走出国门呢？

wǒ men dōu zhī dào shǐ ke láng zǒng shì tuī zhe fèn
我们都知道屎壳郎总是推着粪
qiú tā men huì yòng tóu hé chù jiǎo jiāng fèn biàn gǔn chéng yì
球，它们会用头和触角将粪便滚成一
tuán zài xià tiān de shí hou shǐ ke láng huì bǎ zì jǐ hé
团，在夏天的时候，屎壳郎会把自己和
fèn qiú mái zài tǔ li yǐ fèn qiú wéi shí wù jiē zhe
粪球埋在土里，以粪球为食物。接着，
cí xìng shǐ ke láng huì jiāng luǎn chǎn zài fèn qiú zhōng shǐ ke
雌性屎壳郎会将卵产在粪球中，屎壳

láng yòu chóng yě huì yǐ fèn qiú wéi shí wù yǒu de shí
郎幼虫也会以粪球为食物。有的时

hou fèn qiú yuè gǔn yuè dà néng xiàng yí gè píng guǒ yí
候，粪球越滚越大，能像一个苹果一

yàng dà shǐ ke láng yǐ fèn biàn wéi shí wù bǎ fèn biàn
样大。屎壳郎以粪便为食物，把粪便

zhōng de yǒu jī wù fēn jiě chéng qí tā shēng wù néng gòu lì
中的有机物分解成其他生物能够利

yòng de wù zhì suǒ yǐ shǐ ke láng yě yǒu dà zì rán
用的物质，所以屎壳郎也有“大自然

de qīng dào fū zhè yàng de měi chēng ào dà lì yà de
的清道夫”这样的美称。澳大利亚的

xù mù yè fēi cháng fā dá cǎo yuán shang niú yáng chǎn shēng
畜牧业非常发达，草原上牛羊产生

de fèn biàn yě fēi cháng duō nà xiē fèn biàn bù néng gòu jí
的粪便也非常多。那些粪便不能够及

shí dé dào fēn jiě duì cǎo yuán lái shuō bìng bú shì hǎo shì
时得到分解对草原来说并不是好事，

wèi le néng gòu fēn jiě diào zhè xiē fèn biàn ào dà lì yà
为了能够分解掉这些粪便，澳大利亚

fēi cháng huān yíng shǐ ke láng qián wǎng wǒ men guó jiā de
非常欢迎屎壳郎前往。我们国家的

shǐ ke láng yě zhǔ yào chū kǒu dào ào dà lì yà shǐ ke
屎壳郎也主要出口到澳大利亚。屎壳

láng dài zhe guāng róng de shǐ mìng bǎ fèn biàn fēn jiě chéng
郎带着“光荣的使命”把粪便分解成

yǒu jī féi liào tā men píng jiè de kě shì zì shēn de shí
有机肥料，它们凭借的可是自身的实

lì ne
力呢！

知识拓展

在非洲，屎壳郎并不是玩弄粪球的小小昆虫，它反而是被非洲人民尊敬的图腾神物。在南非世界杯的开幕式上，就有屎壳郎滚动着世界杯用球的出场方式。在他们眼里，屎壳郎总是辛勤劳作，排除一切困难，滋养出了肥沃的土地。

为什么蚂蚁总是忙忙碌碌？

答：蚂蚁在我们的生活中是非常常见的。不知道你有没有发现，蚂蚁看起来总是非常忙碌，不是在忙着找食物，就是在忙着找路线，又或者在忙着建造巢穴。为什么蚂蚁总是

蚂蚁

忙忙碌碌的呢？其实，我们看到非常忙碌的蚂蚁是工蚁。在蚂蚁的世界里，它们有着不同的分工和责任。蚁后、雌蚁和雄蚁是具有生殖能力的，它们负责繁衍后代。工蚁是蚂蚁群体中个头最小的，它们的六条腿非常发达，非常善于四处奔走。在群体中，工蚁主要负责建造巢穴、扩大巢穴、外出寻找食物、饲养幼虫和蚁后。在冬天蚂蚁是需要冬眠的，因此秋天蚂蚁们需要吃掉大量的食物以储存能量和脂肪。工蚁们每天都要外出寻找新的食物，这样才能让蚂蚁群体中的每

yí wèi chéng yuán dōu néng chī dào shí wù yǒu le zú gòu de
一位成员都能吃到食物，有了足够的
néng liàng chǔ bèi tā men cái néng ān rán de dù guò hán dōng
能量储备，它们才能安然地度过寒冬。
gōng yǐ wèi le zhěng gè yǐ qún měi tiān dōu shí fēn xīn kǔ
工蚁为了整个蚁群，每天都十分辛苦
de láo dòng zhe zhè zhǒng wú sī fèng xiàn de jīng shén zhēn lìng
地劳动着，这种无私奉献的精神真令
rén gǎn dòng
人感动。

知识拓展

在蚂蚁的群体中一般会有4个级别，分别是蚁后、雄蚁、工蚁和兵蚁。蚁后的级别是最高的，它有着强大的生殖能力。雄蚁与蚁后交配。工蚁就是蚁群中的劳动者。兵蚁是比较大的工蚁，其职责是保护群体。

wèi shén me yíng huǒ chóng néng gòu fā guāng
为什么萤火虫能够发光？

gǔ shí hou jiù yǒu chē yìn náng yíng yè dú de
古时候就有车胤囊萤夜读的
gù shi dōng jìn shí yí gè míng jiào chē yìn de rén
故事。东晋时，一个名叫车胤的人，
tā xiǎo de shí hou jiā li fēi cháng qióng yīn wèi bái tiān xū
他小的时候家里非常穷，因为白天需
yào gēng zhòng qín fèn hào xué de chē yìn zhǐ hǎo zài wǎn shang
要耕种，勤奋好学的车胤只好在晚上
fā fèn dú shū wèi le shěng xià dēng yóu qián chē yìn xiǎng
发奋读书。为了省下灯油钱，车胤想
chū le bǎ yíng huǒ chóng zhuāng jìn bái sè shǒu juàn zuò de dài
出了把萤火虫装进白色手绢做的袋
zi li de fāng fǎ jīng guò bú duàn nǔ lì chē yìn zuì
子里的方法。经过不断努力，车胤最
hòu chéng le yǒu míng de dà chén wǒ men zài gǎn tàn chē yìn
后成了有名的大臣。我们在感叹车胤
kè kǔ hào xué de pǐn zhì shí yě huì duì yíng huǒ chóng chǎn
刻苦好学的品质时，也会对萤火虫产
shēng hào qí měi dào yè wǎn yóu qí zài xià jì de wǎn
生好奇。每到夜晚，尤其在夏季的晚

上，萤火虫一闪一闪地飞舞在空中，漂亮极了。为什么小小的萤火虫能够发光呢？萤火虫并不是全身都能发光的，在它们的尾部有一个发光器，发光器由发光细胞、反射层细胞、神经和表皮等组成。萤火虫透明表皮下的发光细胞中有荧光素，荧光素在催化作用下发生化学反应，释放出的能量就是光，光会经过反射层细胞反

射出去。萤火虫发出的亮光颜色有黄色、绿色、黄绿色、橙色、红色等。虽然只是小小的一点光亮，但是在黑暗中格外耀眼和美丽。一只只仿佛挂着小灯笼的萤火虫在黑暗中漫天飞舞，让我们不禁感叹这些大自然精灵的魅力。

知识拓展

爸爸妈妈小时候在河边经常能看到萤火虫满天飞舞的景象，在如今的环境中可是非常少见了。随着城市不断地发展，环境的污染也越来越严重，萤火虫这种美丽的小昆虫也离我们越来越远了。很多国家和地区，为了让小朋友重新感受萤火虫的魅力，纷纷对萤火虫进行了人工培育，让小朋友有机会接触这些大自然的精灵。

为什么蝴蝶有着五彩斑斓的美丽翅膀？

要说哪种昆虫是最漂亮的，小朋友们首先想到的肯定是蝴蝶。当天气晴朗的时候，我们会在花丛中看到翩翩起舞的蝴蝶，漂亮的蝴蝶也被誉为“会飞的花朵”。提到蝴蝶，我们就不得不提到它那五彩缤纷的美丽翅膀。为什么蝴蝶有那么漂亮的翅膀呢？抓过蝴蝶的小朋友们都知道，当手碰到蝴蝶翅膀的时候，常会有一层

fěn mò zhān dào wǒ men shǒu shang ér chì bǎng shang méi yǒu fěn
粉末沾到我们手上，而翅膀上没有粉

mò yǐ hòu hú dié kàn qǐ lái jiù àn dàn le xǔ duō
末以后，蝴蝶看起来就黯淡了许多，

nà měi lì de wén lù kě néng yě jiù bú jiàn le zhè shì
那美丽的纹路可能也就不见了。这是

yīn wèi zài hú dié de chì bǎng shang yǒu yì zhǒng lín piàn lín
因为在蝴蝶的翅膀上有一种鳞片，鳞

piàn fēn biǎo céng hé dǐ céng dǐ céng de yán sè tōng cháng shì
片分表层和底层，底层的颜色通常是

蝴蝶

àn sè biǎo céng de yán sè zé fēi cháng xiān yàn fēng fù
暗色，表层的颜色则非常鲜艳、丰富。

zhè xiē lín piàn zhōng yǒu hěn duō sè sù kē lì gè zhǒng yán
这些鳞片中有很多色素颗粒，各种颜

sè de sè sù kē lì zhěng qí de pái liè zài hú dié de chì
色的色素颗粒整齐地排列在蝴蝶的翅

bǎng shang jiù xíng chéng le hú dié chì bǎng shang měi lì de
膀上，就形成了蝴蝶翅膀上美丽的

huā wén hé tú àn
花纹和图案。

知识拓展

蝴蝶美丽的翅膀不仅让它们成为花丛仙子，还具有调节温度、自我保护和沟通同类的作用。很多蝴蝶飞起来时是美丽的仙子，停下来的时候就会和周围的环境相融合。

为什么蜻蜓能够预知雨天？

蜻蜓是非常常见的一种昆虫，它们能够帮助人类消灭蚊子和苍蝇等害虫，小小的蜻蜓飞在空中就好比一架小直升机，很多小朋友都非常喜欢蜻蜓。蜻蜓不仅能够帮助人类消灭害虫，还是人类非常准确的“天气预报员”呢！我们常常会在一场大雨来临之前看到很多蜻蜓飞得很低，当我们看到许多蜻蜓在低飞，那就表

shì mǎ shàng jiù yào xià yǔ le nán dào qīng tíng zhēn de néng
示马上就要下雨了。难道蜻蜓真的能
gòu gǎn yìng tiān qì biàn huà ma shí jì shang zhè shì yīn
够感应天气变化吗？实际上，这是因
wèi zài kuài yào xià yǔ de shí hou kōng qì zhōng de shī dù
为在快要下雨的时候，空气中的湿度
huì zēng dà zhè ge shí hou yì xiē xiǎo chóng zi de chì bǎng
会增大，这个时候一些小虫子的翅膀
jiù huì bèi kōng qì zhōng de shuǐ qì dǎ shī tā men de chì
就会被空气中的水汽打湿，它们的翅
bǎng biàn de yòu shī yòu zhòng zì rán yě bú néng fēi de hěn
膀变得又湿又重，自然也不能飞得很

蜻蜓

gāo le qīng tíng shì yǐ zhè xiē xiǎo chóng zi wéi shí de
高了。蜻蜓是以这些小虫子为食的，

wèi le néng gòu měi měi de bǎo cān yí dùn cǐ shí de qīng
为了能够美美地饱餐一顿，此时的蜻

tíng jiù huì dī fēi bǔ shí zhè xiē xiǎo chóng zi suǒ yǐ rén
蜓就会低飞捕食这些小虫子，所以人

lèi kě yǐ tōng guò qīng tíng dī fēi lái tí qián zhī dào yì cháng
类可以通过蜻蜓低飞来提前知道一场

yǔ de lái lín
雨的来临。

知识拓展

蜻蜓喜欢生活在潮湿的地方，这也是为什么我们经常会在河边或者池塘边看到蜻蜓的原因。蜻蜓的幼虫也需要在水里发育。我们常说的“蜻蜓点水”，实际上是蜻蜓将卵产在水中的过程。

wèi shén me piáo chóng
为什么瓢虫
néng gòu qiǎo miào de yìng duì qiáng dí
能够巧妙地应对强敌？

qī xīng piáo chóng shì wǒ men jīng cháng jiàn dào de
七星瓢虫是我们经常见到的
kūn chóng wǒ men tōng cháng jiàn dào de shì hóng sè huò chéng sè
昆虫，我们通常见到的是红色或橙色
wài ké de piáo chóng tā men de tǐ xíng fēi cháng xiǎo piáo
外壳的瓢虫，它们的体型非常小。瓢
chóng suī rán yǒu zhe yìng yìng de ké dàn shì yù dào qiáng dí
虫虽然有着硬硬的壳，但是遇到强敌
de shí hou tā men yě huì chǔ yú ruò shì nà yù dào
的时候，它们也会处于弱势。那遇到
qiáng dí de shí hou piáo chóng shì bu shì jiù bèi dǎ bài le
强敌的时候，瓢虫是不是就被打败了
ya bú yòng dān xīn xiǎo xiǎo piáo chóng de zì wèi néng lì
呀？不用担心，小小瓢虫的自卫能力
kě shì fēi cháng qiáng de dāng yù dào qiáng dí huò zhě wēi
可是非常强的。当遇到强敌或者危
xiǎn de shí hou piáo chóng huì bǎ jiǎo suō qǐ lái cóng shù
险的时候，瓢虫会把脚缩起来，从树

shang huò shù yè shang diào luò xià lái zhuāng sǐ jiù hǎo bǐ
上或树叶上掉落下来装死，就好比
yì zhī shī qù zhī jué de sǐ chóng zi děng dí rén huò wēi
一只失去知觉的死虫子，等敌人或危
xiǎn xiāo shī le tā men jiù huì huī fù zhèng cháng rú guǒ
险消失了，它们就会恢复正常。如果
zài zhuāng sǐ hòu nà xiē dí rén réng jiù bù lí kāi zhè
在装死后，那些敌人仍旧不离开，这

七星瓢虫

个时候瓢虫就要放出自己第二个大招了，瓢虫六只细腿的关节中间有保护自己的“化学武器”，它们从腿关节中间分泌出一种非常难闻的黄色液体，液体释放出又臭又刺激的味道，攻击瓢虫的那些强敌受不了，就会急忙离开。

知识拓展

七星瓢虫喜欢吃身体柔软的小昆虫，它们最喜欢吃的就是蚜虫。这些蚜虫通常会破坏庄稼的生长，七星瓢虫是天然的“农药”，帮助人类消灭害虫，是我们的好朋友。

wèi shén me qiū yǐn shēn tǐ

为什么蚯蚓身体

bèi kǎn chéng liǎng bàn yě bú huì sǐ

被砍成两半也不会死？

答：

qiū yǐn shì shēng huó zài tǔ rǎng li de kūn
蚯蚓是生活在土壤里的昆
chóng tā men néng gòu zài tǔ li jiàn zào zì jǐ de gōng diàn
虫，它们能够在土里建造自己的宫殿，
tā men de huó dòng yě shǐ tǔ rǎng dé dào fān dòng zhè duì
它们的活动也使土壤得到翻动，这对
zhí wù de shēng zhǎng yě shì hěn yǒu lì de nǐ yí dìng
植物的生长也是很有利的。你一定
jiàn guò qiū yǐn bèi kǎn chéng liǎng bàn de yàng zi dāng wǒ men
见过蚯蚓被砍成两半的样子，当我们
yòng tiě qiāo gěi tǔ dì sōng tǔ de shí hou hěn kě néng huì
用铁锹给土地松土的时候，很可能会
bù xiǎo xīn jiāng qiū yǐn chǎn duàn qiū yǐn zài shēn tǐ duàn diào
不小心将蚯蚓铲断，蚯蚓在身体断掉
hòu liǎng biān dōu huì dòng bìng qiě tā men yě bú huì yīn wèi
后，两边都会动，并且它们也不会因为
bèi chǎn chéng liǎng duàn ér sǐ qù zhè shì yīn wèi qiū yǐn shēn
被铲成两段而死去。这是因为蚯蚓身

蚯蚓

tǐ duàn kāi hòu, duàn miàn
体断开后，断面

shang de jī ròu huì hěn kuài
上的肌肉会很快

fēn mì chū yì zhǒng yè tǐ
分泌出一种液体

lái bǎo hù duàn miàn. duàn miàn shang
来保护断面。断面上

huì fēn huà zài shēng xì bāo, dāng xì bāo fēn huà dào yí dìng
会分化再生细胞，当细胞分化到一定

shù liàng zhī hòu, qiū yǐn jiù huì zhǎng chū xīn de tóu, yì
数量之后，蚯蚓就会长出新的头，一

tiáo bèi chǎn duàn de qiū yǐn, zuì hòu jiù huì biàn chéng liǎng tiáo
条被铲断的蚯蚓，最后就会变成两条

xīn de qiū yǐn. zhè ràng wǒ men bù dé bù gǎn tàn dà zì
新的蚯蚓。这让我们不得不感叹大自

rán de shén qí.
然的神奇。

知识拓展

蚯蚓有5个心脏，有的蚯蚓也会有10个心脏。但是蚯蚓的心脏和我们常见的心脏外观不一样，蚯蚓的心脏是环形的，形状就好比一个膨大的血管。

昆虫的古怪行为

在自然界中，有很多昆虫会有一些令我们人类非常不理解的行为，如有的昆虫喜欢朝着光飞去，有的昆虫对甜食非常感兴趣，等等。你是不是对一些昆虫的行为也很不理解，让我们去了解一下吧。

老师，我这些天学到了一个叫作“飞蛾扑火”的成语，飞蛾为什么要自己扑到火上去呢？

飞蛾会扑向火是因为飞蛾有趋光性，当它感受到光源的时候就会趋向光源，自然界中很多昆虫都有趋光性。

大自然简直太神奇了！怪不得晚上的时候，很多小虫子都会围绕灯光飞来飞去。

大自然中有趣的昆虫还有很多呢，它们在等着你去探索哦！

wèi shén me mǎ yǐ huì pá dào xǐ què shēn shang
为什么蚂蚁会爬到喜鹊身上？

答:

dà zì rán zhōng zǒng shì yǒu hěn duō shén qí de gù shi xǐ què hé mǎ yǐ zhè liǎng zhǒng bù tóng zhǒng lèi de shēng wù zhī jiān yě huì yǒu gù shi fā shēng xǐ què de shēn shang huì zhǎng hěn duō jì shēng chóng zhè lìng tā men shí fēn nán shòu zhè ge shí hou xǐ què jiù huì xiǎng qǐ tā men de hǎo péng you xiǎo mǎ yǐ xiǎng yào xiāo miè shēn shang de jì shēng chóng jiù yào qǐng xiǎo mǎ yǐ lái bāng máng měi dāng xǐ què

大自然中总是有很多神奇的故事，喜鹊和蚂蚁这两种不同种类的生物之间也会有故事发生。喜鹊的身上会长很多寄生虫，这令它们十分难受，这个时候喜鹊就会想起它们的好朋友小蚂蚁，想要消灭身上的寄生虫就要请小蚂蚁来帮忙。每当喜鹊

喜鹊

想要除掉身上的寄生虫时就会在一个蚂蚁窝前停下来，不一会儿就会有一群蚂蚁爬过来。这个时候，喜鹊就会张开翅膀，蓬散着身上的羽毛，等待小蚂蚁来给它做一次全身清理。蚂蚁爬到喜鹊身上把藏在羽毛里的寄生虫赶出来，很多小虫子就会从喜鹊的羽毛里掉下来。蚂蚁不光帮助喜鹊清理寄生虫，还会帮乌鸦或鹦鹉等鸟儿清理呢！

知识拓展

蚂蚁会帮助很多鸟类清理寄生虫，小小的蚂蚁可真是热心肠啊！小朋友们在生活中也要做个乐于助人、关心他人的好孩子呀！

为什么蜜蜂喜欢在花丛中飞舞？

答:

我们常把蜜蜂当作是辛勤工作的代表，忙碌的小蜜蜂总是在花丛中飞舞，它们喜欢在花丛中飞舞是因为它们要采花蜜。美丽的花丛中有各种各样的花朵，花朵中的花粉和花蜜是蜜蜂最喜欢的食物。我们经常会看到蜜蜂在花丛中飞来飞去，它们并没有在一朵花上不动，而是一会儿飞这朵花，一会儿又飞那朵花。其实，并不

蜜蜂

shì suǒ yǒu huā duǒ dōu shì hé mì fēng cǎi mì de tā men
是所有花朵都适合蜜蜂采蜜的，它们

yě huì duì huā duǒ jìn xíng tiāo xuǎn hán bāo dài fàng de huā
也会对花朵进行挑选。含苞待放的花

duǒ huò zhě gāng gāng kāi fàng bù jiǔ de huā duǒ dōu bú shì mì
朵或者刚刚开放不久的花朵都不是蜜

fēng cǎi mì de zuì jiā duì xiàng tā men xǐ huan shèng kāi de
蜂采蜜的最佳对象，它们喜欢盛开的

huā duǒ yīn wèi shèng kāi de huā duǒ li yǒu zhe fēng fù de
花朵，因为盛开的花朵里有着丰富的

huā mì hé qí tā fēn mì wù zhè yàng xiǎo mì fēng jiù néng
花蜜和其他分泌物，这样小蜜蜂就能

cǎi dào huā mì le
采到花蜜了。

知识拓展

采花蜜的蜜蜂通常是雄性蜜蜂，它们不仅负责采花蜜和花粉，还负责建造蜂巢。雄性蜜蜂会将采集到的花粉和花蜜贮存在蜂巢里。雌性蜜蜂只负责繁衍后代。

wèi shén me xiǎo xiǎo de
为什么小小的
hú dié néng gòu qiān fēi
蝴蝶能够迁飞？

答：

wǒ men jīng cháng kàn dào měi lì de hú dié zài
我们经常看到美丽的蝴蝶在
huā cóng zhōng piān piān qǐ wǔ zhè xiē piào liang de hú dié shēn
花丛中翩翩起舞，这些漂亮的蝴蝶身
shang yǒu hěn duō mì mì ne kàn qǐ lái fēi cháng de róu
上有很多秘密呢！看起来非常的柔
ruò de tā men néng gòu xiàng hòu niǎo yí yàng jìn xíng zhǎng tú
弱的它们能够像候鸟一样进行长途
fēi xíng shèn zhì hái huì fēi guò hǎi yáng zhù míng de háng
飞行，甚至还会飞过海洋。著名的航
hǎi jiā gē lún bù céng jīng zài tàn xiǎn de tú zhōng kàn dào
海家哥伦布曾经在探险的途中看到
guò chéng qiān shàng wàn zhī hú dié cóng ōu zhōu fēi xiàng měi zhōu
过成千上万只蝴蝶从欧洲飞向美洲。
zhèng rú gē lún bù suǒ jiàn hěn duō hú dié huì qiān fēi
正如哥伦布所见，很多蝴蝶会迁飞。
yǒu yì zhǒng měi zhōu rǔ cǎo hú dié měi nián dōu huì fēi qù
有一种美洲乳草蝴蝶，每年都会飞去

mò xī gē de shān mài dù guò hán lěng de dōng tiān dào le
墨西哥的山脉度过寒冷的冬天，到了

xià tiān de shí hou zhè xiē hú dié yòu huì cóng mò xī gē
夏天的时候，这些蝴蝶又会从墨西哥

fēi xiàng měi guó huò jiā ná dà wèi shén me xiǎo xiǎo de hú
飞向美国或加拿大。为什么小小的蝴

dié yào qiān fēi ne qí shí tóng hòu niǎo qiān fēi de yuán yīn
蝶要迁飞呢？其实同候鸟迁飞的原因

yí yàng hú dié qiān fēi yě shì yóu yú qì hòu hé huán
一样，蝴蝶迁飞也是由于气候和环

jìng de yuán yīn hú dié qiān fēi fù chū de dài jià yě
境的原因。蝴蝶迁飞付出的代价也

shì fēi cháng dà de měi yí cì jí tǐ qiān fēi tā
是非常大的，每一次集体迁飞，它

men kě néng yào fēi guò hǎi yáng gāo shān shèn zhì shā
们可能要飞过海洋、高山，甚至沙

mò dāng hú dié men dào dá mù dì dì hòu wǎng wǎng
漠，当蝴蝶们到达目的地后，往往

huì yǒu yí bàn de hú dié sǐ qù dàn shì rú guǒ
会有一半的蝴蝶死去。但是，如果

bú jìn xíng qiān fēi de huà suǒ yǒu de hú dié dōu yǒu
不进行迁飞的话，所有的蝴蝶都有

kě néng bèi dòng sǐ jí
可能被冻死，即

shǐ fēi xíng de tú zhōng chōng
使飞行的途中充

mǎn jiān nán xiǎn zǔ hú dié men
满艰难险阻，蝴蝶们

hái shi huì yì wú fǎn gù de jìn xíng qiān
还是会义无反顾地进行迁

fēi zì rán jiè de hěn duō shēng wù dōu huì yīn wèi
飞。自然界的很多生物都会因为

yí chuán huò zhě huán jìng de yīn sù lí kāi bù hǎo de
遗传或者环境的因素，离开不好的

shēng huó huán jìng dào shì hé shēng cún de huán jìng zhōng qù
生活环境，到适合生存的环境中去。

rú guǒ hú dié shēng cún de huán jìng chū xiàn tiān qì gān hàn
如果蝴蝶生存的环境出现天气干旱、

shí wù duǎn quē guò fèn yōng jǐ děng qíng kuàng tā men dōu
食物短缺、过分拥挤等情况，它们都

huì lí kāi yuán lái de qī xī dì
会离开原来的栖息地。

知识拓展

自然界中，候鸟、蝴蝶的迁飞等都是为了使种族得以延续下去。有一种生活在北极的旅鼠，当它们个体的数量达到极限的时候，为了避免食物短缺造成种族危机，它们中的大部分会选择跳海自杀，留下小部分旅鼠繁衍后代。

wèi shén me wō niú 为什么蜗牛 xǐ huan zài xià yǔ tiān chū xiàn 喜欢在下雨天出现？

guān chá guò wō niú de xiǎo péng yǒu yí dìng zhī dào，zài xià yǔ de shí hou jiàn dào xiǎo wō niú de jī lǜ yào bǐ zài qíng tiān jiàn dào tā de jī lǜ dà。wèi shén me wō niú xǐ huan zài xià yǔ tiān chū xiàn ne？nán dào shì yīn wèi tā men bēi zhe "fáng zi" bú pà lín yǔ ma？qí shí，wō niú xǐ huan zài xià yǔ de shí hou chū xiàn shì yīn wèi tā men tè shū de shēn tǐ gòu zào，tóng shí hé tā men de shēng huó xí xìng yě yǒu guān xì。wō niú duì huán jìng zhōng de shī dù shì fēi cháng mǐn gǎn de，xià yǔ hòu kōng qì

观察过蜗牛的小朋友一定知道，在下雨的时候见到小蜗牛的几率要比在晴天见到它的几率大。为什么蜗牛喜欢在下雨天出现呢？难道是因为它们背着“房子”不怕淋雨吗？其实，蜗牛喜欢在下雨的时候出现是因为它们特殊的身体构造，同时和它们的生活习性也有关系。蜗牛对环境中的湿度是非常敏感的，下雨后空气

shī dù jiào dà néng gòu shǐ wō niú de pí fū yǐ jí jī
湿度较大，能够使蜗牛的皮肤以及肌
ròu de dào shū zhǎn xiǎo wō niú men dōu xǐ huan zài xià yǔ
肉得到舒展。小蜗牛们都喜欢在下雨
hòu shū zhǎn yí xià suǒ yǐ cǐ shí de wō niú shí fēn huó
后舒展一下，所以此时的蜗牛十分活
yuè rú guǒ shì fēi cháng gān zào de tiān qì kōng qì zhōng
跃。如果是非常干燥的天气，空气中
méi yǒu shuǐ fèn tā men de pí fū hé jī ròu yě huì biàn
没有水分，它们的皮肤和肌肉也会变
de shí fēn gān zào dāng yù dào gān lěng de dōng tiān shí
得十分干燥。当遇到干冷的冬天时，
xiǎo wō niú jiù huì fēn mì yì zhǒng nián yè bǎ zhěng gè shēn
小蜗牛就会分泌一种黏液把整个身

tǐ bāo guǒ qǐ lái nián yè huì biàn chéng gān mó céng xiǎo
体包裹起来，黏液会变成干膜层，小
wō niú jiù huì dāi zài lǐ miàn shuì shàng yí gè dōng tiān
蜗牛就会待在里面睡上一个冬天。

知识拓展

蜗牛总是背着重重的壳慢慢地爬行，如果没有壳的保护，它就更容易成为别的动物的美餐。蜗牛没有攻击其他动物的武器，因此常常处于劣势。

为什么蟋蟀喜欢打架？

答：古代人们就会斗蛐蛐，直到现在，很多人也会抓两只蛐蛐，把它们放到一起，看它们打架作为娱乐和消遣。蛐蛐也叫蟋蟀，为什么蟋蟀喜欢打架呢？蟋蟀喜欢打架是自然进化的结果。雄性的蟋蟀会通过翅膀振动发出声音来宣示自己占领的地盘，一些蟋蟀听到后会选择自动离开，有一些不服气的蟋蟀会选择与之进行较量。通过战斗来决定谁占领这块地盘。能够斗胜的蟋蟀自然是个头比较大，身体比较强壮的，这样的蟋蟀生存下来后繁衍的后代也会有好斗的基因，经过长时间的进化，蟋蟀就有了爱打架的特点。人类看到这样的场面后，会人为地组织蟋蟀打架，就这样蟋蟀被戴上了“好斗”“爱打架”的帽子。

知识拓展

蟋蟀在打架的时候首先会通过猛烈地振动翅膀来发出鸣叫，响亮的叫声一方面给自己信心，另一方面是放出“狠话”令对方泄气。接着它们就会开始战斗，一般都是雄性蟋蟀参与打架。

蟋蟀

为什么吸血的蚊子是母的？

我们在夏天的时候最讨厌的昆虫就是苍蝇和蚊子了。比起苍蝇，蚊子更令人深恶痛绝。它们不仅会在我们周围发出嗡嗡的噪声，甚至还会吸食我们的血液，然后被叮咬过的部位就会十分痒。科学家们对蚊子进行了研究，发现吸血的蚊子都是母的。这是为什么呢？我们有时候在植物中也会看到一些蚊子，这些蚊子难道不吸血吗？其实蚊子会以植物中的花蜜

或者汁液来维持生命，但仅仅吃这些是得不到蛋白质的，而母蚊子卵巢的发育离不开蛋白质。血液中的蛋白质和脂肪能够促进母蚊子卵巢的发育，

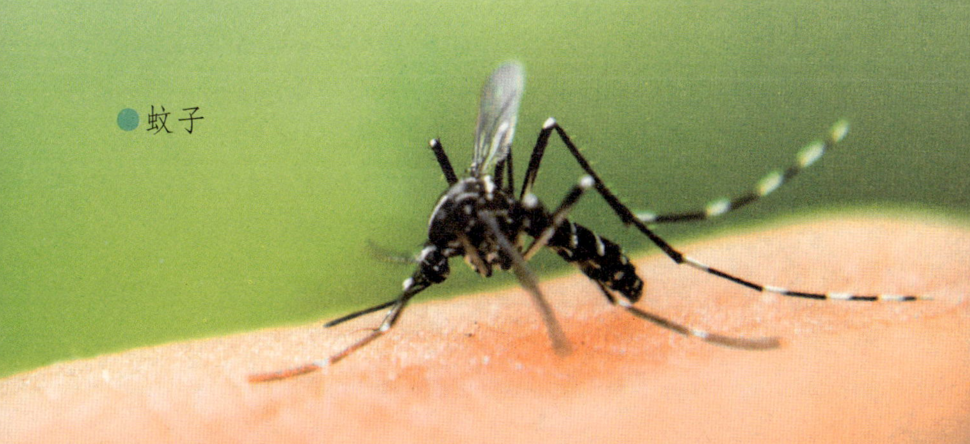
蚊子

它们为了繁衍后代就会吸食血液。不用产卵的公蚊子就会靠植物的汁液或花蜜来维持生命。

知识拓展

蚊子对温度、湿度、汗液都非常敏感，小孩子新陈代谢旺盛，不仅皮肤十分娇嫩，皮肤上的汗液挥发得也快，所以蚊子总是喜欢叮咬小孩子。

人与昆虫共存

在大自然中生存着各种各样的昆虫，物种的多样性让生命丰富多彩。人类与昆虫都是自然界的产物，共同生存在大自然中。

老师，我的身上被蚊子叮了好几个包，蚊子真是太可恶了。大自然中可以没有昆虫吗？

昆虫中虽然有害虫，但是也有很多益虫呢！大自然中是不能没有昆虫的。

昆虫能带给我们什么好处呢？

很多昆虫可以作为药材，我们还可以利用昆虫在仿生学上做出有利的科学事业。

wèi shén me cāng ying huì lìng rén tǎo yàn

为什么苍蝇会令人讨厌？

答：

zài xià tiān de shí hou wǒ men zuì cháng jiàn de kūn chóng jiù shì cāng ying le cāng ying xǐ huan dào chù nào hōng hōng de fēi lái fēi qù tā men xǐ huan dāi zài yì xiē chòu hōng hōng de dì fang yě huì zài wǒ men měi wèi de

在夏天的时候，我们最常见的昆虫就是苍蝇了。苍蝇喜欢到处闹哄哄地飞来飞去，它们喜欢待在一些臭烘烘的地方，也会在我们美味的

苍蝇

shí wù shang cǎi shàng liǎng jiǎo xiāng xìn méi yǒu rén huì xǐ
食物上踩上两脚。相信没有人会喜
huan cāng ying zhè zhǒng kūn chóng cāng ying jiē chù guò nà me duō
欢苍蝇这种昆虫。苍蝇接触过那么多
de xì jūn tā men hěn kě néng huì xié dài duō zhǒng bìng yuán
的细菌，它们很可能会携带多种病原
tǐ dāng tā men zài fēi dào wǒ men de cān jù shí wù
体，当它们再飞到我们的餐具、食物
shang de shí hou hěn kě néng huì bǎ xié dài de bìng yuán tǐ
上的时候，很可能会把携带的病原体
liú zài shí wù hé cān jù shang wǒ men zài shǐ yòng bèi wū
留在食物和餐具上。我们在使用被污
rǎn de cān jù chī bèi wū rǎn guò de shí wù yǐ hòu jiù
染的餐具、吃被污染过的食物以后就
kě néng huì dé bìng yīn cǐ xiǎo péng yǒu men píng shí yí
可能会得病。因此，小朋友们平时一
dìng yào duō zhù yì wèi shēng cāng ying chī le hěn duō dài yǒu
定要多注意卫生。苍蝇吃了很多带有
bìng jūn de shí wù wèi shén me ān rán wú yàng ne zhè
病菌的食物，为什么安然无恙呢？这
shì yóu yú cāng ying xiāo huà sù dù fēi cháng kuài tōng cháng jǐ
是由于苍蝇消化速度非常快，通常几
miǎo zhōng de shí jiān jiù jiāng fèi wù hé bìng jūn pái chū le tǐ
秒钟的时间就将废物和病菌排出了体
wài suǒ yǐ dà duō shù bìng jūn jìn rù cāng ying tǐ nèi
外。所以，大多数病菌进入苍蝇体内

hòu hái lái bù jí gǎn rǎn tā jiù bèi pái chū lái le
后还来不及感染它，就被排出来了。

知识拓展

我们经常用苍蝇拍来消灭苍蝇，如果失手，苍蝇就会逃之夭夭。还有一些驱赶苍蝇的方法，比如在室内点燃干桔皮、撒一些食醋等都可以驱逐苍蝇。苍蝇具有一定的趋光性，因此也可以利用紫外线灯、灭蝇灯来诱杀苍蝇。

wèi shén me xīn jiā yě huì yǒu zhāng láng
为什么新家也会有蟑螂？

答：
zhāng láng xǐ huan shēng huó zài cháo shī de dì
蟑螂喜欢生活在潮湿的地
fang zài wǒ guó de nán fāng dì qū bǐ jiào cháng jiàn hěn
方，在我国的南方地区比较常见。很
duō shēng huó zài nán fāng de péng yǒu jiā li kě néng huì yǒu
多生活在南方的朋友家里可能会有
zhāng láng cún zài zhāng láng de shēng mìng lì fēi cháng qiáng
蟑螂存在。蟑螂的生命力非常强，
tā men yě yīn cǐ yǒu le dǎ bù sǐ de xiǎo qiáng zhè
它们也因此有了“打不死的小强”这
yàng de chēng hào zhāng láng de fán zhí néng lì yě fēi cháng
样的称号。蟑螂的繁殖能力也非常
qiáng fán zhí sù dù hěn kuài yě xǔ nǐ huì fā xiàn
强，繁殖速度很快。也许你会发现，
jí shǐ shì gāng bān jìn qù de xīn jiā yě yǒu zhāng láng de
即使是刚搬进去的新家也有蟑螂的
shēn yǐng zhè shì wèi shén me ne xīn jiā huì chū xiàn zhāng
身影，这是为什么呢？新家会出现蟑
láng hěn kě néng shì yīn wèi zhāng láng luǎn bèi xié dài jìn le xīn
螂很可能是因为蟑螂卵被携带进了新

家，它们或许存在于原来的家具上，也可能存在于买回来的蔬菜上，这些卵来到新家后发育成了蟑螂，继续给人类搞破坏。另外，下水道也可能是蟑螂潜入的地方，下水道里阴暗潮湿的环境最适合蟑螂生存了。想要消灭蟑螂就要多注意卫生，家里的死角、

蟑螂

cháo shī de dì fang dōu yào rèn zhēn qīng lǐ
潮湿的地方都要认真清理。

知识拓展

蟑螂属于杂食性的昆虫，它们几乎没有不吃的东西，垃圾也可以成为它们的美餐，书本、衣服、肥皂等等都是它们喜欢的食物。蟑螂到处爬来爬去，也会传播疾病。因此，我们一定要注意环境卫生。

wèi shén me xiǎo fēi chóng

zǒng xǐ huan wéi rào dēng guāng fēi lái fēi qù

为什么小飞虫总喜欢围绕灯光飞来飞去？

答：

wǒ men jīng cháng huì kàn dào dēng xià yǒu hěn duō
我们经常会看到灯下有很多
xiǎo chóng zi zài fēi rú guǒ yì zhǎn dēng yòng le hěn cháng
小虫子在飞。如果一盏灯用了很长
shí jiān dēng lǐ miàn jiù huì yǒu yì xiē xiǎo fēi chóng zài
时间，灯里面就会有一些小飞虫。在
bái tiān de shí hou wǒ men kàn bú dào wǎn shang dǎ kāi dēng
白天的时候我们看不到，晚上打开灯
shí xiǎo fēi chóng men jiù huì zài dēng guāng xià fēi lái fēi
时，小飞虫们就会在灯光下飞来飞
qù zhè shì yīn wèi zhè xiē xiǎo chóng zi jù yǒu yí dìng de
去。这是因为这些小虫子具有一定的
qū guāng xìng zhè xiē xiǎo chóng zi huì zài hēi àn zhōng xún
趋光性，这些小虫子会在黑暗中寻
zhǎo guāng liàng kào zhè xiē guāng liàng lái fēn biàn fāng xiàng hēi
找光亮，靠这些光亮来分辨方向。黑
yè li liàng qǐ de dēng gěi le tā men fāng xiàng tā men jiù
夜里亮起的灯给了它们方向，它们就

huì cháo zhe dēng guāng fēi guò lái bìng wéi rào dēng guāng bù tíng
会朝着灯光飞过来，并围绕灯光不停

de fēi lái fēi qù
地飞来飞去。

知识拓展

这些喜欢围绕灯光飞来飞去的小飞虫在白天的时候是不出来的。由于这些昆虫是复眼，光线在它们眼里会重复被接收，白天的光线太过刺眼反而使得它们看不清楚。

wèi shén me mì fēng 为什么蜜蜂 zài zhē rén zhī hòu huì sǐ 在蜇人之后会死？

hěn duō xiǎo péng yǒu fēi cháng hài pà mì fēng
很多小朋友非常害怕蜜蜂，
yīn wèi mì fēng zhǎng zhe yì gēn xiàng zhēn yí yàng de cì rú
因为蜜蜂长着一根像针一样的刺，如
guǒ bù xiǎo xīn rě dào mì fēng tā nà zhēn yí yàng de cì
果不小心惹到蜜蜂，它那针一样的刺
zhā jìn wǒ men pí fū li nà gāi duō téng a rú guǒ
扎进我们皮肤里，那该多疼啊！如果
yù dào yǒu dú de mì fēng shāng kǒu hěn kě néng hái huì zhǒng
遇到有毒的蜜蜂，伤口很可能还会肿
qǐ lái guān chá guò mì fēng de xiǎo péng yǒu yě xǔ zhī
起来。观察过蜜蜂的小朋友也许知
dào mì fēng zài zhē rén hòu jiù huì sǐ qù zhè shì wèi
道，蜜蜂在蜇人后就会死去。这是为
shén me ne qí shí mì fēng bìng bú shì suí suí biàn biàn
什么呢？其实，蜜蜂并不是随随便便
jiù qù zhē rén de yīn wèi mì fēng de cì zhēn shì yóu yī
就去蜇人的，因为蜜蜂的刺针是由一

根背刺以及两根腹刺组成的，这些刺的最末端和身体内的毒腺以及内脏相连接，并且蜜蜂的刺上有很多倒刺，一旦它们的刺蜇进人的皮肤，那些倒刺就会挂住皮肤使它很难拔出来。如

蜜蜂

guǒ mì fēng yòng lì jiāng cì bá chū， tā men de nèi zàng yě
果蜜蜂用力将刺拔出，它们的内脏也
huì bèi lā chū lái。 suǒ yǐ， mì fēng zài zhē rén zhī hòu，
会被拉出来。所以，蜜蜂在蜇人之后，
tā men zì jǐ de shēngmìng yě jiù jié shù le。
它们自己的生命也就结束了。

知识拓展

蜜蜂蜇人是一种自我保护的方式，蜜蜂不会随随便便蜇人，但是小朋友们也不要故意去招惹蜜蜂呀！

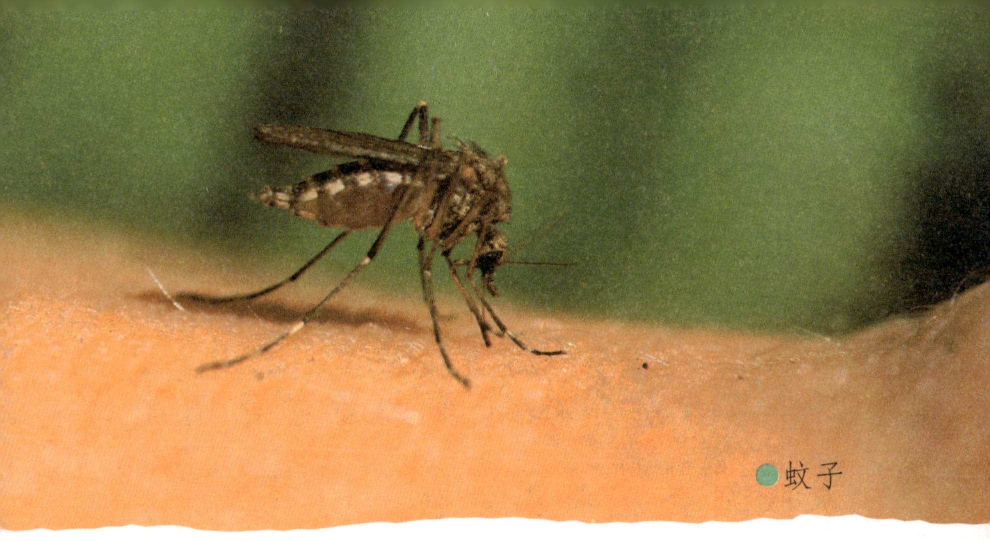

蚊子

wèi shén me wén zi gèng xǐ huan

dīng yǎo chuān hēi yī fu de rén

为什么蚊子更喜欢叮咬穿黑衣服的人?

答:

zài xià tiān de bàng wǎn, rú guǒ liǎng gè rén dōu zuò zài hù wài, yí gè rén chuān zhe hēi sè yī fu, lìng yí gè rén chuān zhe bái sè yī fu, chuān hēi sè yī fu de rén gèng róng yì bèi wén zi dīng yǎo。 wèi shén me wén zi gèng xǐ huan dīng yǎo chuān hēi yī fu de rén ne? nán dào

在夏天的傍晚,如果两个人都坐在户外,一个人穿着黑色衣服,另一个人穿着白色衣服,穿黑色衣服的人更容易被蚊子叮咬。为什么蚊子更喜欢叮咬穿黑衣服的人呢?难道黑衣服招蚊子吗？这是因为蚊子总想着躲避强光，黑色的衣服反射的光线比较弱，而白色或黄色等颜色明亮的衣服则会反射出较强的光线，蚊子都会躲避这样的光线。黑色衣服将光线吸收了之后给了蚊子理想的落脚环境，它们自然不会放过这个饱餐一顿的绝佳机会。因此，那些穿黑色衣服的人总是会受到蚊子的青睐。

知识拓展

我们人类在呼吸的时候会排出二氧化碳，蚊子对二氧化碳的敏感度是非常高的，即使是在很远的地方，它们也能捕捉到气味，并根据气味来到人的身边找机会开始叮咬。

wèi shén me shuō mǎ yǐ
为什么说蚂蚁
yǒu dāng yī shēng de qián zhì
有当医生的潜质？

答：

mǎ yǐ shì wǒ men zuì cháng jiàn de kūn chóng zhī
蚂蚁是我们最常见的昆虫之
yī mǎ yǐ de shēn qū suī rán hěn xiǎo què yǒu dāng yī
一，蚂蚁的身躯虽然很小，却有当医
shēng de qián zhì ne zài yī xué lǐng yù zhōng kē xué jiā
生的潜质呢！在医学领域中，科学家
men huì lì yòng mǎ yǐ jìn xíng yì xiē zhì liáo hé cè shì
们会利用蚂蚁进行一些治疗和测试。
zài tiáo jiàn jiān kǔ de dì fang rú guǒ méi yǒu qí quán de
在条件艰苦的地方，如果没有齐全的
shè bèi wài kē yī shēng huì lì yòng mǎ yǐ lái féng hé
设备，外科医生会利用蚂蚁来“缝合”
shāng kǒu yīn wèi mǎ yǐ néng gòu fēn mì chū yì zhǒng kàng jūn
伤口，因为蚂蚁能够分泌出一种抗菌
de wù zhì wèi le fáng zhǐ shāng kǒu gǎn rǎn yǒu jīng yàn
的物质，为了防止伤口感染，有经验
de wài kē yī shēng biàn huì bǎ mǎ yǐ dāng chéng yì zhǒng féng
的外科医生便会把蚂蚁当成一种“缝

合线”。蚂蚁非常喜欢甜食，它们对甜甜的味道十分敏感。研究者通过观察蚂蚁对人的尿液是否敏感，来辨别其是不是糖尿病患者。另外，蚂蚁还

kě yǐ péi zhí zhēn jūn zài mǎ yǐ dà jiā zú zhōng yǒu yí
可以培植真菌。在蚂蚁大家族中有一

lèi mǎ yǐ néng gòu cǎi jí zǐ luó lán hé yuān wěi huā de zhǒng
类蚂蚁能够采集紫罗兰和鸢尾花的种

zi tā men lì yòng zì shēn péi zhí zhēn jūn de néng lì jìn
子，它们利用自身培植真菌的能力进

xíng yào wù zhì zuò yào wù néng gòu dá dào má mù shé jiān
行药物制作，药物能够达到麻木舌尖

●蚂蚁

de xiào guǒ yào lǐ xué jiā men yě duì cǐ jìn xíng le yí
的效果，药理学家们也对此进行了一

dìng de yán jiū
定的研究。

知识拓展

蚂蚁不仅有当医生的潜质，而且还是当建筑师的好苗子呢！蚂蚁的巢穴在建筑设计上是非常科学的，它们有良好的排水系统和通风结构，甚至对储藏室、真菌培育室、繁殖后代室等都进行了功能分区。

讨厌的害虫

昆虫是动物界中最大的一个群体，无论天空、陆地、海洋都有它们的影子。有些昆虫给人类提供了丰富的资源，但也有很多昆虫给人类造成了一定的灾难。人类对于这些害虫的防治工作从未停止。

老师，刚才我看到垃圾桶上有好多苍蝇飞来飞去，我们怎么才能消灭这些害虫呢？

我们生产了苍蝇拍、杀虫剂等，但由于害虫数量众多，我们精力有限，很难把它们清理干净。

除了常见的苍蝇、蚊子等，是不是还有很多危害我们人类的害虫呢？

当然了，昆虫可是自然界中数量最多的生物。它们种类繁多，在农业生产上也有很多来自害虫的阻碍呢！

为什么蝗虫总是会破坏庄稼？

蝗虫对于庄稼来说是一种天敌，我们常常从电视中看到，一群蝗虫从一片农田飞过以后，农田里的庄稼就都快要消失了。成群的蝗虫对庄稼的危害很大。蝗虫的数量非常多，它们的生存能力和繁殖能力都非常强，无论是在山区、森林还是平原都能够看到它们的身影。仅一只雌蝗虫一次就能够产出50颗卵，且

jǐn liǎng zhōu shí jiān chóng luǎn jiù huì fū huà huáng chóng chāo
仅两周时间虫卵就会孵化。蝗虫超
qiáng de pò huài lì shǐ de huáng zāi chéng wéi nóng yè sān dà
强的破坏力使得蝗灾成为农业三大
zāi hài zhōng de yì zhǒng lìng wài liǎng zhǒng shì hóng zāi hé hàn
灾害中的一种，另外两种是洪灾和旱
zāi kě jiàn huáng chóng de pò huài lì yǒu duō dà wǒ men
灾，可见蝗虫的破坏力有多大。我们
rén lèi zhòng shì nóng yè shēng chǎn yīn cǐ xiāo miè huáng chóng
人类重视农业生产，因此消灭蝗虫
shì fēi cháng yǒu bì yào de
是非常有必要的。

知识拓展

可恶的蝗虫到了餐桌上却成为一道非常受欢迎的美食。很多地方都对蝗虫进行各种烹饪，煎、炒、烹、炸出来的蝗虫肉质松软，受到很多食客的欢迎。

蝗虫

●松毛虫

为什么松毛虫不招人喜欢？

答：松毛虫是一种危害面非常广的害虫，大面积的纯林地带、低山丘陵地区、海拔1000米以上的山区都可能成为松毛虫泛滥的地方。松

máo chóng zhǔ yào pò huài de shì sēn lín sēn lín zhōng de sōng
毛虫主要破坏的是森林，森林中的松
lèi shān lèi bǎi lèi děng shù mù de jīng yè dōu shì sōng
类、杉类、柏类等树木的茎叶都是松
máo chóng pò huài de duì xiàng tā men kěn shí shù mù de jīng
毛虫破坏的对象，它们啃食树木的茎
yè dǎo zhì shù mù shòu shāng shèn zhì sǐ wáng sōng máo chóng
叶导致树木受伤甚至死亡。松毛虫
shì yì zhǒng yǒu dú de kūn chóng dāng sōng máo chóng de dú sù
是一种有毒的昆虫，当松毛虫的毒素
jìn rù wǒ men de pí fū hòu shāng kǒu chù jiù huì chū xiàn
进入我们的皮肤后，伤口处就会出现
téng tòng zhuó rè de gǎn jué yán zhòng de shí hou huì yǐn qǐ
疼痛灼热的感觉，严重的时候会引起
fá lì fā rè de zhèng zhuàng
乏力、发热的症状。

知识拓展

松毛虫的危害非常大，如果在森林中发现松毛虫成灾的情况，护林员会采取人工摘除虫卵或者用黑光灯来引诱、捕捉松毛虫的方法来减低它们的产卵量。

wèi shén me zhāng láng de
为什么蟑螂的
shēng mìng lì nà me qiáng
生命力那么强？

答：

zài yì nián qián wǒ men de dì qiú shang
在4亿年前，我们的地球上
jiù yǒu le zhāng láng zhè zhǒng shēng wù zhāng láng céng jīng hé
就有了蟑螂这种生物。蟑螂曾经和
kǒng lóng shēng huó zài yí gè shí dài zhè zhǒng gǔ lǎo de kūn
恐龙生活在一个时代，这种古老的昆
chóng duì huán jìng de shì yìng néng lì fēi cháng qiáng kǎo gǔ
虫对环境的适应能力非常强。考古
xué jiā men fā xiàn méi tàn hé hǔ pò zhōng de zhāng láng huà
学家们发现煤炭和琥珀中的蟑螂化
shí yǔ rú jīn cún huó de zhāng láng zài wài xíng shang bìng méi
石与如今存活的蟑螂在外形上并没
yǒu hěn dà qū bié zhāng láng zài bú duàn de jìn huà hòu
有很大区别。蟑螂在不断地进化后，
duì huán jìng de shì yìng néng lì yuè lái yuè qiáng le zhāng láng
对环境的适应能力越来越强了。蟑螂
duì shí wù bìng bù tiāo ti rèn hé dōng xi dōu néng chéng wéi
对食物并不挑剔，任何东西都能成为

tā men de shí wù jí shǐ zài méi yǒu shí wù yě méi yǒu
它们的食物，即使在没有食物也没有
shuǐ de qíng kuàng xià zhāng láng réng jiù kě yǐ cún huó èr shí
水的情况下，蟑螂仍旧可以存活二十
jǐ tiān
几天。

知识拓展

蟑螂对我们日常生活造成了一定的影响，它们会咬坏电线、书本、肥皂、衣服、皮革等。我们可以通过定期大扫除以及喷杀虫剂来防止蟑螂搞破坏。

蟑螂

wèi shén me zhī liǎo yì zhí bù tíng de míng jiào
为什么知了一直不停地鸣叫？

答：

zài yán rè de xià tiān zhōng wǔ de shí hou wǒ men dōu huì xiū xi yí huìr ān jìng de wǔ hòu zuì shì hé shuì yí jiào le dàn nǐ zài xià tiān zǒng néng tīng dào wū wài zhī liǎo de jiào shēng tā men duǒ zài shù shang yì shēng shēng bù tíng de jiào zhe yí huìr shēng yīn gāo kàng yí huìr shēng yīn dī chén fǎng fú zhěng gè shì jiè zhǐ néng gòu tīng dào tā men zài zhī liǎo zhī liǎo de jiào zhe

在炎热的夏天，中午的时候我们都会休息一会儿，安静的午后最适合睡一觉了。但你在夏天总能听到屋外知了的叫声，它们躲在树上一声声不停地叫着，一会儿声音高亢，一会儿声音低沉，仿佛整个世界只能够听到它们在“知了，知了”地叫着。

rú guǒ yù dào mēn rè de tiān qì zhī liǎo míng jiào de shí jiān huì gèng cháng wèi shén me zhī liǎo yì zhí jiào gè bù tíng ne

如果遇到闷热的天气，知了鸣叫的时间会更长。为什么知了一直叫个不停呢？

qí shí néng gòu
其实，能够
míng jiào de zhī liǎo dōu shì
鸣叫的知了都是
xióng xìng de zhè yě shì wǒ
雄性的，这也是我
men zhuā dào de zhī liǎo yǒu de
们抓到的知了有的
huì jiào yǒu de bú huì jiào de
会叫，有的不会叫的
yuán yīn cí xìng zhī liǎo shì bú
原因。雌性知了是不
huì jiào de zài xióng xìng zhī liǎo
会叫的。在雄性知了
de fù bù yǒu yí gè fā yīn qì
的腹部有一个发音器，
fā yīn qì jiù hǎo xiàng shì bèi méng
发音器就好像是被蒙
shàng yì céng gǔ mó de dà gǔ gǔ mó
上一层鼓膜的大鼓，鼓膜
zhèn dòng de shí hou jiù huì fā chū shēng
振动的时候就会发出声
yīn gài bǎn hé gǔ mó zhī jiān de kōng xīn
音，盖板和鼓膜之间的空心
shǐ de tā men chǎn shēng gòng míng zhī liǎo de
使得它们产生共鸣，知了的

知了

声音就会变得非常响亮。雌性知了的腹部没有发音器，但是有听器。雄性知了不断地发出声响为的就是吸引雌性知了。当吸引了雌性知了后，它们会进行交配，雌性知了就会产卵，完成延续种族的使命。夏季是知了繁殖的季节，因此雄知了就会一直叫个不停。但是雄性知了在与雌知了交配后，很快就会死去。

知识拓展

知了会在高高的树上大声鸣叫，但知了幼虫是生活在地下的。幼虫在地下生活几年以后才会从土里爬出来，有的幼虫在土里可生活3~12年的时间。

wèi shén me chūn xiàng fàng de pì nà me chòu
为什么椿象放的屁那么臭？

答：
chūn xiàng jiù shì wǒ men shēng huó zhōng cháng jiàn
椿象就是我们生活中常见
de fàng pì chóng yǒu shí hou wǒ men yě huì jiào tā
的“放屁虫”，有时候我们也会叫它
chòu chūn chóng rú guǒ nǐ yù dào le chūn xiàng kě
“臭椿虫”。如果你遇到了椿象，可
qiān wàn bú yào yòng shǒu qù zhuō tā yīn wèi nǐ yí dàn yòng
千万不要用手去捉它，因为你一旦用
shǒu mō le tā nǐ de shǒu hěn jiù huì hěn chòu hěn chòu
手摸了它，你的手很就会很臭很臭。
zhè shì yīn wèi chūn xiàng de shēn tǐ hòu miàn yǒu yí gè chòu xiàn
这是因为椿象的身体后面有一个臭腺
kāi kǒu dāng tā gǎn jué dào wēi xiǎn de shí hou jiù huì shì
开口，当它感觉到危险的时候就会释
fàng chū fēi cháng nán wén de chòu qì chūn xiàng de xiàn tǐ shì
放出非常难闻的臭气。椿象的腺体是
zěn me zhì zào chū chòu qì de ne zài chūn xiàng de xiàn tǐ
怎么制造出臭气的呢？在椿象的腺体
nèi yǒu hěn duō huà xué wù zhì dāng chūn xiàng yù dào wēi xiǎn
内有很多化学物质，当椿象遇到危险、

shòu dào jīng hè shí xiàn tǐ nèi de huà xué wù zhì jiù huì
受到惊吓时，腺体内的化学物质就会
zài tǐ nèi rán shāo shì li chǎn shēng chòu qì chòu qì
在体内“燃烧室”里产生臭气，臭气
tōng guò pái qì kǒng shì fàng chū lái bú guò chūn xiàng fàng
通过排气孔释放出来。不过，椿象放
chū chòu qì shì wèi le bǎo hù zì jǐ tā men bìng bú huì
出臭气是为了保护自己，它们并不会
yòng zhè zhǒng chòu qì zhǔ dòng gōng jī bié rén zài shuō zhè zhǒng
用这种臭气主动攻击别人，再说这种
chòu qì yě dá bú dào shā sǐ qí tā kūn chóng de xiào guǒ
臭气也达不到杀死其他昆虫的效果。

椿象

chūn xiàng de chòu qì jiù hǎo bǐ yì kē chòu qì dàn fā shè
椿象的臭气就好比一颗臭气弹，发射

hòu bǎ dí rén xià pǎo tā yě huì chèn jī táo zǒu
后把敌人吓跑，它也会趁机逃走。

知识拓展

椿象对于我们人类来说是一种害虫，它对果实的危害比较大。我们可以进行人工防治，在早晨或傍晚有露水的时候捕杀椿象；也可以在椿象产卵期将附在果树叶子上的椿象卵摘除。

问：

为什么竹节虫善于伪装自己？

答：大自然中很多昆虫都有伪装自己的方法，为了更加适应环境并生存下去，很多昆虫不断进化，将外形进化成和周围环境相似的样子。竹节虫就是非常善于伪装的昆虫。在夏天的时候，竹节虫趴在竹竿上一动不动，真的很难将它与竹竿进行区分。竹节虫的外形与竹子非常相似，它们身长1~3厘米，细细长长的身

tǐ shang yǒu xiàng zhú zi yí yàng de jié yán sè yǒu lǜ sè
体上有像竹子一样的节，颜色有绿色

de yě yǒu hè sè de rú guǒ bù zǐ xì kàn tā men
的，也有褐色的。如果不仔细看，它们

zhēn de gēn yì jié zhú zi méi shén me qū bié tā men xì
真的跟一节竹子没什么区别。它们细

xì de shēn tǐ shang zhǎng zhe liù tiáo xì cháng de tuǐ tā
细的身体上长着六条细长的腿。它

men shàn yú wěi zhuāng zì jǐ dàn tā men yě bìng bú shì wán
们善于伪装自己，但它们也并不是完

quán jìng zhǐ bú dòng de tā men yě xū yào mì shí zài
全静止不动的，它们也需要觅食，在

竹节虫

觅食的时候会非常小心地防范天敌，警惕着周围的鸟儿或蜘蛛。如果遇到危险，它们还有方法保护自己，那就是放出“闪光弹”，当敌人正在晕眩的时候，竹节虫早已逃之夭夭。

知识拓展

竹节虫在白天和晚上身体的颜色是不同的，它们能够根据环境温度以及亮度来调节身体的颜色。外界亮度变暗的时候，它们的体色也会变深。

十万个你问我答

第一辑

海洋探索

李梦雨◎编

SPM
南方传媒 广东人民出版社
·广州·

图书在版编目（CIP）数据

十万个你问我答．第一辑．海洋探索 / 李梦雨编．—
广州：广东人民出版社，2024.1
ISBN 978-7-218-16785-5

Ⅰ．①十…　Ⅱ．①李…　Ⅲ．①科学知识—儿童读物②海洋—儿童读物　Ⅳ．① Z228.1 ② P7-49

中国国家版本馆 CIP 数据核字（2023）第 148383 号

SHI WAN GE NIWENWODA · DI-YI JI · HAIYANG TANSUO
十万个你问我答 · 第一辑 · 海洋探索
李梦雨　编

出 版 人：肖风华

责任编辑：吴瑶瑶
责任技编：吴彦斌

出版发行：广东人民出版社
地　　址：广州市越秀区大沙头四马路 10 号（邮政编码：510199）
电　　话：（020）85716809（总编室）
传　　真：（020）83289585
网　　址：http://www.gdpph.com
印　　刷：三河市祥达印刷包装有限公司
开　　本：880 毫米 ×1230 毫米　1/32
总 印 张：24　　　　总 字 数：400 千
版　　次：2024 年 1 月第 1 版
印　　次：2024 年 1 月第 1 次印刷
定　　价：120.00 元（全八册）

如发现印装质量问题，影响阅读，请与出版社（020-87712513）联系调换。
售书热线：（020）87717307

目录 MULU

海洋趣闻

生活在陆地上的我们总是对海洋充满想象，那么海洋究竟是怎样的呢？让我们一起来揭开海洋神秘的面纱吧！

老师，大海是怎么形成的呢？

大海由于地势比较低，汇聚了地球表层的水，所以就形成了海洋。

海水是怎样运动的呢？

每天的潮涨潮落都是海水的运动。让我们一起走近大海，一起了解大海吧！

dà hǎi zhēn de shì lán sè de ma

大海真的是蓝色的吗?

答:

shuō qǐ dà hǎi, dà jiā yīng gāi dōu huì xiǎng dào liáo kuò de、shēn lán sè de yí piàn hǎi yù ba! dāng wǒ men zhàn zài hǎi biān jí mù yuǎn tiào shí, wāng yáng dà hǎi chéng xiàn chū yí piàn shēn lán, nà me hǎi shuǐ zhēn de jiù shì lán sè de ma? qí shí dá àn bìng fēi rú cǐ, rú guǒ nǐ pěng qǐ yì wāng hǎi shuǐ, zǐ xì guān chá shǒu zhōng hǎi shuǐ de yán sè, nà me nǐ huì fā xiàn, shǒu zhōng nà yì pěng hǎi shuǐ shì tòu míng de。nà wèi shén me wǒ men kàn dào de

说起大海,大家应该都会想到辽阔的、深蓝色的一片海域吧!当我们站在海边极目远眺时,汪洋大海呈现出一片深蓝,那么海水真的就是蓝色的吗?其实答案并非如此,如果你捧起一汪海水,仔细观察手中海水的颜色,那么你会发现,手中那一捧海水是透明的。那为什么我们看到的

zhěng piàn hǎi yáng dōu shì lán sè de ne yuán lái a zhè
整片海洋都是蓝色的呢？原来啊，这
shì hǎi shuǐ de fǎn shè hé sàn shè zuò yòng zào chéng de tài
是海水的反射和散射作用造成的。太
yáng guāng zhào xiàng hǎi shuǐ qí zhōng hóng guāng huáng guāng děng bō
阳光照向海水，其中红光、黄光等波
cháng jiào cháng de guāng bèi xī shōu lán guāng zǐ guāng děng
长较长的光被吸收，蓝光、紫光等
bō cháng jiào duǎn de guāng bèi fǎn shè hé sǎn shè dàn yóu yú
波长较短的光被反射和散射，但由于
rén yǎn duì zǐ guāng gǎn zhī jiào ruò suǒ yǐ kàn dào hǎi shuǐ
人眼对紫光感知较弱，所以看到海水
chéng xiàn chū lán sè
呈现出蓝色。

知识拓展

所罗门海是世界上最大、最深的海，又名珊瑚海，因为海域有大量的珊瑚礁而得名，位于太平洋的西南部。它的总面积约为479.1万平方千米。

大海

hǎi yáng shì zěn me xíng chéng de
海洋是怎么形成的？

答：shòu dì qiú yǐn lì de yǐng xiǎng, dì qiú shang de shuǐ dōu shì cóng gāo chù liú xiàng dī chù, hǎi yáng suǒ chǔ de wèi zhì shì dì qiú de dī wā zhī chù, shuǐ jù jí zài cǐ biàn xíng chéng hǎi yáng。

受地球引力的影响，地球上的水都是从高处流向低处，海洋所处的位置是地球的低洼之处，水聚集在此便形成海洋。

gēn jù yǒu guān zhuān jiā tuī cè, hǎi yáng shì liú shuǐ jù jí xíng chéng de, ér zhè xiē liú shuǐ shì shuǐ zhēng qì zài kōng

根据有关专家推测，海洋是流水聚集形成的，而这些流水是水蒸气在空

气中凝结成液态水，然后降落而来。水降落到地面后往地势低处流，最终汇聚成海洋。海洋的总面积约占地球总面积的70%。

知识拓展

海可以分为内陆海、边缘海、内海和陆间海，海洋不仅为人们提供了不同的交通方式，同时也带来了各种丰富的可用资源。

海水

浪花

hǎi zhōng de làng huā shì shén me yán sè de

海中的浪花是什么颜色的？

答:

hǎi shuǐ chéng lán sè shì yóu yú dà hǎi xī shōu

海水呈蓝色是由于大海吸收

hé fǎn shè sǎn shè le tài yáng guāng hǎi shuǐ běn shēn qí

和反射、散射了太阳光，海水本身其

shí shì méi yǒu yán sè de wǒ men chéng chuán háng xíng yú

实是没有颜色的。我们乘船航行于

hǎi shang shí kàn chuán wěi de làng huā huì fā xiàn làng huā
海上时，看船尾的浪花，会发现浪花
shì bái sè de làng huā chéng xiàn bái sè shì yóu yú guāng
是白色的。浪花呈现白色是由于光
de màn fǎn shè zhèng rú dàn qīng zài jiǎo bàn hòu biàn bái shì
的漫反射。正如蛋清在搅拌后变白是
yóu yú dàn qīng zhōng hán yǒu qì pào yí yàng yīn wèi yì xiē
由于蛋清中含有气泡一样，因为一些
xiǎo shuǐ zhū zhōng hán yǒu qì pào zhè xiē qì pào bǎ guāng cóng
小水珠中含有气泡，这些气泡把光从
bù tóng de jiǎo dù fǎn shè le chū qù suǒ yǐ làng huā chéng
不同的角度反射了出去，所以浪花呈
xiàn bái sè
现白色。

知识拓展

“海洋”是被陆地分隔而彼此相通的广大水域的总称，若拆开来说，“海”多处于边缘地带，而“洋”则多居于中心地带，世界上的大洋有太平洋、大西洋、印度洋等。

shén me shì cháo xī

什么是潮汐？

答：

cháo xī shì hǎi shuǐ zài tài yáng hé yuè qiú de
潮汐是海水在太阳和月球的
yǐn cháo lì zuò yòng zhī xià fā shēng de zhōu qī xìng zhǎng luò
引潮力作用之下发生的周期性涨落
yùn dòng　yì bān qíng kuàng xià　wǒ men bǎ zǎo chen zhǎng
运动。一般情况下，我们把早晨涨
qǐ de hǎi shuǐ chēng wéi cháo　bàng wǎn zhǎng qǐ de hǎi shuǐ zé
起的海水称为潮，傍晚涨起的海水则
chēng wéi xī　hé chēng wéi cháo xī　yǐ cǐ xíng róng hǎi shuǐ
称为汐，合称为潮汐，以此形容海水
de zhǎng luò　cháo xī kě yǐ jiāng dòng néng zhuǎn huà wéi shì
的涨落。潮汐可以将动能转化为势
néng　cóng ér yòng yú fā diàn
能，从而用于发电。

知识拓展

潮汐作为一种自然现象，为人类航海、捕捞和晒盐提供了方便，同时，人们也把这种能量转化为动能，潮汐能是一种永恒的、无污染的能量。

海的表层是平的吗？

答：大海不同于平静的湖，它总是波涛汹涌的，海面不断呈现出变化。海洋的动态变化受气候和季风、潮汐的影响，季风会促进海洋内部水循环，

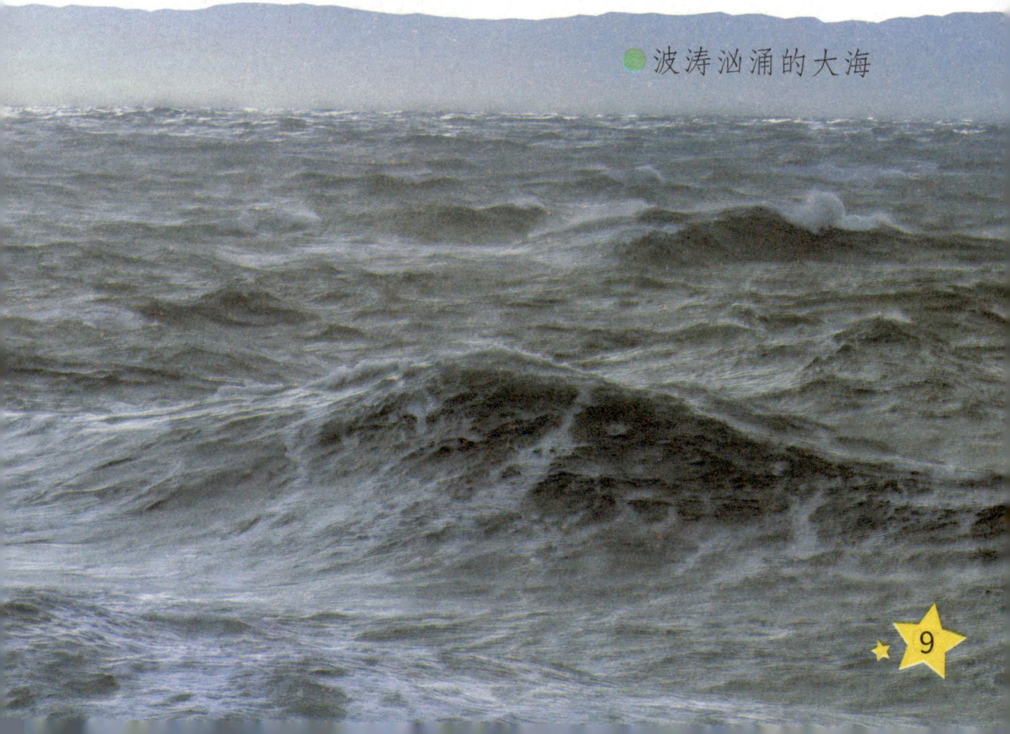

波涛汹涌的大海

使得海洋底部的营养物质翻滚上来；潮汐使得海洋在早晨和傍晚的流动方向发生变化。所以海的表层总是不平的。

shǐ de hǎi yáng dǐ bù de yíng yǎng wù zhì fān gǔn shàng lái cháo xī shǐ de hǎi yáng zài zǎo chen hé bàng wǎn de liú dòng fāng xiàng fā shēng biàn huà suǒ yǐ hǎi de biǎo céng zǒng shì bù píng de

知识拓展

海面总是波涛汹涌，在海上航行也总是危险重重，这与海上天气、海水本身的动荡密不可分，所以掌握海上急救知识十分重要。

你知道珊瑚会变白吗？

答：大家都见过彩色的珊瑚，有绿色的、黄色的、蓝色的、红色的等等，但珊瑚并非一直是彩色的，它会逐渐变白，这也被称为珊瑚的白化现象。珊瑚是由许多珊瑚虫聚合生长而成的一种生物群体，珊瑚虫体内

白珊瑚

有一种含胶物质，可以把它们的骨骼连接在一起。珊瑚绚丽的色彩和其体内的共生藻密切相关，而珊瑚的白化现象主要是因为这些藻类的分离或死亡。当珊瑚体内的共生藻数量下降时，珊瑚便会逐渐呈现出其本来的颜色，即灰白色。

知识拓展

澳大利亚的大堡礁是世界上最大、最长的珊瑚礁群，位于南半球，它纵贯于澳大利亚的东北部沿岸海域。

海洋有哪些作用？

答：海洋实际上是地球真正的生命摇篮，地球上最早的生命就诞生于海洋。海洋还为地球制造了大量的氧气，同时海洋还具有丰富的矿产资源和其他海洋资源。总之，海洋为地球生物的生存提供了有利条件。

知识拓展

海洋文明指的是与海洋有关的人类社会文化，实际上海洋文明的历史是十分悠久的。

太平洋的面积是恒定不变的吗？

太平洋是世界上面积最大、边缘海最多的大洋，现在总面积约为18134.4万平方千米。然而太平洋的面积并不是一成不变的，太平洋之

qián yào bǐ xiàn zài dà， dà xī yáng zài bú duàn kuò zhāng，
前要比现在大，大西洋在不断扩张，

jǐ yā tài píng yáng， shǐ de tài píng yáng de miàn jī bú duàn
挤压太平洋，使得太平洋的面积不断

suō xiǎo。
缩小。

知识拓展

太平洋是世界上最大的大洋，同时也是岛屿最多的大洋。太平洋地区有30多个独立的国家，其中就包括中国、韩国、日本、美国、加拿大等国家。

太平洋

nǎ ge dà yáng zuì wēn nuǎn

哪个大洋最温暖？

答：

dì qiú shang de rè liàng zhǔ yào lái zì yú tài
地球上的热量主要来自于太
yáng de fú shè ér tài píng yáng héng kuà le zhěng gè chì dào
阳的辐射，而太平洋横跨了整个赤道，
suǒ yǐ xiāng jiào yú qí tā dà yáng tài píng yáng néng jiē shōu dào
所以相较于其他大洋，太平洋能接收到
gèng duō de tài yáng fú shè cǐ wài hǎi shuǐ liú dòng yě huì
更多的太阳辐射。此外，海水流动也会
duì hǎi shuǐ wēn dù chǎn shēng yǐng xiǎng ér tài píng yáng shang rè dài
对海水温度产生影响，而太平洋上热带
dì qū de nuǎn shuǐ liú néng gòu xiàng gāo wěi dù dì qū shū sòng
地区的暖水流能够向高纬度地区输送，
cóng ér tuī shēng le zhěng gè tài píng yáng de wēn dù
从而推升了整个太平洋的温度。

知识拓展

在西太平洋有一个被称为“西太平洋暖池”的地方，这里是全球范围内面积最大、温度最高的暖水体，对全球的气候都会产生影响。

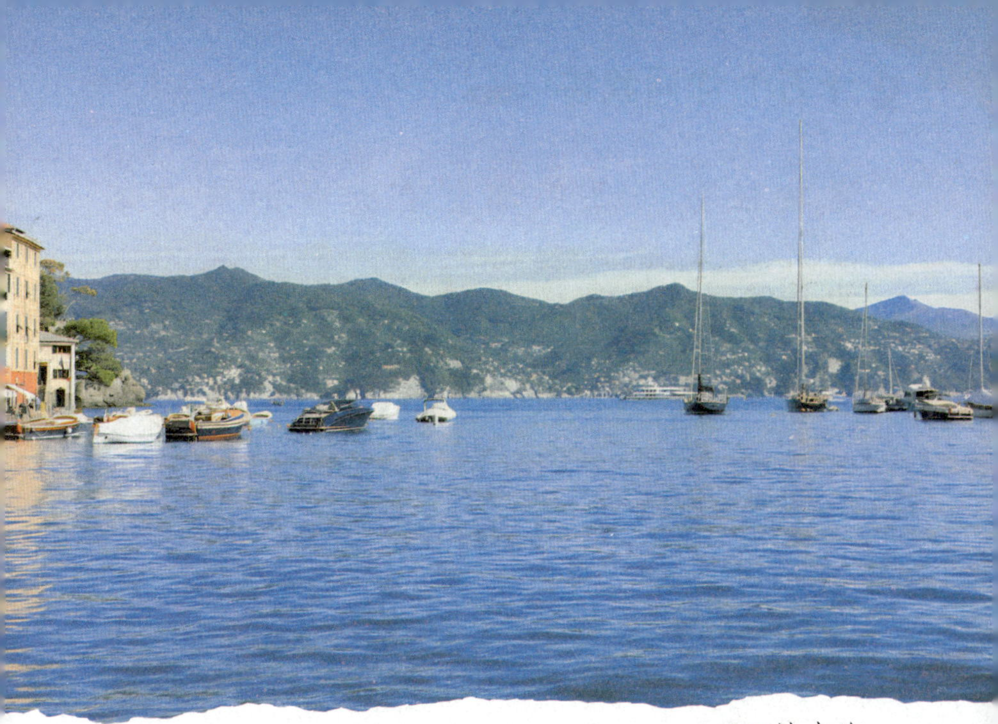

地中海

为什么地中海的水质最差？

答:从地中海所处的地理位置来看，地中海与三个大陆相接，是欧洲、亚洲、非洲三大洲的交会处，是重要的水上交通通道，承担着重要的石油

yùn shū rèn wu měi nián dōu huì yǒu dà liàng de fèi qì shí
运输任务。每年都会有大量的废弃石
yóu dào rù dì zhōng hǎi zhè piàn hǎi yù zài jiā shàng xiāng lín
油倒入地中海这片海域，再加上相邻
sān dà zhōu de gōng yè fèi shuǐ de pái fàng suǒ yǐ dì zhōng
三大洲的工业废水的排放，所以地中
hǎi de shuǐ zhì hěn chà
海的水质很差。

知识拓展

地中海是亚、欧、非中间的一片海域，属于陆间海，是地球上最古老的海洋之一，也是辉煌灿烂的古代文明的发祥地之一。

hǎi bīng shì dàn de ma
海冰是淡的吗?

答:

dà jiā dōu zhī dào hǎi shuǐ shì xián de nà
大家都知道海水是咸的,那

me hǎi bīng shì fǒu yě hé hǎi shuǐ yí yàng xián ne dá
么海冰是否也和海水一样咸呢?答

àn shì fǒu dìng de hǎi bīng bìng bú shì jié chéng bīng de hǎi
案是否定的,海冰并不是结成冰的海

shuǐ hǎi bīng shì hǎi shuǐ zhōng de bīng tǐ lìng wài hǎi
水,海冰是海水中的冰体。另外,海

shuǐ zài níng jié wéi bīng tǐ de guò chéng zhōng yě huì xī chū
水在凝结为冰体的过程中也会析出

yán fèn yīn ér hǎi bīng bìng bú xiàng hǎi shuǐ yí yàng xián
盐分,因而海冰并不像海水一样咸,

ér shì dàn de
而是淡的。

知识拓展

海冰是海洋五种主要灾害之一,海面上海冰过多时会影响船只航行,甚至可能导致海港封港、航道堵塞。

zài suǒ yǒu de hǎi zhōng
在所有的海中,
nǎ ge hǎi de hǎi shuǐ zuì dàn ne
哪个海的海水最淡呢?

bù tóng hǎi yù de hǎi shuǐ hán yán liàng bù tóng
不同海域的海水含盐量不同,
bō luó dì hǎi shì shì jiè shang hán yán liàng zuì dī de hǎi
波罗的海是世界上含盐量最低的海,
yǔ dàn shuǐ xiāng chā wú jǐ bō luó dì hǎi zhè piàn hǎi yù
与淡水相差无几,波罗的海这片海域

淡水湖

大约只有100米深，而且这片海域比较封闭，与其他海域的连通性不强，因而它的含盐量一直低于其他海。此外受季风影响，这里降水充沛，这也使得波罗的海的淡水资源变得十分丰富。

知识拓展

波罗的海位于北欧，是北欧地区重要的海上交通航道，为人们海上贸易提供了很大的便利。其中，波罗的海的主要商品有鱼和木材。

wèi shén me shuō hǎi biān qì hòu yí rén
为什么说海边气候宜人？

xià rì de hǎi biān zǒng shì bǐ nèi lù dì qū liáng shuǎng zhè shì yīn wèi qiáng liè de tài yáng guāng xiàn zhí shè dì miàn shí dì miàn huì shēng wēn rán ér dāng tài yáng guāng zhào shè hǎi miàn shí hǎi shuǐ huì xī shōu rè lìng wài

夏日的海边总是比内陆地区凉爽，这是因为强烈的太阳光线直射地面时，地面会升温，然而当太阳光照射海面时，海水会吸收热。另外，

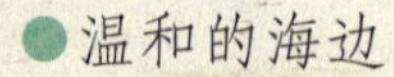
温和的海边

hǎi shuǐ dá dào yí dìng wēn dù shí hǎi shuǐ zhēng fā yě huì
海水达到一定温度时，海水蒸发也会
xī shōu yí bù fen rè liàng duì zhōu wéi de qì wēn yǒu tiáo
吸收一部分热量，对周围的气温有调
jié zuò yòng shǐ de qì wēn jiàng dī
节作用，使得气温降低。

dōng tiān de hǎi biān yào bǐ qí tā dì fang wēn nuǎn yì
冬天的海边要比其他地方温暖一
diǎn yīn wèi dōng tiān de hǎi shuǐ yào bǐ lù dì wēn dù gāo
点，因为冬天的海水要比陆地温度高，
hǎi shuǐ huì xiāng yìng de shì fàng yí bù fen rè liàng shǐ de
海水会相应地释放一部分热量，使得
hǎi biān de qì wēn xiāng duì shēng gāo suǒ yǐ dōng rì de hǎi
海边的气温相对升高，所以冬日的海
biān shì bǐ jiào wēn nuǎn de
边是比较温暖的。

知识拓展

根据美国国家海洋与大气管理局评估，我们的星球上有50%~80%的氧气都来自海洋，海洋中的浮游植物和藻类在进行光合作用时可以产生大量的氧气。

nǎ piàn hǎi yù wēn dù zuì gāo
哪片海域温度最高？

答：

shòu wēn nuǎn de chì dào dōng fēng de yǐng xiǎng yìn dù yáng dōng bù hé tài píng yáng xī bù shì wēn nuǎn de zhěng tǐ wēn dù gāo yú qí tā hǎi yù dà yuē bǎo chí zài shè shì dù yǐ shàng yě shì quán qiú zuì rè de hǎi yù cǐ wài tài píng yáng xī bù yǔ yìn dù yáng dōng bù dōu chǔ yú dī wěi dù dì qū shòu tài yáng fú shè qiáng qì wēn zhěng tǐ yào gāo yú gāo wěi dù dì qū

受温暖的赤道东风的影响，印度洋东部和太平洋西部是温暖的，整体温度高于其他海域，大约保持在28摄氏度以上，也是全球最热的海域。此外，太平洋西部与印度洋东部都处于低纬度地区，受太阳辐射强，气温整体要高于高纬度地区。

知识拓展

红海在阿拉伯半岛和非洲东北部之间，因沿岸生长着红色藻类使海水多呈现红色而得名，红海是世界上海水温度最高的海。

海洋周边

海边有贝壳，有沙子，这些都形成了美丽的海岸景观，让我们一起来更加详细地了解一下它们吧！

海边有那么多美丽的贝壳，它们都是怎么产生的呢？

海边的贝壳实际上是一些软体动物的外壳，当它们脱下这层壳后，壳便被海水冲到了岸边。

海边的事物原来这么神奇！

是的，我们一起来了解一下海洋周边的事物吧！

hǎi biān de xì shā shì
海边的细沙是
rú hé xíng chéng de ne
如何形成的呢？

xiǎng bì dà jiā dōu jiàn guò hǎi biān de shā tān
想必大家都见过海边的沙滩
ba nà xiē shā tān shì zěn me xíng chéng de ne wèi shén
吧，那些沙滩是怎么形成的呢？为什
me hǎi shuǐ yǔ lù dì de biān jì biǎo céng bú shì ní tǔ
么海水与陆地的边际表层不是泥土

沙滩

ér shì shā zi ne wǒ men zhī dào hǎi shuǐ bú shì jìng zhǐ
而是沙子呢？我们知道海水不是静止

de ér shì bú duàn yùn dòng de hǎi shuǐ zài cháo zhǎng cháo
的，而是不断运动的。海水在潮涨潮

luò de tóng shí bú duàn de yǔ yán shí xiāng mó cháng jiǔ
落的同时，不断地与岩石相磨，长久

de chōng shuā shǐ de yán shí biàn chéng le xì xiǎo de kē lì
的冲刷使得岩石变成了细小的颗粒。

zhè xiē xì xiǎo de kē lì duī jī zài àn biān biàn xíng chéng le
这些细小的颗粒堆积在岸边便形成了

wǒ men xiàn zài jiàn dào de shā tān
我们现在见到的沙滩。

知识拓展

沙滩是由许多沙子堆积在海边而形成的海边的独特景观。我国比较著名的沙滩有北海沙滩、中国第一长滩、深圳西涌等。

shā tān de yán sè shì zěn me xíng chéng de

沙滩的颜色是怎么形成的？

答:
tí dào shā tān dà jiā nǎo hǎi zhōng dōu huì
提到沙滩，大家脑海中都会
fú xiàn chū yí dà piàn jīn huáng sè de hǎi biān shā tān de
浮现出一大片金黄色的海边沙滩的
chǎng jǐng ba zhè xiē shā tān de yán sè shì rú hé xíng chéng
场景吧，这些沙滩的颜色是如何形成
de ne shā tān zhǔ yào shì yóu ní shā hé yán shí xiǎo
的呢？沙滩主要是由泥沙和岩石小
kē lì duī jī ér chéng de zhǔ yào wù zhì yǒu shí yīng shí
颗粒堆积而成的，主要物质有石英石
děng ér shí yīng shí zhǔ yào shì dàn huáng sè hé rǔ bái sè
等，而石英石主要是淡黄色和乳白色
de yīn ér shā tān zhěng tǐ chéng xiàn wéi jīn huáng sè
的，因而沙滩整体呈现为金黄色。

知识拓展

世界上还有白色沙滩、黑色沙滩、红色沙滩、粉色沙滩，白色沙滩比较常见，红色沙滩分布在希腊等地，粉色沙滩的代表是巴哈马的哈伯岛沙滩。

shā tān shang de bèi ké cóng hé ér lái
沙滩上的贝壳从何而来？

答：xiǎo hái zi men zǒng shì huì bèi hǎi biān de bèi ké suǒ xī yǐn, nà me hǎi biān de zhè xiē bèi ké jiū jìng dōu shì cóng nǎ lǐ lái de ne? bèi ké qí shí shì hǎi yáng zhōng bèi lèi dòng wù de qū qiào, shì tā men de "kuī jiǎ", qǐ zhe bǎo hù zuò yòng. dāng bèi lèi dòng wù sǐ

小孩子们总是会被海边的贝壳所吸引，那么海边的这些贝壳究竟都是从哪里来的呢？贝壳其实是海洋中贝类动物的躯壳，是它们的“盔甲”，起着保护作用。当贝类动物死

贝壳

亡后，这些贝壳便失去了自主行动的能力，被海浪运到沙滩上，变成我们现在见到的精致美丽的贝壳。

知识拓展

在海边，我们总是会看到各种各样的贝壳，有蛤蜊、扇贝的壳，还有一些罕见的海螺贝壳。

冰山

冰山会融解吗？

bīng shān huì róng jiě ma

与全球变暖导致冰川融化不同，我们今天探讨的是在正常情况下，冰川是否会融解。

yǔ quán qiú biàn nuǎn dǎo zhì bīng chuān róng huà bù tóng, wǒ men jīn tiān tàn tǎo de shì zài zhèng cháng qíng kuàng xià, bīng chuān shì fǒu huì róng jiě.

南北两极的冰体在受地球引力

nán běi liǎng jí de bīng tǐ zài shòu dì qiú yǐn lì

zuò yòng zì shēn xià chén de qíng kuàng xià huì xíng chéng bīng
作用，自身下沉的情况下，会形成冰
chuān dāng bīng chuān xiàng xià yí dòng yí rù hǎi shuǐ zhōng
川。当冰川向下移动，移入海水中
shí bīng chuān jiù wán chéng le róng jiě de dì yī bù
时，冰川就完成了融解的第一步——
chéng wéi bīng shān bīng chuān róng jiě xíng chéng de bīng shān de
成为冰山。冰川融解形成的冰山的
wēn dù yòu dī yú hǎi shuǐ de wēn dù bīng shān yí rù hǎi
温度又低于海水的温度，冰山移入海
zhōng hòu hǎi shuǐ huì xiāng yìng jiàng wēn bīng shān zuì hòu huì
中后，海水会相应降温。冰山最后会
róng huà hé hǎi shuǐ róng wéi yì tǐ
融化，和海水融为一体。

知识拓展

曾经世界上最大的冰山被命名为A68a，但是这个世界第一冰山近年来在不断融化，2021年4月，这座冰山已经分崩离析。

海上会有冰灾吗?

hǎi shang huì yǒu bīng zāi ma

即使是在冬天,似乎也很少会看到海面结冰,然而海面确确实实存在结冰的现象,但是多发生在内海和海湾地带。天气极寒或持续低温和

jí shǐ shì zài dōng tiān, sì hū yě hěn shǎo huì kàn dào hǎi miàn jié bīng, rán ér hǎi miàn què què shí shí cún zài jié bīng de xiàn xiàng, dàn shì duō fā shēng zài nèi hǎi hé hǎi wān dì dài. tiān qì jí hán huò chí xù dī wēn hé

海面结冰

chí xù jiàng xuě shí hǎi bīng biàn xíng chéng le hǎi bīng de
持续降雪时，海冰便形成了。海冰的
hòu dù kě yǐ gāo dá jǐ mǐ zhí jiē yǐng xiǎng hǎi yáng shēng
厚度可以高达几米，直接影响海洋生
wù de shēng cún tóng shí duì hǎi shàng háng xíng hé shí yóu kāi
物的生存，同时对海上航行和石油开
cǎi chǎn shēng jù dà yǐng xiǎng
采产生巨大影响。

知识拓展

海上冰灾，也称海冰灾害，是指海面持续低温而出现海冰的灾害，我国渤海地区就曾遭受过海冰灾害。

人与海洋

人类一直在对海洋进行探索，人们在海底铺设电缆、勘探可燃冰……这些活动不仅象征着人类与海洋的关系更加密切了，同时也象征着人类社会的进步。

老师，什么是海底电缆？

海底电缆是使用绝缘皮将电缆包起来，铺设在海底，用于通信的一种电缆。

老师，人类在海洋中都发现了什么呢？

人类对海洋的探索从未止步，让我们一起来看看吧！

你知道麦哲伦船队吗？

答：麦哲伦曾带领他的团队进行了首次环球航行，证明了地球是一个球体，从某一个原点出发，一直朝着

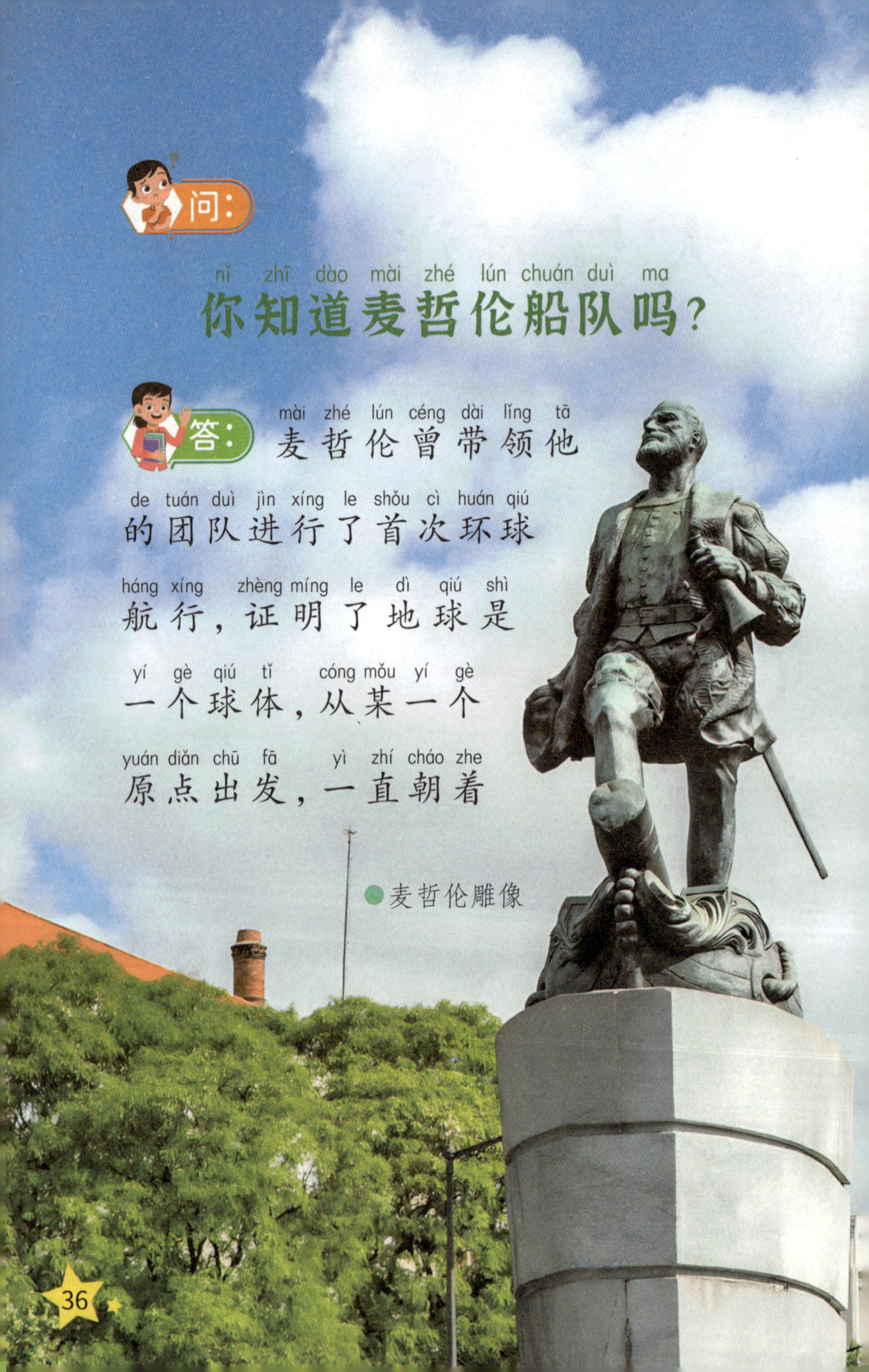

麦哲伦雕像

yí gè fāng xiàng xíng zǒu jiù kě yǐ huí dào yuán diǎn
一个方向行走就可以回到原点。

rán ér mài zhé lún běn rén wèi néng wán chéng zhè yì
然而，麦哲伦本人未能完成这一
wěi dà yàn zhèng zài tú jīng fēi lǜ bīn shí chuán yuán men
伟大验证，在途经菲律宾时，船员们
yǔ dāng dì rén fā shēng le dòu zhēng mài zhé lún bú xìng shēn
与当地人发生了斗争，麦哲伦不幸身
wáng dàn shì mài zhé lún de tuán duì bìng méi yǒu jiě sàn
亡。但是，麦哲伦的团队并没有解散，
tā men de tuán duì zuì zhōng wán chéng le rén lèi lì shǐ shang
他们的团队最终完成了人类历史上
dì yī cì huán qiú háng xíng
第一次环球航行。

知识拓展

麦哲伦环球航行连接起了整个世界，但是也有人说，这次航行让欧洲发现了美洲，给美洲的土著带来了灾难。

石油对海洋生物都有哪些危害呢？

海上航行的船只，有许多都是运载货物的，其中有一部分是运载石油的，石油有时会出现泄漏的情况，

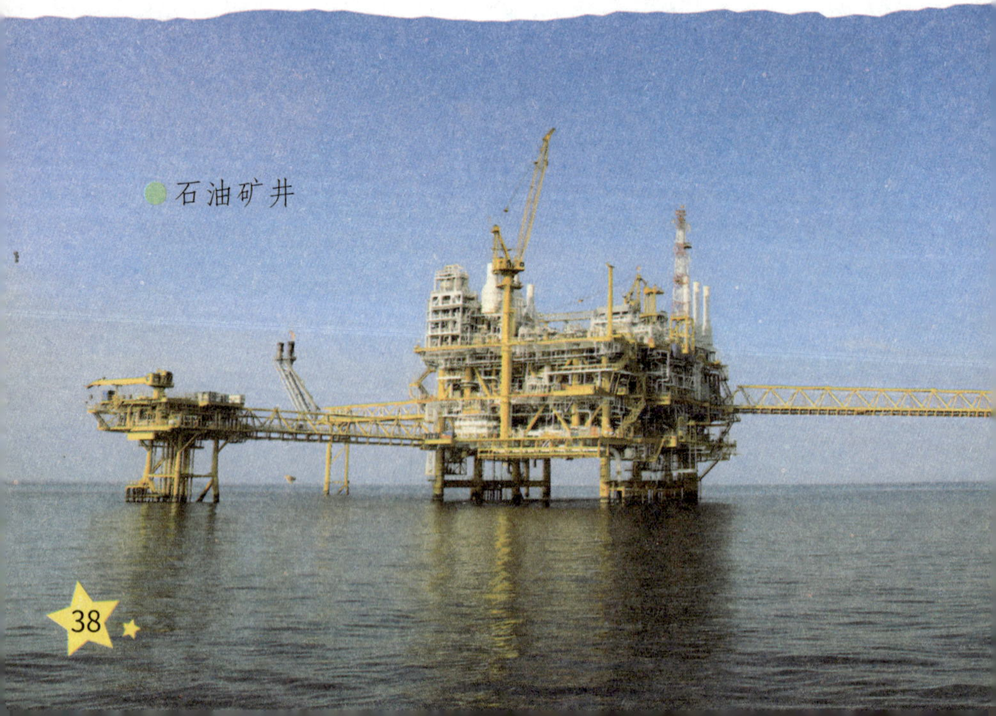

石油矿井

xiè lòu de zhè xiē shí yóu duì zhōu biān de hǎi yáng shēng wù huì
泄漏的这些石油对周边的海洋生物会
chǎn shēng hěn dà de wēi hài
产生很大的危害。

shí yóu xiè lòu dào hǎi yáng zhōng huì xíng chéng yì céng
石油泄漏到海洋中会形成一层
yóu mó zǔ gé hǎi shuǐ zhōng de yǎng qì yǐng xiǎng hǎi yáng
油膜，阻隔海水中的氧气，影响海洋
zhōng fú yóu shēng wù de shēng zhǎng tóng shí yě huì dǎo zhì
中浮游生物的生长，同时也会导致
hǎi zhōng de yì xiē yú lèi wù shí shí yóu hǎi yáng shàng kōng
海中的一些鱼类误食石油、海洋上空
de fēi niǎo wù yǐn hǎi yáng zhōng de shí yóu
的飞鸟误饮海洋中的石油。

知识拓展

沙特阿拉伯是世界上最大的石油出口国，也被称为“石油王国”，沙特阿拉伯的国家主要经济来源就是石油。

海底电缆有什么作用呢？

答：海底电缆其实与我们的生活息息相关，我们之所以可以收发信息、拨打电话，海底电缆起着不可或缺的作用。海底电缆除了具有通信功能以外，还有发电的功能。

知识拓展

海底电缆是用绝缘皮包裹起来的放在海底的电线，中国的第一条海底电缆铺设于1988年。

hǎi zhōng zǎo lèi

海中藻类

yě kě yǐ chǎn shēng xīn néng yuán ma

也可以产生新能源吗?

hǎi yáng zhōng yǒu gè zhǒng gè yàng de zǎo lèi
海洋中有各种各样的藻类,
lǜ zǎo shì zhēn hé zǎo lèi zhōng zuì dà de yí gè jiā zú
绿藻是真核藻类中最大的一个家族,
lǜ zǎo bèi qiē suì hòu yǔ wēi shēng wù hùn hé kě yǐ chǎn
绿藻被切碎后与微生物混合可以产

沙滩上的绿藻

生类似天然气的可燃气体。同时还有一种藻类植物，它可以利用阳光、二氧化碳和海水来制造氢气。由此看来，海洋中的藻类是未来新能源开发的希望之星。

知识拓展

新能源指传统能源之外的其他形式的能源，如风能、太阳能、潮汐能等，新能源的开发和利用使得人类拥有更加丰厚的可利用的能源。

北极附近有哪些资源呢？

答：北极的气温比较低，一般人们会以为北极不是一个生物多样的地方，各类资源也比较少，然而事实并非如此。北极拥有极其丰富的石油和

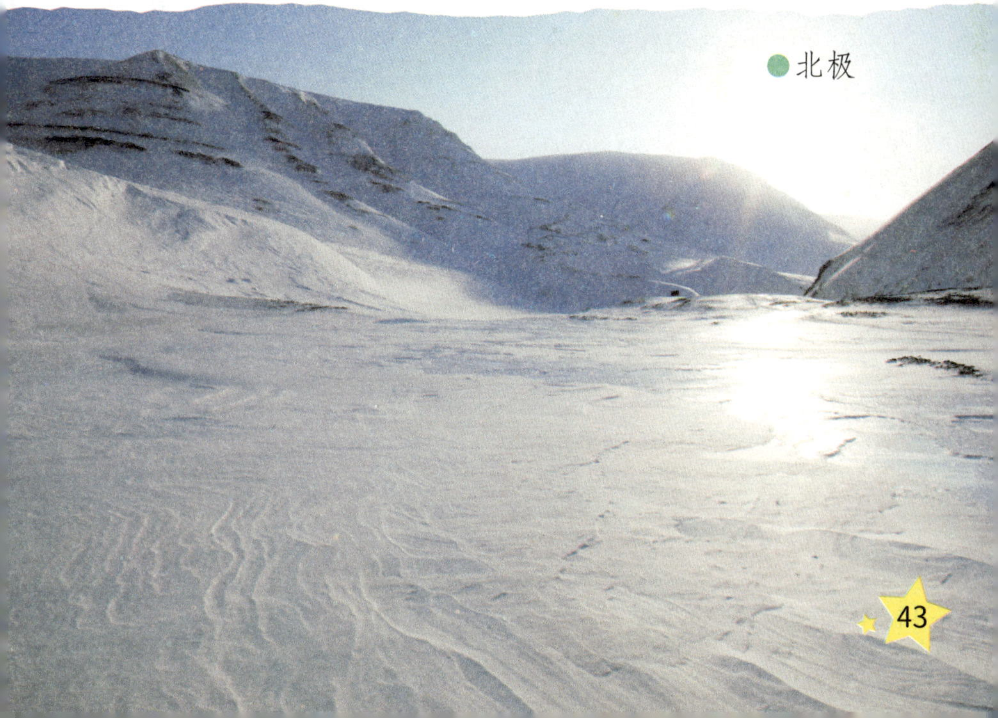

北极

tiān rán qì zī yuán běi bīng yáng bù tóng yú nán bīng yáng
天然气资源。北冰洋不同于南冰洋，
tā bèi dà lù bāo wéi zhe yōng yǒu fēng fù de chén jī wù
它被大陆包围着，拥有丰富的沉积物。
yǔ dà yáng bǎn kuài de dì qiào xiāng bǐ dà lù bǎn kuài gèng
与大洋板块的地壳相比，大陆板块更
róng yì jī lěi yǒu jī wù yīn ér běi jí yōng yǒu fēng fù
容易积累有机物，因而北极拥有丰富
de zī yuán
的资源。

知识拓展

海洋资源指的是海洋中的天然资源，可以将这些资源分为海洋水产资源、海洋动力资源、海洋化学资源与海洋矿产资源。

丰富的海洋鱼类

海洋中有着各种各样的鱼类，有鲨鱼、旗鱼、沙丁鱼、魔鬼鱼等，正是各种各样的鱼类使得海洋成为一个有机的生态环境。

老师，海洋中真的有会发光的鱼吗？

当然了，深海中有很多鱼会发光，灯笼鱼就是其中一种。

海洋中都有哪些鱼呢？它们会互相吃彼此吗？

海洋中有很多鱼类，同时，海洋也是一个弱肉强食的地方，大鱼吃小鱼是生存法则。我们一起来了解一下吧！

yú wèi shén me xǐ huan chéng qún jié duì
鱼为什么喜欢成群结队？

答: dà hǎi li yúr chéng qún jié duì de yóu yǒng
大海里鱼儿成群结队地游泳
bìng bú shì yí gè shǎo jiàn de chǎng jǐng nà me wèi shén me
并不是一个少见的场景，那么为什么
zhè xiē yúr dōu xǐ huan chéng qún jié duì de yóu yǒng ne
这些鱼儿都喜欢成群结队地游泳呢？
hǎi zhōng yǒu hěn duō yú lèi dà yú chī xiǎo yú xiǎo yú
海中有很多鱼类，大鱼吃小鱼，小鱼

成群的鱼儿

xiǎng yào zài dà hǎi zhōng shēng cún xià qù jiù děi xún zhǎo yǒu
想要在大海中生存下去就得寻找有
lì liàng de tuán duì yú shì tā men chéng qún jié duì de yóu
力量的团队，于是它们成群结队地游
yǒng zhè yàng jiù bù róng yì shòu dào qí tā yú lèi de qīn
泳，这样就不容易受到其他鱼类的侵
xí néng gèng hǎo de bì miǎn wēi xiǎn
袭，能更好地避免危险。

知识拓展

虎皮鱼的鱼体主要以浅黄色为主，它们身上有四条黑色条纹，体型偏小，总是成群结队地活动。

fēi yú de míng zi shì rú hé dé lái de ne
飞鱼的名字是如何得来的呢？

答:

fēi yú yǐ néng fēi zhù chēng dàn shì tā men
飞鱼以能“飞”著称，但是它们
bì jìng shì yú lèi fēi yú de shēng cún chǎng dì hái shì dà
毕竟是鱼类，飞鱼的生存场地还是大
hǎi fēi yú yīn wèi ròu zhì xiān měi ér chéng wéi jīn qiāng yú
海。飞鱼因为肉质鲜美而成为金枪鱼、
shā yú děng yú lèi suǒ xǐ ài de shí wù jǐn guǎn fēi yú yóu
鲨鱼等鱼类所喜爱的食物，尽管飞鱼游
sù jí kuài dàn shì yě nán yǐ huò dé ān quán de shēng cún huán
速极快，但是也难以获得安全的生存环
jìng yú shì fēi yú yǒu shí biàn huì yuè chū shuǐ miàn lái duǒ bì
境，于是飞鱼有时便会跃出水面来躲避
tiān dí de zhuī bǔ
天敌的追捕。

知识拓展

飞鱼的胸鳍特别发达，形状像翅膀一样，因而被称为飞鱼。飞鱼不仅能在海底游泳，还可以跃出海面四五米并“飞行”几百米。

问：

有“海洋杀手”之称的鱼类是谁？

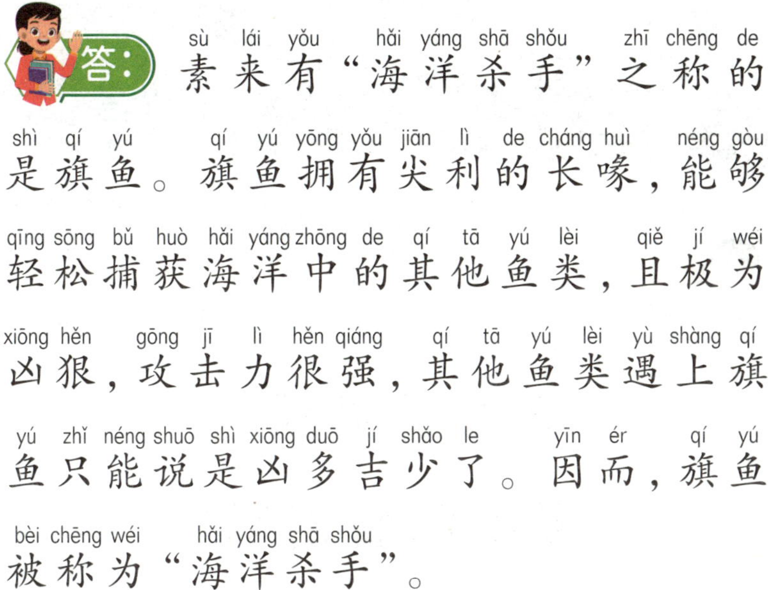

答：素来有“海洋杀手”之称的是旗鱼。旗鱼拥有尖利的长喙，能够轻松捕获海洋中的其他鱼类，且极为凶狠，攻击力很强，其他鱼类遇上旗鱼只能说是凶多吉少了。因而，旗鱼被称为“海洋杀手”。

知识拓展

旗鱼主要生活在热带与亚热带地区，游泳十分快捷，有游泳冠军之称。此外，旗鱼性情凶猛，是很多鱼类都惧怕的敌人。

● 蝴蝶鱼

nǐ zhī dào hú dié yú
你知道蝴蝶鱼
kě yǐ dào zhe yóu ma
可以倒着游吗？

hú dié yú dà duō shēng huó zài qiǎn shuǐ qū
蝴蝶鱼大多生活在浅水区，
shì rì xíng xìng yú bái tiān mì shí yè wǎn zé wèi le
是日行性鱼，白天觅食，夜晚则为了
bǎo hù zì jǐ huì zài yì xiē bǐ jiào yǐn bì de chù suǒ
保护自己，会在一些比较隐蔽的处所

qī xī cǐ wài hú dié yú hái huì dǎo tuì zhe yóu yǒng
栖息。此外，蝴蝶鱼还会倒退着游泳，
dāng yù dào dí rén shí jiè zì jǐ de jiǎ yǎn lái mí
当遇到敌人时，借自己的“假眼”来迷
huò dí rén rǎo luàn shì tīng
惑敌人，扰乱视听。

知识拓展

蝴蝶鱼的体色十分艳丽，深受观赏鱼爱好者喜欢，属于小型鱼类。蝴蝶鱼多生活在热带与暖温带水域。

你知道刺豚鼓起来是怎么回事吗？

刺豚有时候会鼓起来，把自己变成圆球。那么究竟是什么原因使刺豚变成圆球的呢？原来，出于保护

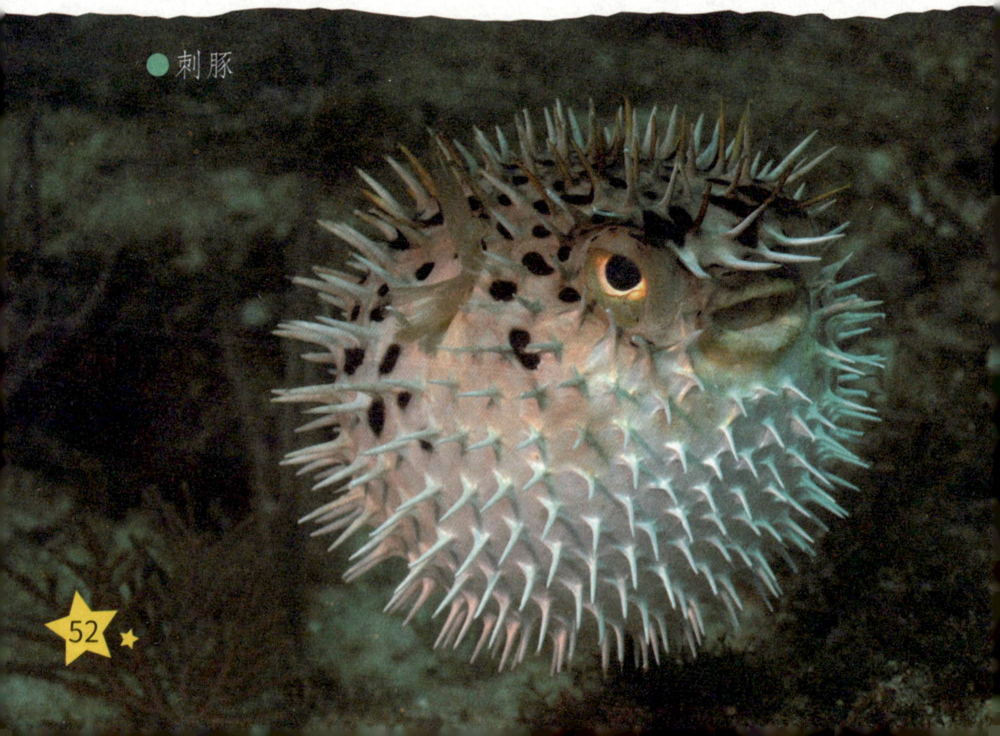

刺豚

zì jǐ de yì tú cì tún zài yù dào dí rén huò zhě wēi
自己的意图，刺豚在遇到敌人或者危
xiǎn zhuàng kuàng de shí hou huì xī rù kōng qì shǐ zì jǐ
险状况的时候，会吸入空气，使自己
gǔ qǐ lái fú chū shuǐ miàn cóng ér duǒ bì dí rén de
鼓起来，浮出水面，从而躲避敌人的
zhuī bǔ
追捕。

知识拓展

刺豚是一种海洋生物，在中国潮汕一带被称为刺怪，颜色多为棕色，腹部有一个气囊，外形特别像刺猬。

wèi shén me rè dài yú de
为什么热带鱼的
yán sè dōu hěn xiān liàng ne
颜色都很鲜亮呢？

rè dài dì qū de yú bù jǐn zhǒng lèi fán duō
热带地区的鱼不仅种类繁多，
ér qiě dà bù fen yán sè dōu hěn xiān liàng zhè xiē jǐn jǐn shì
而且大部分颜色都很鲜亮，这些仅仅是
yǔ rè dài dì qū de qì hòu xiāng guān ma bìng bú shì
与热带地区的气候相关吗？并不是。
rè dài dì qū de yú zhǒng lèi fēng fù dà yú chī xiǎo yú
热带地区的鱼种类丰富，大鱼吃小鱼，
yīn ér hěn duō yú lèi shēng cún zài yí gè bǐ jiào wēi xiǎn de
因而很多鱼类生存在一个比较危险的

环境中，它们为了躲避天敌的追捕，不得不寻找一些较为隐蔽的藏身之所，而热带地区的海底有很多鲜亮的珊瑚和海藻，于是它们的“肤色”也随环境而改变，变得十分鲜亮，从而能更好地躲避天敌对它们的捕杀。

知识拓展

热带鱼生活在热带地区，可以分为海水热带鱼和淡水热带鱼。热带鱼的种类最多，外形也最漂亮。

热带鱼

yú shì zěn me shuì jiào de
鱼是怎么睡觉的？

答：

wǒ men rén lèi shuì jiào de shí hou huì bì shàng yǎn jing dàn shì wǒ men hěn shǎo jiàn dào yú bì yǎn xiū xi nán dào yú bù xiū xi ma shí jì shang suǒ yǒu de shēng wù dōu shì xū yào xiū xi de dàn shì yú yóu yú méi yǒu yǎn jiǎn wú fǎ hé shàng yǎn jing yīn ér tā men shuì jiào de shí hou yǎn jing yě shì zhēng kāi de tā men xiū xi shí yì bān huì bǎo chí jìng zhǐ bú dòng

我们人类睡觉的时候会闭上眼睛，但是我们很少见到鱼闭眼休息，难道鱼不休息吗？实际上所有的生物都是需要休息的，但是鱼由于没有眼睑，无法合上眼睛，因而它们睡觉的时候眼睛也是睁开的，它们休息时一般会保持静止不动。

知识拓展

鱼是脊椎动物，脊椎动物都是需要通过睡眠来缓解肢体疲劳的。鱼睡觉时，虽然不闭眼睛，但是也可以缓解疲劳。

大块头哺乳类

海洋中不仅有鱼类，还有哺乳类海洋生物。那么，如何辨别这两类动物呢？鱼类动物用鳃呼吸，哺乳动物用肺呼吸。让我们一起来看一看这些大型的哺乳动物吧！

老师，鲸鱼究竟是不是鱼类？

鲸鱼虽然叫鱼，但它并不属于鱼类，而是属于哺乳动物。

老师，还有没有类似的情况？

那我们就一起来看一看吧！

hǎi tún yě shì rén lèi de hǎo péng yǒu ma
海豚也是人类的好朋友吗？

答：

hǎi bào hǎi tún duì yú wǒ men lái shuō bìng
海豹、海豚对于我们来说并

bú shì tè bié mò shēng dà duō shù de hǎi yáng guǎn zhōng dōu
不是特别陌生，大多数的海洋馆中都

kě yǐ kàn dào tā men de shēn yǐng tā men gěi wǒ men dài
可以看到它们的身影，它们给我们带

lái le hěn duō huān lè tóng shí yě ràng wǒ men duì hǎi yáng
来了很多欢乐，同时也让我们对海洋

海豚

shēng wù yǒu le jìn yí bù de liǎo jiě zài hǎi shang háng
生物有了进一步的了解。在海上航

xíng de rén yù dào hǎi yáng zhōng xiōng měng yú lèi de gōng jī
行的人遇到海洋中凶猛鱼类的攻击

shí hǎi tún shí cháng huì shēn chū yuán zhù zhī shǒu suǒ yǐ
时，海豚时常会伸出援助之手，所以，

hǎi tún shì wǒ men rén lèi de hǎo péng yǒu
海豚是我们人类的好朋友。

知识拓展

海豚生活在世界上的各个大洋，也有生活在内海和河流入海口的，属于哺乳类群居动物，以鱼类和乌贼为食物。

鲸鱼

jīng wèi shén me xǐ huan dāi zài běi bīng yáng
鲸为什么喜欢待在北冰洋？

答:
běi bīng yáng chǔ yú gāo wěi dù dì qū hǎi shuǐ wēn dù jiào dī rán ér hěn duō jīng xǐ huan dāi zài běi bīng yáng zhè jiū jìng shì wèi shén me ne yuán lái běi bīng yáng suī rán qì wēn dī què yǒu zhe fēng fù de yú lèi zī
北冰洋处于高纬度地区，海水温度较低，然而很多鲸喜欢待在北冰洋，这究竟是为什么呢？原来北冰洋虽然气温低，却有着丰富的鱼类资

yuán yīn cǐ jīng xǐ huan dāi zài běi bīng yáng dàn shì tā
源，因此鲸喜欢待在北冰洋。但是它
men bìng bú shì yì zhí zài běi bīng yáng dāi zhe tā men yě
们并不是一直在北冰洋待着，它们也
huì lí kāi běi bīng yáng yóu dào bǐ jiào wēn nuǎn de hǎi yù
会离开北冰洋，游到比较温暖的海域
chǎn zǐ
产子。

知识拓展

北冰洋又被称为北极海，是世界五大洋中最小的大洋，在地球的最北端，也是地球上唯一的白色海洋。

jīng jiū jìng yǒu duō dà ne

鲸究竟有多大呢？

答：

zhòng suǒ zhōu zhī jīng de gè tóur tè bié
众所周知，鲸的个头儿特别
dà jīng yòu yǒu gè zhǒng gè yàng de lèi bié qí zhōng lán
大。鲸又有各种各样的类别，其中蓝
jīng bèi rèn wéi shì rén lèi yǐ zhī de dì qiú shang xiàn cún
鲸被认为是人类已知的地球上现存
tǐ jī zuì dà de dòng wù jīng tǐ cháng yuē zhì
体积最大的动物。鲸体长约20至30
mǐ shēn hǎi zhōng zuì zhòng de jīng tǐ zhòng yuē duō
米，深海中最重的鲸体重约200多
dūn xiāng dāng yú liǎng sān qiān gè rén tǐ zhòng de zǒng hé
吨，相当于两三千个人体重的总和。

知识拓展

鲸是生活在水中的胎生哺乳动物，是世界上现存的体型最大的动物，对水的依赖程度特别大。

nǎ zhǒng shēng wù zài
哪种生物在
hǎi yáng zhōng qián shuǐ néng lì zuì qiáng
海洋中潜水能力最强？

mǒ xiāng jīng de qián shuǐ néng lì zài zhòng duō hǎi yáng shēng wù zhōng jí qí tū chū, yīn ér rén men chēng mǒ xiāng jīng wéi qián shuǐ guàn jūn。 nà me mǒ xiāng jīng jiū jìng néng

抹香鲸的潜水能力在众多海洋生物中极其突出，因而人们称抹香鲸为潜水冠军。那么抹香鲸究竟能

抹香鲸

在海洋中潜水多久呢？据调查，抹香鲸可以下潜到深海之中待一个小时以上。抹香鲸的潜水时间如此之长，与它的体型有着极其密切的关系。抹香鲸头大身小，更适宜长时间潜水。

知识拓展

抹香鲸有着动物界最重的大脑，足足有9千克之重，但是抹香鲸的大脑对于它本来庞大的体型来说并不算大。

海洋生物中，谁最凶残？

海洋中有着各种各样的生物，小到虾米，大到体型巨大的鲸，那么这么多生物中究竟哪种生物最凶残呢？与它们的体型有着直接联系吗？鲸是体型十分巨大的海洋生物，然而

虎鲸

tā bìng bú shì hǎi yáng zhōng zuì xiōng cán de hǎi yáng zhōng
它并不是海洋中最凶残的。海洋中

zuì xiōng cán de dòng wù shì hǔ jīng shí jì shàng suī rán
最凶残的动物是虎鲸。实际上，虽然

míng zi zhōng dài yǒu jīng zì dàn shì tā bìng bù shǔ
名字中带有“鲸”字，但是它并不属

yú jīng lèi hǔ jīng bù jǐn bǔ shí bǐ tā tǐ xíng xiǎo
于鲸类。虎鲸不仅捕食比它体型小

de dòng wù ér qiě gǎn yú bǔ shí bǐ tā gèng dà de dòng
的动物，而且敢于捕食比它更大的动

wù tā de xìng qíng shì shí fēn xiōng měng de
物，它的性情是十分凶猛的。

知识拓展

虎鲸是海豚科中体型最大的动物，虎鲸是一种群居动物，它们有着严密而复杂的社会交往行为，甚至可以通过声音交流信息。

其他海洋动物

海洋中除了鱼类、哺乳动物外，还有一些其他的海洋生物，那么这些生物有都有哪些特点呢？让我们一起来看看吧！

老师，海洋中除了鱼和哺乳动物，还有其他动物吗？

当然了，海洋中还有软体动物等。

我都迫不及待想要认识它们了！

那就让我们一起认识它们吧。

hǎi dǎn de wài xíng
海胆的外形
wèi tā tí gōng le nǎ xiē biàn lì
为它提供了哪些便利？

xiǎng bì dà jiā duì hǎi dǎn de wài xíng yìn xiàng hěn shēn kè ba
想必大家对海胆的外形印象很深刻吧！hǎi dǎn hún shēn dōu shì cì nà me zhè xiē cì dōu yǒu shén me zuò yòng ne
海胆浑身都是刺，那么这些刺都有什么作用呢？hǎi dǎn de cì bù jǐn kě yǐ yòng lái fáng yù dí rén bǎo hù zì jǐ ér qiě hái kě yǐ zuò wéi tā men màn màn qián xíng de gōng jù wèi tā men tí gōng qián xíng de dòng lì
海胆的刺不仅可以用来防御敌人，保护自己，而且还可以作为它们慢慢前行的工具，为它们提供前行的动力。

知识拓展

海胆的外表呈球状，属于无脊椎动物，多生活在海洋的浅水区，也有部分生活在深海里，分布十分广泛。

磷虾

lín xiā de shòu mìng
磷虾的寿命
yǔ hǎi shuǐ wēn dù yǒu guān ma
与海水温度有关吗？

lín xiā fēn bù yú shì jiè gè gè hǎi yù
磷虾分布于世界各个海域，
jù yán jiū shù jù dé chū jié lùn wèi yú qì wēn jiào dī
据研究数据得出结论，位于气温较低
de hǎi yù de lín xiā shòu mìng cháng wèi yú qì wēn jiào gāo
的海域的磷虾寿命长，位于气温较高

hǎi yù de lín xiā fǎn ér shòu mìng duǎn rè dài dì qū de
海域的磷虾反而寿命短，热带地区的

lín xiā píng jūn shòu mìng shì liǎng nián ér wèi yú nán jí dì
磷虾平均寿命是两年，而位于南极地

qū de lín xiā píng jūn shòu mìng zé kě yǐ dá dào liù nián zuǒ
区的磷虾平均寿命则可以达到六年左

yòu yīn cǐ lín xiā de shòu mìng cháng duǎn què shí yǔ hǎi
右。因此，磷虾的寿命长短确实与海

yù de wēn dù yǒu zhe hěn mì qiè de guān xì
域的温度有着很密切的关系。

知识拓展

磷虾是许多鱼类的饵料，也是渔业的主要捕捞对象，磷虾的营养丰富，可以增强人类的免疫力，改善皮肤状况。

问：

yē zi xiè zhǐ chī yē zi ma

椰子蟹只吃椰子吗？

答：

yē zi xiè yīn wèi cháng cháng pá dào yē zi shù shang bìng qiě néng gòu jiǎn xià yē zi yǐ yē zi wéi shí ér wéi rén suǒ zhī nà me yē zi xiè zhēn de zhǐ chī yē zi ma dá àn bìng fēi rú cǐ yē zi xiè bù jǐn chī yē ròu hái huì chī shí lì jiào ruò de tóng lèi yǐ jí fǔ làn de shī tǐ suǒ yǐ yē zi xiè yě kě yǐ suàn shì zá shí xìng dòng wù le

椰子蟹因为常常爬到椰子树上，并且能够剪下椰子，以椰子为食而为人所知。那么椰子蟹真的只吃椰子吗？答案并非如此，椰子蟹不仅吃椰肉，还会吃实力较弱的同类以及腐烂的尸体，所以椰子蟹也可以算是杂食性动物了。

知识拓展

椰子蟹的外壳坚硬，善于爬树，可以爬到树顶。椰子蟹生活在热带地区，体型偏大，重的可以达到6千克。

海龟也会流泪吗？

答：我们会流泪，也可以轻易看出来其他人究竟有没有流泪，那么海龟也会流泪吗？或许大家也曾经看过在岸边或者沙滩上流泪的海龟吧！那

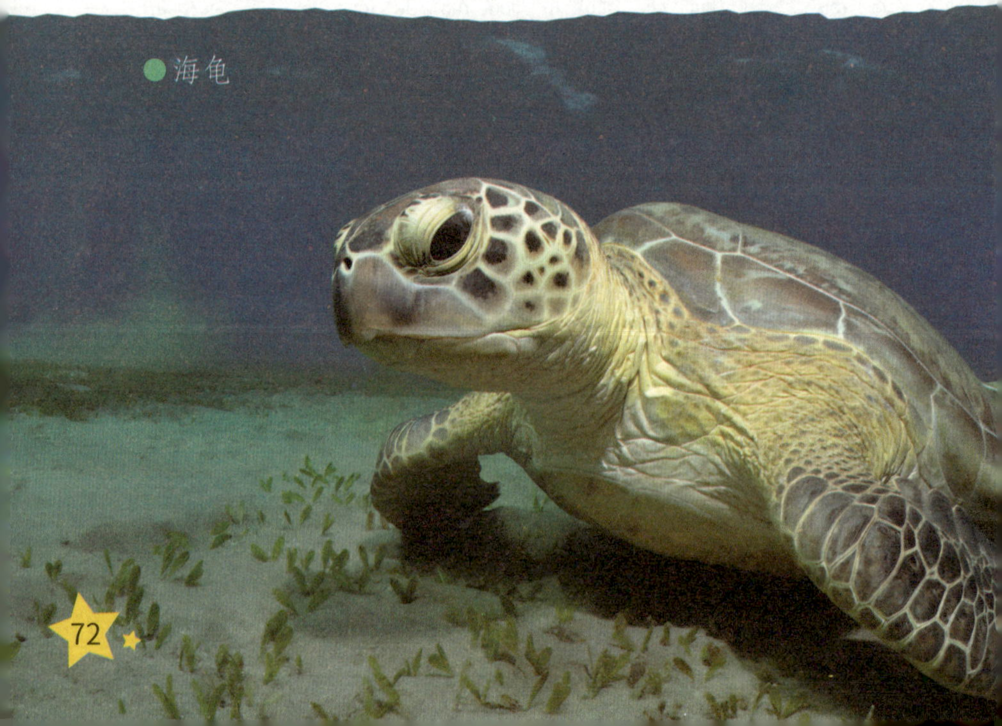

海龟

me hǎi guī wèi shén me huì liú lèi ne tā men shì fǒu yě
么海龟为什么会流泪呢？它们是否也
xiàng rén lèi yí yàng shì yīn wèi bēi shāng huò zhě gǎn dòng ér
像人类一样是因为悲伤或者感动而
liú lèi
流泪？

shí jì shang hǎi guī liú lèi shì yì zhǒng shēng lǐ xíng
实际上，海龟流泪是一种生理行
wéi tā men liú lèi shì wèi le pái chū tǐ nèi duō yú de
为，它们流泪是为了排出体内多余的
yán fèn ér qiě tā men zài hǎi yáng zhōng yě huì liú lèi
盐分。而且它们在海洋中也会流泪，
zhǐ bú guò wǒ men bìng bú shì hěn róng yì jiàn dào zài hǎi dǐ
只不过我们并不是很容易见到在海底
liú lèi de tā men
流泪的它们。

知识拓展

海龟在地球上已经存在了两亿多年了，被称为“活化石”，海龟的寿命也比较长，一直以来被人类视为长寿的象征。

海参失去内脏还可以存活吗？

答：海参在遇到危险的时候会喷射出自己的内脏，以此来迷惑敌人，让敌人感到不知所措。这只是它们迷惑

海参

dí rén de yì zhǒng fāng fǎ tā men zài pēn shè chū nèi zàng
敌人的一种方法，它们在喷射出内脏
hòu hái kě yǐ zài zhǎng chū xīn de nèi zàng yù dào jǐn jí
后还可以再长出新的内脏。遇到紧急
qíng kuàng shí hǎi shēn pēn shè nèi zàng jǐn jǐn shì chū yú zì
情况时，海参喷射内脏仅仅是出于自
wǒ bǎo hù de mù dì shì wèi le yǐn yòu tiān dí bìng chèn
我保护的目的，是为了引诱天敌并趁
jī táo lí
机逃离。

知识拓展

海参分布范围很广，但是对水域环境要求很严格，海参是狭盐性动物，在低盐度海水中很少见，在被污染的海水中，也很少见到海参。

墨鱼是怎么喷出墨汁的呢？

大家可能听说过墨鱼，也知道墨鱼可以喷出黑色的汁液，那么它是怎么喷出黑色的汁液的呢？

墨鱼

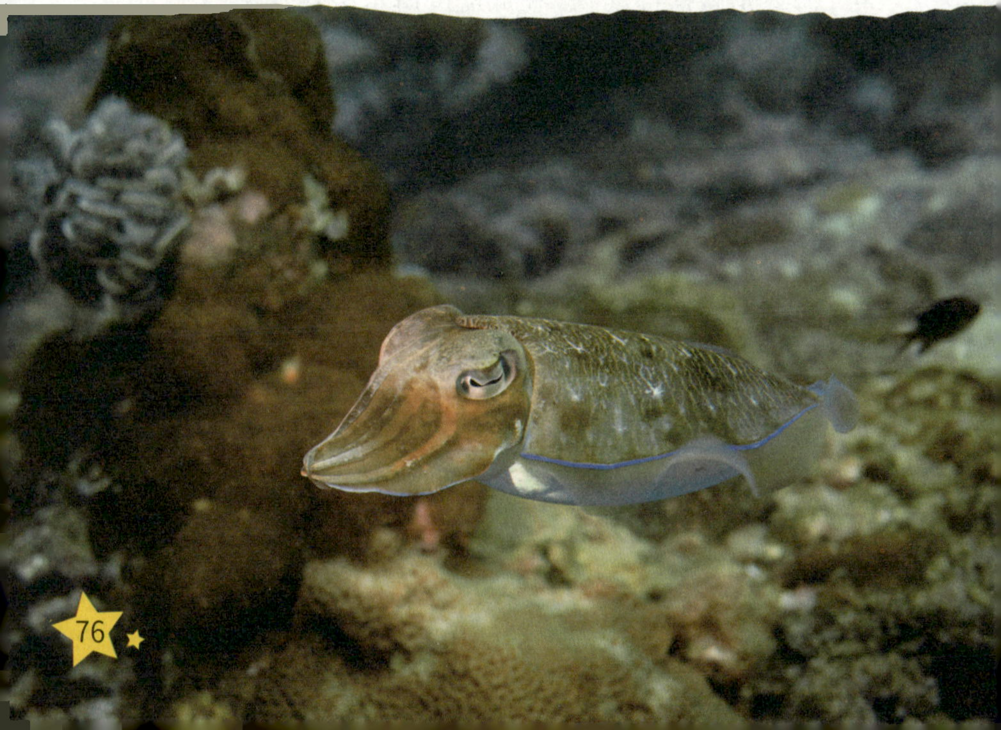

墨鱼体内有一个墨囊，只有在受到敌人攻击时，墨鱼才会喷出它体内的墨汁，借此来迷惑敌人，干扰敌人的视线。此外，墨鱼喷出的墨汁还含有毒素，可以麻痹敌人，让自己逃脱敌人的追捕。

知识拓展

墨鱼的蛋白质含量很高，不仅有营养价值，还有药用价值。我国沿海地区随处可见墨鱼，其中舟山群岛的产量最高。

shuǐ mǔ shì zěn me yǎo rén de

水母是怎么咬人的？

答：

rén zài bèi shuǐ mǔ yǎo le zhī hòu huì gǎn dào shí fēn téng tòng shuǐ mǔ qí shí bìng méi yǒu yá chǐ nà me tā men kào shén me lái yǎo rén ne

人在被水母咬了之后，会感到十分疼痛，水母其实并没有牙齿，那么它们靠什么来咬人呢？

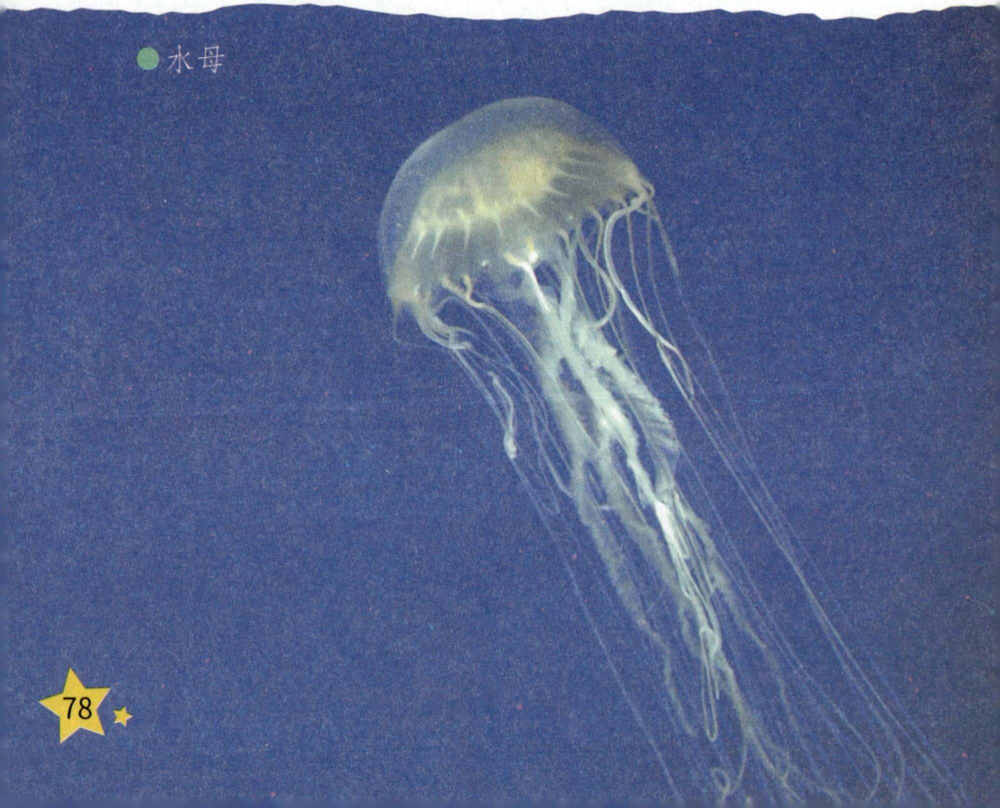

水母

shuǐ mǔ de sǎn gài biān yuán yǒu hěn duō cì xì bāo zài shuǐ mǔ yù dào wēi xiǎn shí tā men huì jiāng zhè xiē cì tán chū lái gōng jī qīn xí tā men de dí rén tóng shí jiāng zì jǐ tǐ nèi de dú yè shì fàng dào dí rén tǐ nèi suǒ yǐ shuǐ mǔ suī rán méi yǒu yá chǐ què yī rán yōng yǒu hěn qiáng de gōng jī lì

水母的伞盖边缘有很多刺细胞，在水母遇到危险时，它们会将这些刺弹出来，攻击侵袭它们的敌人，同时将自己体内的毒液释放到敌人体内，所以水母虽然没有牙齿，却依然拥有很强的攻击力。

知识拓展

从外表看，水母特别像一把透明的伞，是一种特别漂亮的海洋生物。水母多生活在热带和温带海域的浅水区。

yóu yú shì yú lèi ma
鱿鱼是鱼类吗？

答：

yóu yú bìng fēi yú lèi yú shì zhǐ zài shuǐ
鱿鱼并非鱼类。鱼是指在水
zhōng yī kào sāi lái hū xī bìng qiě yòng qí lái yóu yǒng
中依靠鳃来呼吸，并且用鳍来游泳
de jǐ zhuī dòng wù yóu yú suī rán shēng huó zài shuǐ zhōng
的脊椎动物。鱿鱼虽然生活在水中，
dàn shì yóu yú méi yǒu yú qí hé sāi yě méi yǒu wán zhěng
但是鱿鱼没有鱼鳍和鳃，也没有完整
de jǐ zhuī yīn ér wǒ men bù néng shuō yóu yú shǔ yú
的脊椎。因而，我们不能说鱿鱼属于
yú lèi
鱼类。

知识拓展

鱿鱼也叫柔鱼，是软体动物，皮肤表层有淡褐色的斑，身体呈圆锥形，头偏大。多生活在浅海，以沙丁鱼、磷虾、小公鱼等生物为食物。

海鸟与植物

海洋范围内，不仅有海中游泳的鱼、哺乳动物，还有各种各样的植物，以及海洋上空的鸟类。让我们一起来看一看海洋上空的鸟儿以及海中的植物吧！

老师，海洋上空都有哪些鸟儿呢？

海洋上空有很多鸟，常见的就是海鸥。

老师，你听说过军舰鸟吗？

当然了，等一下我们也会详细了解一下军舰鸟。

wèi shén me háng hǎi yuán
为什么航海员
dà dōu xǐ huan hǎi ōu ne
大都喜欢海鸥呢？

hǎi ōu shì qún jū dòng wù tā men shí cháng
海鸥是群居动物，它们时常
chéng qún fēi xíng yǒu shí jù jí zài hǎi biān yǒu shí jù
成群飞行，有时聚集在海边，有时聚

海鸥

集在暗礁周围。对于海上航行的人们来说，暗礁容易造成航行事故，还会使船只损坏，无法航行。而海鸥聚集的地方通常是礁石所在之地，航海员也能凭借这一点来躲避暗礁。

知识拓展

海鸥是十分常见的海鸟，喜欢成群地在海上飞翔。海鸥还可以预报天气状况，当未来天气将好的时候，它们在海面飞翔；当未来天气不好时，它们则聚集在沙滩上。

hǎi yàn zhōng shuí de wài xíng zuì měi
海燕中，谁的外形最美？

答：

hǎi yàn de shēn xíng zǒng tǐ piān xiǎo, tā men
海燕的身形总体偏小，它们
de dà xiǎo yǔ jiā qiǎor chā bù liǎo duō shao. zài hǎi yàn
的大小与家雀儿差不了多少。在海燕
jiā zú zhōng, xuě hǎi yàn zuì piào liang, xuě hǎi yàn de wài xíng
家族中，雪海燕最漂亮，雪海燕的外形
hěn xiàng gē zi, xuě bái xuě bái de, jí qí rě rén xǐ
很像鸽子，雪白雪白的，极其惹人喜
ài. tā men qī jū zài nán jí, xuě bái de yǔ máo zài
爱。它们栖居在南极，雪白的羽毛在
nán jí dì qū bìng bù róng yì fēn biàn, zhè shǐ de tā men
南极地区并不容易分辨，这使得它们
néng gèng hǎo de duǒ bì tiān dí.
能更好地躲避天敌。

知识拓展

海燕的体色为暗黑色，腰间为白色。海燕个头比较小，却是优秀的海上飞行家，分布在各个大洋。

问：

hǎi ōu wèi hé huì yǔ lún chuán xiāng suí

海鸥为何会与轮船相随？

答：

hǎi shàng háng xíng de rén yīng gāi huì jué de hǎi ōu bú mò shēng, qiě shí fēn cháng jiàn. lún chuán zài háng xíng shí huì chǎn shēng shàng shēng qì liú, duì yú hǎi ōu lái shuō, zhè gǔ shàng shēng qì liú kě yǐ shǐ tā men háo bú fèi lì

海上航行的人应该会觉得海鸥不陌生，且十分常见。轮船在航行时会产生上升气流，对于海鸥来说，这股上升气流可以使它们毫不费力

● 海鸥和轮船相随

de fēi xiáng tóng shí chuán zhī zài háng xíng guò chéng zhōng yě
地飞翔。同时，船只在航行过程中也
huì zài hǎi miàn fān qǐ làng huā bǎ hǎi yáng zhōng de yì xiē
会在海面翻起浪花，把海洋中的一些
wēi xiǎo de shēng wù xié dài dào hǎi yáng biǎo céng zhè yě wèi
微小的生物携带到海洋表层，这也为
hǎi ōu tí gōng le fēng fù de shí wù yīn cǐ hǎi ōu zǒng
海鸥提供了丰富的食物，因此海鸥总
xǐ huan yǔ chuán zhī xiāng suí
喜欢与船只相随。

知识拓展

海鸥对于航海员来说，象征着安全，看到海鸥就意味着安全抵岸了，所以海鸥是吉祥的象征，为航海员所喜爱。

海草都有哪些用途呢?

答:海草多生长在温带和热带地区的海水之中。作为一种海洋植物,海草可以改善它们周围的海洋环境。从组成成分来说,海草含有碘、氯化钾与溴等元素,这些元素和物质可以提取出来作为工业原料。此外,海草还可以用来保温和隔绝噪声。

知识拓展

海草是被子植物,多生长在温带、热带的沿岸浅水中,具有利水泄热的功效,可以用来治水肿和脚气。

军舰鸟是如何捕食的？

答：大多数生物都是靠自身的优势来捕猎食物，然而军舰鸟不直接获取食物，而是从其他鸟类那里夺取食物。军舰鸟在空中可以翻转盘旋，它

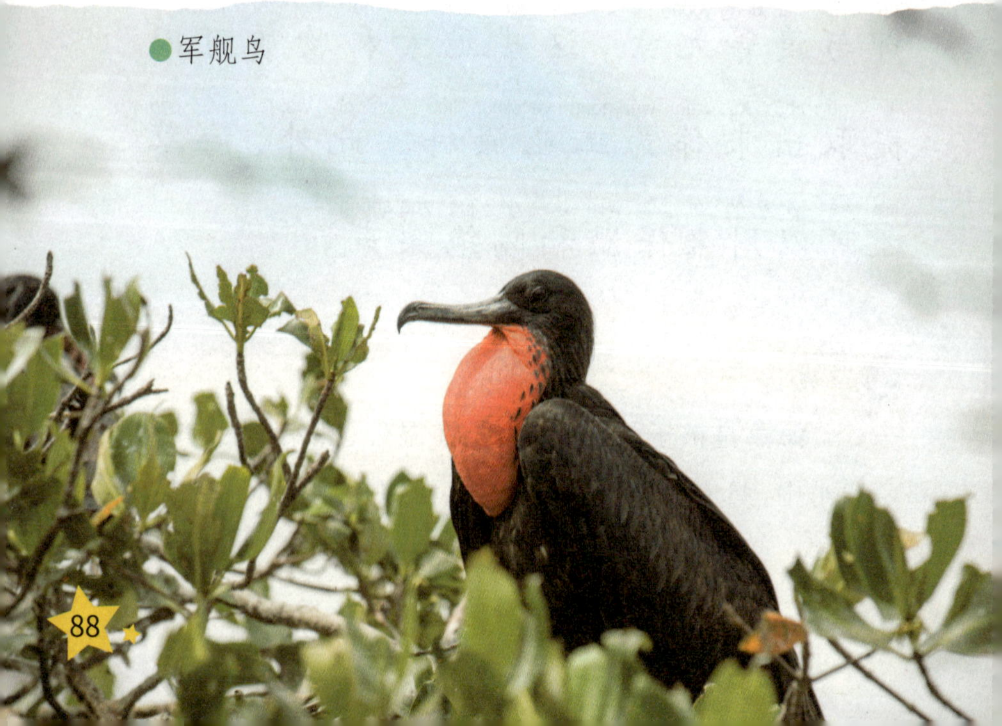

●军舰鸟

men lì yòng zhè shēn jué jì lái kǒng hè lè suǒ qí tā niǎo
们利用这身绝技来恐吓、勒索其他鸟
lèi cóng tā men kǒu zhōng duó qǔ shí wù yīn ér jūn jiàn
类，从它们口中夺取食物。因而军舰
niǎo bǔ shí de zhǔ yào fāng fǎ shì kǒng hè qí tā niǎo lèi
鸟捕食的主要方法是恐吓其他鸟类。

知识拓展

军舰鸟是一种生活在热带地区的海鸟，体型特别大，身上的羽毛多呈黑色，雄性军舰鸟还有一个红色的喉囊，而雌性军舰鸟喉囊多为灰白色。

椰子是如何繁殖的？

答：椰子长在海岸地带，其中有一些椰子成熟后就会自动掉

luò zài shā tān shang yǒu shí zhè xiē yē zi suí zhe hǎi làng
落在沙滩上，有时这些椰子随着海浪

piāo liú dào dà yáng de bǐ àn diào luò de yē zi biàn chéng
漂流到大洋的彼岸，掉落的椰子便成

le zhǒng zi zhā gēn zài dà yáng bǐ àn jiù zhè yàng yē
了种子，扎根在大洋彼岸，就这样椰

zi bú duàn fán zhí hěn duō dī wěi dù dì dài de hǎi yáng
子不断繁殖，很多低纬度地带的海洋

yán àn dōu zhǎng zhe yē zi shù
沿岸都长着椰子树。

知识拓展

椰子生长在热带地区，喜欢阳光，在高温多雨的环境下生长状况良好。当平均温度低于15摄氏度时，椰子的长势就会受到很大的影响。

hǎi yáng zhí wù huì fā guāng ma

海洋植物会发光吗？

答:

zài yīn àn yōu shēn de hǎi dǐ, yǒu yì xiē dòng wù zì shēn kě yǐ fā guāng. dāng rán, zhí wù yě bù gān shì ruò, zhè xiē néng gòu fā guāng de zhí wù duō shì zǎo lèi, tā men tǐ nèi jī lěi le dà liàng de yíng guāng méi, kě yǐ zhuǎn huà wéi yíng guāng. dāng hǎi zǎo jù jí zài yì qǐ shí jiù kě yǐ fā chū míng liàng de guāng.

在阴暗幽深的海底，有一些动物自身可以发光。当然，植物也不甘示弱，这些能够发光的植物多是藻类，它们体内积累了大量的荧光酶，可以转化为荧光。当海藻聚集在一起时就可以发出明亮的光。

知识拓展

海洋植物指的是海洋当中利用叶绿素进行光合作用的植物。海洋里的植物以藻类为主，海藻的大小不一，数量庞大。

十万个你问我答

第一辑

奇趣自然

李梦雨◎编

SPM 南方传媒 广东人民出版社
·广州·

图书在版编目（CIP）数据

十万个你问我答. 第一辑. 奇趣自然 / 李梦雨编. — 广州：广东人民出版社，2024.1
ISBN 978-7-218-16785-5

Ⅰ. ①十… Ⅱ. ①李… Ⅲ. ①科学知识—儿童读物②自然科学—儿童读物 Ⅳ. ① Z228.1 ② N49

中国国家版本馆 CIP 数据核字（2023）第 148382 号

SHI WAN GE NIWENWODA · DI-YI JI · QIQU ZIRAN
十万个你问我答 · 第一辑 · 奇趣自然

李梦雨 编

出 版 人：肖风华

责任编辑：吴瑶瑶
责任技编：吴彦斌

出版发行：广东人民出版社
地 址：广州市越秀区大沙头四马路 10 号（邮政编码：510199）
电 话：（020）85716809（总编室）
传 真：（020）83289585
网 址：http://www.gdpph.com
印 刷：三河市祥达印刷包装有限公司
开 本：880 毫米 ×1230 毫米 1/32
总 印 张：24 总 字 数：400 千
版 次：2024 年 1 月第 1 版
印 次：2024 年 1 月第 1 次印刷
定 价：120.00 元（全八册）

目录 MULU

浩瀚的宇宙

对于人类来说，我们所生活的地球是巨大的；但是对于广袤无垠的宇宙来说，地球又是极其渺小的，它不过是浩瀚宇宙中的沧海一粟。广阔的宇宙中蕴藏着无穷的奥秘，学习和探索这些奥秘给我们的生活带来了无穷的乐趣。

老师，宇宙是广袤无垠的吗？

是的，对于我们人类来说，宇宙是广袤无垠的，它比我们见到的沙漠、海洋、天空都要大，比我们生存的地球也要大，比整个太阳系都大。

宇宙这么大，那宇宙中是不是有很多神奇而有趣的秘密呢？

是的，宇宙中有无穷无尽的有趣的秘密，现在让我们一起探索宇宙的秘密吧！

宇宙为什么是黑暗的？

答：宇宙中包含着星云、恒星、行星等各种各样的天体，这些天体中只有恒星能够发光，而其余的天体如行星、卫星都是不会发光的，它们只能够反射恒星发射出来的光芒。在所有发光的恒星中，距离地球最近的

宇宙行星

是太阳，太阳的光芒能够照射到地球上，为地球带来光和热。但是，宇宙中的其他恒星因为距离地球过于遥远，它们发出的光芒在穿过星云、星团、星系时会被遮挡，最终照射到地球上的只有一小部分，这也就是我们夜晚看到的星星。所以从地球看向宇宙，就会看到宇宙是黑暗的。

知识拓展

德国天文学家奥伯斯在1823年提出，黑暗的夜晚证明了宇宙是非稳恒态的，这就是著名的奥伯斯佯谬。

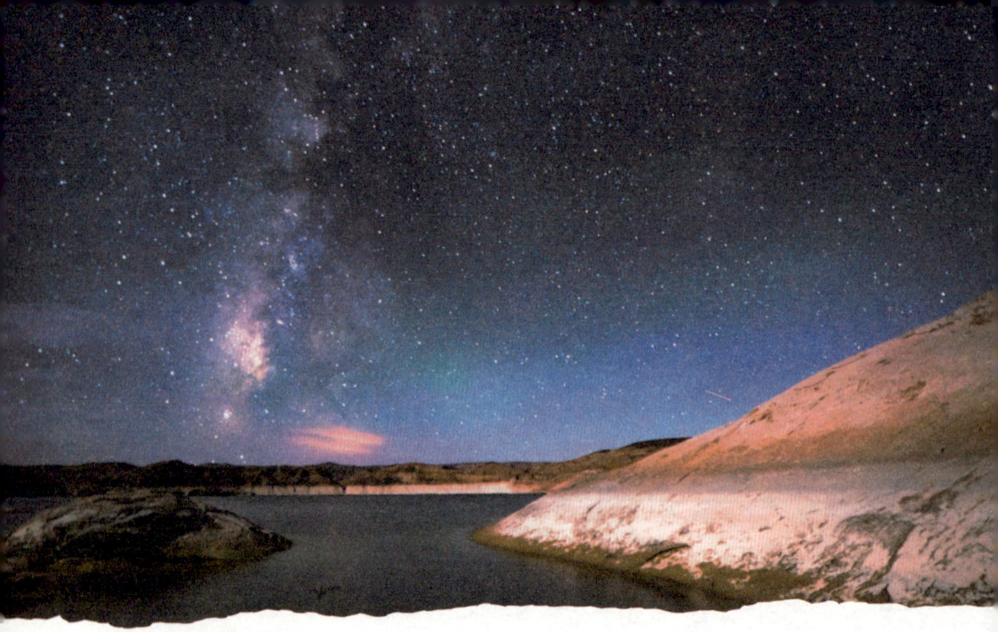

白天消失的星星是在睡觉吗?

不是的,星星和地球上的人和动物是不一样的,它们是不用睡觉休息的。事实上,恒星一直都在发光发亮,从来没有停止过,但是在白天的时候,我们看不到这些星星,这是因为

tài yáng de guāng máng tài liàng zài zhè zhǒng liàng guāng de yìng
太阳的光芒太亮，在这种亮光的映
chèn xià xīng xing de guāng máng jiù kàn bú jiàn le jiù hǎo
衬下，星星的光芒就看不见了。就好
xiàng wǒ men qù diàn yǐng yuàn kàn diàn yǐng shí fàng yìng yuán shū
像我们去电影院看电影时，放映员叔
shu dōu huì bǎ fàng yìng tīng de dēng quán bù guān diào zhè yàng
叔都会把放映厅的灯全部关掉，这样
wǒ men cái néng kàn qīng chǔ píng mù shang de huà miàn rú guǒ
我们才能看清楚屏幕上的画面。如果
nǐ xì xīn guān chá jiù huì fā xiàn dāng diàn yǐng jié shù shí
你细心观察就会发现，当电影结束时，
yǐng tīng de dēng guāng quán bù bèi dǎ kāi hòu diàn yǐng píng mù
影厅的灯光全部被打开后，电影屏幕
shang de huà miàn jiù huì dàn de duō
上的画面就会“淡”得多。

知识拓展

我们在晚上的时候看到月亮比星星大，是因为月亮距离我们比星星近得多，事实上，月亮要比我们看到的星星小得多。

北极星为什么能够为我们指明方向？

北极星是位于小熊星座的一颗恒星，它距离地球大约400光年，它的亮度是二等星，比多数星星要更加明亮一点。和其他星星不同的是，北极星基本上是正对着地球地轴轴心的，它的位置几乎恒定不动，对于北半球的人来说，他们一年四季看到的北极星都是一动不动地待在北极上空的。所以当我们黑夜在野外迷失方

北极星

xiàng shí jiù kě yǐ tōng guò guān chá běi jí xīng de wèi zhì
向时，就可以通过观察北极星的位置

lái què dìng běi fāng
来确定北方。

知识拓展

北极星是一颗恒星，它的直径约为5200万千米，是太阳直径的37倍，它的质量约为太阳质量的4倍。

tài yáng xì li de tiān tǐ

太阳系里的天体

jiū jìng yǒu duō shao gè

究竟有多少个？

答：

tài yáng xì nèi de tiān tǐ bāo kuò héng xīng
太阳系内的天体包括恒星、
xíng xīng wèi xīng huì xīng xīng jì chén āi děng tài yáng
行星、卫星、彗星、星际尘埃等。太阳
shì tài yáng xì nèi de wéi yī héng xīng tā de zhì liàng yuē
是太阳系内的唯一恒星，它的质量约
zhàn zhěng gè tài yáng xì de tài yáng xì nèi
占整个太阳系的99.86%。太阳系内
yǒu bā dà xíng xīng tā men fēn bié shì shuǐ xīng jīn xīng
有八大行星，它们分别是水星、金星、
dì qiú huǒ xīng mù xīng tǔ xīng tiān wáng xīng hé hǎi
地球、火星、木星、土星、天王星和海
wáng xīng bā dà xíng xīng zhōng yǒu kē xíng xīng yǒu zì jǐ
王星。八大行星中有6颗行星有自己
de wèi xīng dì qiú de wéi yī yì kē tiān rán wèi xīng shì
的卫星，地球的唯一一颗天然卫星是
yuè qiú chú cǐ zhī wài tài yáng xì nèi hái yǒu xǔ duō
月球。除此之外，太阳系内还有许多

xiǎo tiān tǐ rú wèi yú huǒ xīng hé mù xīng zhī jiān de xiǎo
小天体，如位于火星和木星之间的小
xíng xīng dài tài yáng yǐ jí zài bā dà xíng xīng zhōng jù lí tài
行星带太阳以及在八大行星中距离太
yáng zuì yuǎn de hǎi wáng xīng yǐ wài hái yǒu ǎi xíng xīng huì
阳最远的海王星以外还有矮行星。彗
xīng hé xīng jì chén āi děng
星和星际尘埃等。

太阳系

知识拓展

有科学家推算，太阳的寿命约为100亿年，太阳目前已经46亿岁了，太阳现在正处于壮年时期。

2017年日全食

rì shí shì zěn me xíng chéng de
日食是怎么形成的？

答：

rì shí shì yì zhǒng tiān wén xiàn xiàng bái tiān
日食是一种天文现象，白天

rì shí fā shēng shí tài yáng bèi yuè qiú zhē dǎng zhù wǒ
日食发生时，太阳被月球遮挡住，我

men kàn bú dào tài yáng wǒ men dōu zhī dào dì qiú rào
们看不到太阳。我们都知道，地球绕

tài yáng xuán zhuǎn ér yuè qiú zài rào zháo dì qiú xuán zhuǎn
太阳旋转，而月球在绕着地球旋转。

dàng yuè qiú yùn dòng dào dì qiú hé tài yáng de zhōng jiān tài
当月球运动到地球和太阳的中间，太

yáng dì qiú yuè qiú de wèi zhì yòu qià hǎo chǔ yú tóng
阳、地球、月球的位置又恰好处于同

yì tiáo zhí xiàn shang shí yuè qiú jiù huì zhē dǎng zhù tài yáng
一条直线上时，月球就会遮挡住太阳

zhào xiàng dì qiú de guāng máng zhè jiù shì rì shí xiàn xiàng fā
照向地球的光芒，这就是日食现象发
shēng de yuán yīn àn zhào yuè qiú zhē dǎng tài yáng de jù tǐ
生的原因。按照月球遮挡太阳的具体
qíng kuàng wǒ men bǎ rì shí fēn wéi rì quán shí rì piān
情况，我们把日食分为日全食、日偏
shí hé rì huán shí
食和日环食。

知识拓展

日食只会发生在农历初一，日食持续的时间一般也就几分钟。

wèi shén me liú xīng zhuǎn shùn jí shì
为什么流星转瞬即逝?

zài tài yáng xì nèi, huǒ xīng hé mù xīng zhī
在太阳系内，火星和木星之

jiān cún zài yí gè xiǎo xíng xīng dài, qí zhōng yǒu wú shù de
间存在一个小行星带，其中有无数的

xiǎo tiān tǐ chú cǐ zhī wài tài yáng xì nèi sàn bù zhe wú
小天体，除此之外，太阳系内散布着无
shù de huī chén kē lì hé gù tǐ kuài kē xué jiā jiāng zhè
数的灰尘颗粒和固体块，科学家将这
xiē xiǎo de tiān tǐ tǒng chēng wéi liú xīng tǐ běn lái zhè xiē
些小的天体统称为流星体，本来这些
liú xīng tǐ dōu àn zhào yuán yǒu de guǐ dào jìn xíng yùn dòng
流星体都按照原有的轨道进行运动，
dàn shì yǒu shí hou yǒu xiē liú xīng tǐ shòu dào dì qiú cí
但是，有时候有些流星体受到地球磁

流星

场和地球引力的作用，会偏离原有轨道，进入地球。它们进入地球时，首先要突破地球大气层，这时候就会与地球大气产生摩擦，发生燃烧，这就成了我们看到的流星。流星体在大气层内的燃烧速度特别快，同时它们的移动速度也是极快的，流星体在大气中的移动速度能够达到每秒10千米，所以流星看起来都是转瞬即逝的。

知识拓展

大部分流星体在大气层内会燃烧完毕，少部分没有燃烧完的流星体落到地面上就成了陨石。

wèi shén me wǎn shang zǒu lù shí yǒu yuè liang
为什么晚上走路时有月亮
gēn zhe wǒ men zǒu de gǎn jué
跟着我们走的感觉?

zhè shì xiāng duì yùn dòng dài gěi wǒ men de cuò
这是相对运动带给我们的错
jué yuè liang shì dì qiú de wéi yī yì kē tiān rán wèi
觉。月亮是地球的唯一一颗天然卫
xīng duì yú wǒ men lái shuō tā shì yì kē jù dà de tiān
星,对于我们来说,它是一颗巨大的天

海上的月亮

tǐ wǎn shang de shí hou yuè liang guà zài tiān kōng zhōng
体。晚上的时候，月亮挂在天空中，
méi yǒu shén me dōng xi kě yǐ zhē zhù tā de guāng huī zhè
没有什么东西可以遮住它的光辉，这
ge shí hou wǒ men xiàng qián xíng zǒu de yí duàn jù lí duì
个时候，我们向前行走的一段距离对
yú yuè liang ér yán jī běn shang shì kě yǐ hū lüè bú jì
于月亮而言，基本上是可以忽略不计
de kě yǐ shuō wǒ men yì zhí dōu zài yuè liang de zhù
的，可以说我们一直都在月亮的“注
shì fàn wéi nèi xiāng dāng yú méi yǒu yí dòng suǒ yǐ
视”范围内，相当于没有移动。所以
wǒ men jiù huì jué de yuè liang hǎo xiàng yì zhí zài gēn zhe
我们就会觉得月亮好像一直在跟着
wǒ men
我们。

知识拓展

月球本身是不会发光的天体，我们晚上能看到明亮的月亮，那是因为月球反射了太阳的光芒。

地球常识

我们生活在地球上，每天看到日出日落，感受春夏秋冬，四季轮转；从小小的细菌到庞大的蓝鲸，从清澈的溪流到蔚蓝的大海，地球蕴含着无穷的奥秘。

老师，地球是一个神奇的星球吗？

是的，地球是一个伟大而神奇的星球，和宇宙中其他的星球相比，地球最为特殊的地方就是孕育出了神奇的生命。

那地球上一定有无数神奇的秘密吧？

当然了，在我们生活的地球上还有很多秘密等着我们去探索呢。

huà shí shì zěn yàng xíng chéng de

化石是怎样形成的？

答：

huà shí shì shēng huó zài gǔ dì zhì shí dài de
化石是生活在古地质时代的
shēng wù de yí tǐ huò yí jì tā men tōng cháng yǐ shí
生物的遗体或遗迹，它们通常以石
tou de xíng shì chū xiàn zài dì xià huà shí de xíng chéng
头的形式出现在地下。化石的形成
guò chéng zhǔ yào yǒu liǎng lèi dì yī lèi shì shēng wù sǐ
过程主要有两类：第一类是生物死
wáng hòu tā men shēn shang de yǒu jī wù rú dòng wù de
亡后，它们身上的有机物（如动物的
pí máo ròu zhí wù de yè zi děng bèi fǔ shí hé
皮、毛、肉，植物的叶子等）被腐蚀和

鳄鱼化石

风化，而身体中坚硬的部分（如动物的外壳、骨骼，植物的叶脉等）保留下来，并被风沙掩埋，从而形成化石；第二类是古代生物留下的痕迹（如动物的足迹）被石化形成化石。化石的形成需要上千万年的时间，我们通过对化石的研究，可以推测出上千万年前动物、植物的生存景象，还可以推测出特殊区域的地质建造分布和地壳运动的情况。

知识拓展

截至目前，最大的化石是2014年在阿根廷发现的雷龙化石，它的骨骼重量达77吨。

zhū mù lǎng mǎ fēng shàng fāng
珠穆朗玛峰上方
wèi shén me huì yǒu qí yún
为什么会有旗云？

qí yún shì chū xiàn zài zhū mù lǎng mǎ fēng shàng
旗云是出现在珠穆朗玛峰上
fāng de yì zhǒng qí guān， biǎo xiàn wéi zài zhū mù lǎng mǎ fēng
方的一种奇观，表现为在珠穆朗玛峰

de shān dǐng yǒu hòu hòu de jī yún zhè xiē jī yún suí zhe
的山顶有厚厚的积云，这些积云随着
shān dǐng shang de qiáng fēng lái huí bǎi dòng jiù xiàng yí miàn qí
山顶上的强风来回摆动，就像一面旗
zi guà zài xuě shān zhī diān qí yún shì yì zhǒng duì liú xìng
子挂在雪山之巅。旗云是一种对流性
jī yún qí yún zhī suǒ yǐ néng xíng chéng zhǔ yào shì yīn
积云，旗云之所以能形成，主要是因
wèi zhū mù lǎng mǎ fēng de dú tè gòu zào zhū mù lǎng mǎ
为珠穆朗玛峰的独特构造。珠穆朗玛
fēng hǎi bá mǐ zhì mǐ de shān pō shang bù
峰海拔5500米至7000米的山坡上布

珠穆朗玛峰

满了积雪，其温度也较低；在7000米以上的地方，因为珠峰地势陡峭，反倒没有积雪，山坡上遍布着碎石。白天，碎石吸收太阳光后迅速升温，使附近的空气也变热，而热空气是会不断上升的，当热空气上升到珠峰山顶之后，又会迅速冷却，形成云雾，这个时候不同方向的风吹过来，云雾会在山顶来回飘摇，形成旗云。

知识拓展

中国地理学家徐近之最早提出旗云这一概念，他在20世纪50年代探索珠穆朗玛峰时，观测到旗云并正式提出。

dà lǐ shí shang wèi shén me
大理石上为什么
huì yǒu měi lì de huā wén
会有美丽的花纹？

答:

dà lǐ shí shì yì zhǒng biàn zhì yán tā shì
大理石是一种变质岩，它是
dì qiào zhōng yuán yǒu de chén jī yán zài gāo wēn gāo yā zuò yòng
地壳中原有的沉积岩在高温高压作用
xià xíng chéng de yán shí zài zhè ge guò chéng zhōng chén jī
下形成的岩石，在这个过程中，沉积
yán zhōng de zá zhì biàn zhì xíng chéng le gè zhǒng gè yàng de
岩中的杂质变质形成了各种各样的
huā wén chén jī yán de zhǔ yào chéng fèn shì tàn suān gài
花纹。沉积岩的主要成分是碳酸钙，
qí zhōng hái bāo hán zhe shǎo liàng de qí tā zá zhì bǐ rú
其中还包含着少量的其他杂质，比如
měi tiě ní zhì děng zhè xiē zá zhì zài chén jī yán zhōng
镁、铁、泥质等，这些杂质在沉积岩中
yīn wèi hán liàng shǎo ér xiǎn xiàn bù chū lái dàn shì tā men
因为含量少而显现不出来，但是，它们
zài dì qiào gāo wēn gāo yā zuò yòng xià fā shēng biàn zhì shí
在地壳高温高压作用下发生变质时，

大理石花纹

会对新形成的岩石产生影响，导致新形成的岩石上呈现出各种各样的天然花纹。做一个形象的比喻，就像我们平时吃豆沙包，如果这个豆沙包的皮很厚，豆沙很少，我们咬下一口时，往往是看不到豆沙的，但是，如果我们把豆沙包放到平整的桌面上，用硬

物把它压扁，豆沙就会流出来，流到豆沙包外面，形成一些图案。

知识拓展

大理石的质地比花岗岩柔软，易于切割、磨光、钻孔、雕刻，且其色泽艳丽，是天然的家居装修材料。

岩石也有年龄吗？

答：是的，我们生活在美丽的地球上，地球上的所有事物——包括岩石，都是有生命周期的，它也会经历“生老病死”的过程，它们也有年龄记录。地球上的岩石按照成因不同一共可以分成三种。第一种是岩浆岩，它是火山岩浆冷却凝固形成的岩石，

花岗岩巨石

它的年龄就是岩浆冷却成岩到现在所经历的时间；第二种是沉积岩，它是松散物质经过沉积再被压实形成的岩石，它的年龄需要从被压实成岩算起；第三种是变质岩，变质岩是沉积岩在地壳的高温高压作用下发生化学变质而形成的岩石，它的年龄则是从沉积岩完成变质算起。截至目前，科学家发现的最古老的岩石已经44亿岁了。

知识拓展

在地表，分布最多的岩石是沉积岩，它占地表岩石的四分之三。

suǒ yǒu de dì zhèn wǒ men dōu néng gǎn jué dào ma
所有的地震我们都能感觉到吗？

bú shì de， dà duō shù dì zhèn wǒ men dōu shì gǎn shòu bú dào de。 dì zhèn shì dì qiào yùn dòng de yì zhǒng biǎo xiàn xíng shì， yě shì yì zhǒng cháng jiàn de zì rán xiàn xiàng。 dì qiào shí shí kè kè dōu zài yùn dòng， dāng dì qiào yùn dòng shǐ de dì qiú de liǎng gè bǎn kuài zhī jiān fā shēng jǐ yā hé pèng zhuàng， bǎn kuài biān yuán huò nèi bù jiù huì chǎn

不是的，大多数地震我们都是感受不到的。地震是地壳运动的一种表现形式，也是一种常见的自然现象。地壳时时刻刻都在运动，当地壳运动使得地球的两个板块之间发生挤压和碰撞，板块边缘或内部就会产

● 地震

生破裂，这就是地震产生的原因。按照科学家的测算，地球上每年大约要发生500万次地震，这些地震中绝大多数都是释放能量较小的里氏震级3级以下的地震，且震中距离地面很远，震波在向地面传播过程中还有衰减，因此这些地震基本上对人和建筑物没有影响，甚至很多人都压根儿感觉不到地震。

知识拓展

地震发生时，如果我们在室内，就要关闭燃气和电源，蜷缩地躲避在坚硬的物体旁边，比如两个承重墙的夹角，双手保护住头；如果我们在室外，就要尽量跑到空旷的地方，不能躲避在建筑物的下面。

问：

赤道附近会有雪山存在吗？

答：是的，赤道附近也有很多雪山存在。许多人认为，赤道附近是热带地区，太阳常年直射，温度很高，不会存在雪山，这其实是错误的。事实上，影响温度的因素除了太阳辐射强

乞力马扎罗山

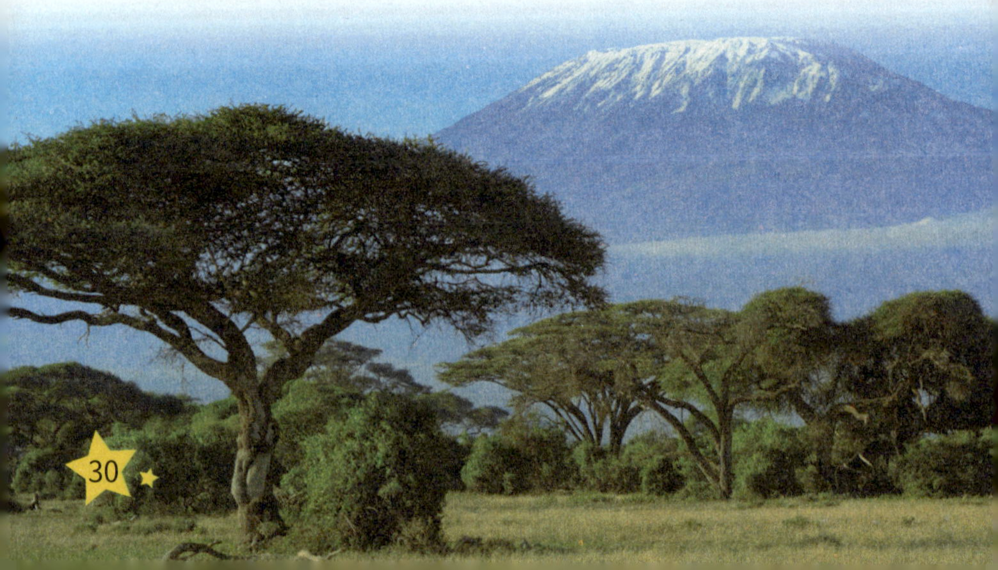

度外，还有海拔。正常情况下，海拔每增加1000米，温度会下降6.5℃。当海拔增加到一定高度后，空气会变得很稀薄，相应地，空气中的水汽和尘埃含量会变得更少，在这种情况下热量挥发速度会变快。所以赤道附近的高山山顶也是常年覆盖着积雪的，比如位于赤道附近的非洲第一高山乞力马扎罗山，它的山顶就常年覆盖积雪，是名副其实的雪山。

知识拓展

乞力马扎罗山位于非洲的坦桑尼亚境内，绝对海拔为5892米，山脚的平均温度约为40℃，山顶的平均温度约为零下40℃，相差约80℃。

rè dài yǔ lín qì hòu shì
热带雨林气候是
rú hé xíng chéng de
如何形成的？

答:

zài chì dào liǎng cè nán běi wěi zhī jiān
在赤道两侧南北纬10°之间
de dà lù shang fēn bù zhe rè dài yǔ lín qì hòu qū
的大陆上，分布着热带雨林气候区，
zhè lǐ zhí wù mào shèng qì hòu shī rùn cháng nián gāo wēn
这里植物茂盛，气候湿润，常年高温，
nián jiàng shuǐ liàng fēng fù bìng qiě měi yuè jiàng shuǐ liàng jī běn píng
年降水量丰富并且每月降水量基本平

jūn quán nián méi yǒu míng xiǎn de jì jié chā yì zhòng duō
均，全年没有明显的季节差异。众多

de rè dài yǔ lín zhí wù cháng nián xī shōu dà liàng èr yǎng huà
的热带雨林植物常年吸收大量二氧化

tàn bìng shì fàng yǎng qì suǒ yǐ rè dài yǔ lín yě bèi chēng
碳并释放氧气，所以热带雨林也被称

wéi dì qiú zhī fèi tā yě shì dà zì rán kuì zèng gěi
为“地球之肺”，它也是大自然馈赠给

rén lèi de bǎo guì cái fù
人类的宝贵财富。

ér rè dài yǔ lín qì hòu qū zhī suǒ yǐ néng gòu xíng
而热带雨林气候区之所以能够形

chéng yī shì yīn wèi tā men suǒ chǔ wěi dù dī tài yáng
成，一是因为它们所处纬度低，太阳

热带雨林

常年直射，温度很高，为植物的生长提供了足够的热量；二是赤道附近多为海洋，很少有腹地极深的大陆，海洋上蒸发的水汽可以随着气流被吹到雨林的上空，形成大量的降雨，为植物的生长提供水分；三是植物的快速生长又在很大程度上减少了地表水分的蒸发，能让这里保持着常年湿润的环境。

知识拓展

热带雨林中生长着种类繁多的植物，现代医学家和生物学家从热带雨林植物中提炼的现代药物，达到了全世界药物总种类的四分之一，所以热带雨林也被称为“世界上最大的药房”。

地理发现

我们在地球上生活了几百万年，人类在不断进化的过程中，也在不断地探索地球，通过不间断地观测和探索，人类掌握了更多的地理知识，通过运用这些地理知识，人类的生活和生产条件也得到了提高。

老师，地理是指地球上的科学原理吗？

这样说是不全面的，地理是对地球全域或某一特定区域的自然环境和社会要素的统称。

学习地理可以让我们知道很多有趣的知识吧？

是的，学习地理知识，可以让我们了解到很多自然现象的成因，比如雨水是怎样形成的、高山上为什么有冰川等，懂得这些知识可以让人们更好地生活和生产。

wèi shén me gāo shān shang
为什么高山上
yě yǒu bīng chuān cún zài
也有冰川存在？

bīng chuān shì zhǐ cún zài yú jí dì hé gāo shān
冰川是指存在于极地和高山
biǎo miàn de cháng qī bú huì xiāo róng de tiān rán bīng tǐ bīng
表面的长期不会消融的天然冰体。冰
chuān xíng chéng de tiáo jiàn yǒu liǎng gè qí yī shì cháng nián
川形成的条件有两个，其一是常年
dī wēn qí èr shì fēng fù de jiàng shuǐ liàng míng bái le
低温，其二是丰富的降水量。明白了
bīng chuān de xíng chéng tiáo jiàn jiù bù nán lǐ jiě wèi shén me
冰川的形成条件，就不难理解为什么
xǔ duō gāo shān shang cún zài bīng chuān le wǒ men dōu zhī
许多高山上存在冰川了。我们都知
dào wēn dù huì suí zhe hǎi bá de shēng gāo ér jiàng dī
道，温度会随着海拔的升高而降低，
xǔ duō gāo shān shān dǐng de qì wēn cháng nián bǎo chí zài líng
许多高山山顶的气温常年保持在零
dù yǐ xià zhè fú hé bīng chuān xíng chéng de dì yī gè tiáo
度以下，这符合冰川形成的第一个条

jiàn chú cǐ zhī wài gāo shān yóu yú hǎi bá jiào gāo kě
件。除此之外，高山由于海拔较高，可

yǐ zǔ dǎng cóng qí tā fāng xiàng chuī guò lái de qì liú zhè
以阻挡从其他方向吹过来的气流，这

xiē qì liú zhōng hán yǒu dà liàng de shuǐ fèn dāng qì liú de
些气流中含有大量的水分，当气流的

shuǐ fèn jī lěi dào yí dìng chéng dù shí jiù huì xíng chéng jiàng
水分积累到一定程度时，就会形成降

贡嘎山冰川

yǔ zhè jiù shì gāo shān bīng chuān xíng chéng de dì èr gè tiáo
雨，这就是高山冰川形成的第二个条
jiàn yǒu le zhè liǎng gè tiáo jiàn gāo shān bīng chuān jiù zì
件。有了这两个条件，高山冰川就自
rán xíng chéng le
然形成了。

知识拓展

冰川不仅是地球淡水资源的重要组成部分，也是风景秀美的自然景观，中国最美的十大冰川分别是绒布冰川、海螺沟冰川、托木尔冰川、米堆冰川、老虎沟12号冰川、特拉木坎力冰川、音苏盖提冰川、达古冰川、明永冰川、来古冰川，有机会一定要到这些地方看看哦！

为什么青藏高原上会发现海螺化石？

我们生活的地球上有海洋、平原、山地、高原、沙漠、丘陵等各种各样的地形，之所以会有各种不同类型的地形，是由于组成地球的六大板块在不停的运动中会相互碰撞和挤压。青藏高原也是这样形成的，在2.8

西藏雅江河谷风光

yì nián qián qīng zàng gāo yuán hái shì yí piàn wāng yáng dà
亿年前，青藏高原还是一片汪洋大
hǎi zài qí zhōng shēng huó zhe bāo kuò hǎi luó zài nèi de gè
海，在其中生活着包括海螺在内的各
zhǒng gè yàng de hǎi yáng shēng wù yì nián qián yìn
种各样的海洋生物。2.4亿年前，印
dù bǎn kuài kāi shǐ xiàng yà zhōu bǎn kuài yí dòng liǎng gè bǎn
度板块开始向亚洲板块移动，两个板
kuài hù xiāng pèng zhuàng jǐ yā qīng zàng gāo yuán kāi shǐ xíng
块互相碰撞、挤压，青藏高原开始形
chéng zhè zhǒng yùn dòng chí xù le dà gài yì nián
成。这种运动持续了大概1.6亿年，
zhí dào wàn nián yǐ qián qīng zàng gāo yuán cái zhèng shì
直到8000万年以前，青藏高原才正式
xíng chéng suǒ yǐ zài qīng zàng gāo yuán shang fā xiàn hǎi luó
形成。所以，在青藏高原上发现海螺
huà shí yě jiù bù zú wéi qí le
化石也就不足为奇了。

知识拓展

直到今天，印度板块向亚洲板块的移动仍在持续，所以青藏高原仍在不断抬升，科学家研究发现，青藏高原的边缘地带每年大约会升高7厘米。

撒哈拉沙漠为什么几乎不下雨？

答:位于非洲北部的撒哈拉沙漠是世界上最大的沙漠，这里常年高温，遍地黄沙，终年无雨，基本上没有植物生长。之所以会出现这种情况，和撒哈拉沙漠的地形以及地理位置有关。

具体来说，撒哈拉沙漠位于非洲北部，与欧洲大陆相隔着地中海，东北方向与亚洲大陆相连，这两个方向吹过来的气流多是干燥气流，很难形成大规模降雨；这里又距离非洲南岸极其遥远，从非洲南岸吹来的湿热气流难以到达。撒哈拉沙漠东南方向是东非高原和埃塞俄比亚高原，从印度洋上吹来的气流被这两个高原阻挡，也难以抵达撒哈拉地区；而撒哈拉沙漠的西北角是阿特拉斯山脉，又阻挡了从大西洋上吹来的暖湿空气。并且撒哈拉沙漠位于北回归线两侧，常年受副热带高压控制，盛行干热的下沉气流使得这里更加难以形成降雨。

知识拓展

撒哈拉沙漠的面积约为932万平方千米，基本上相当于美国的国土面积了。

撒哈拉沙漠

huáng hé shuǐ zhōng wèi shén me hán yǒu dà liàng ní shā
黄河水中为什么含有大量泥沙？

huáng hé fā yuán yú bā yán kā lā shān mài
黄河发源于巴颜喀拉山脉，
tā zì xī xiàng dōng liú jīng qīng zàng gāo yuán nèi měng gǔ gāo
它自西向东流经青藏高原、内蒙古高
yuán huáng tǔ gāo yuán hé huá běi píng yuán huáng hé de shuǐ shì
原、黄土高原和华北平原，黄河的水是

黄河

雪山融水，所以在黄河源头那一段，河水也是清澈见底的。当黄河流经黄土高原时，河水就开始携带大量泥沙并开始变黄了。发生这种状况最主要的原因是黄土高原土质疏松，植被稀疏，土地沙化严重，自上而下且水流量大的黄河轻易就将这些泥沙裹挟到河水之中。

知识拓展

黄河全长约5464千米，是中国第二长河，也是中华民族的母亲河，它的流域面积约有79.5万平方千米，黄河入海口位于山东省东营市垦利区境内，黄河最终流入渤海。

问：

wèi shén me nán jí de bīng bǐ běi jí duō
为什么南极的冰比北极多？

答：dì qiú de nán jí hé běi jí dōu cháng nián fù gài zhe bīng xuě dàn shì tā men de bīng xuě hán liàng yǒu hěn dà de chā bié nán jí de bīng xuě hán liàng yào bǐ běi jí de bīng xuě hán liàng gāo de duō kē xué jiā cè suàn chū nán

地球的南极和北极都常年覆盖着冰雪，但是，它们的冰雪含量有很大的差别，南极的冰雪含量要比北极的冰雪含量高得多。科学家测算出南

极冰原面积占南极洲的93%，它的冰雪总储量高达2400万立方千米，冰山数量多达22万个，比北极冰山数量多14倍，并且南极的冰山规模要比北极大得多。之所以如此，是因为南极圈内有一个南极大陆，南极大陆周围都是海洋，海洋的水汽蒸发后被风吹到

南极冰川

南极大陆上空，随后变成雨雪降落到大陆上，而南极大陆的低温环境迅速把这些雨雪变成冰山，从而使得南极的冰山数量越来越多、规模越来越大。而北极圈内主要是海洋，海洋的面积占北极圈的62%，海洋能够容纳更多的热量，水汽通过雨雪降落到北冰洋中后，又重新变成了海水，使得海洋上很难形成巨大的冰山。

知识拓展

南极的年平均温度约为零下48℃，北极的年平均温度约为零下20℃，南极要比北极冷得多。

自然现象

生活中见到的风雨雷电、四季交替、月圆月缺等，都是自然现象。自然现象里包含着很多知识，懂得这些知识能帮助我们更深地认识这个世界。

什么是自然现象啊？

自然现象是自然界中由于自然规律作用产生的各种现象，自然现象的发生不受人类活动的影响，比如日夜交替、四季轮转等。

那我们研究自然现象就能发现自然规律吗？

是的，我们可以通过对自然现象的研究，来掌握和利用其背后的自然规律，以此规避风险、促进生产等，比如天气预报可以让我们知道未来的天气情况。

为什么美丽的极光只出现在北极和南极附近？

答：极光是一种美丽的自然现象，是夜晚在天空中出现的绚丽多彩的光芒。这些光芒的形状并不相同，有的极光呈现为带状，有的呈现为弧状，有的呈现为幕状。如果我们想要观看美丽的极光，就只能到北极和南极附近去观看，这是因为极光的本质是高空中发生的绚丽多彩的等离子体现象，它是由于太阳风（太阳带

北极光

diàn lì zi liú jìn rù dì qiú cí chǎng yǐn fā de jí
电粒子流）进入地球磁场引发的。极

guāng chǎn shēng xū yào tóng shí jù bèi sān gè tiáo jiàn fēn bié
光产生需要同时具备三个条件，分别

shì dà qì cí chǎng gāo néng dài diàn lì zi dì qiú
是大气、磁场、高能带电粒子。地球

de cí chǎng shì ǒu jí xíng de dì qiú de cí běi jí zài
的磁场是偶极型的，地球的磁北极在

dì lǐ nán jí fù jìn dì qiú de cí nán jí zài dì lǐ
地理南极附近，地球的磁南极在地理

běi jí fù jìn suǒ yǐ wǒ men zhǐ yǒu zài dì qiú liǎng jí
北极附近，所以我们只有在地球两极

fù jìn cái néng kàn jiàn jí guāng
附近才能看见极光。

知识拓展

极光出现最多且最绚丽的地点有芬兰、挪威、瑞典、丹麦、冰岛、俄罗斯的摩尔曼斯克地区等。

天空为什么会出现彩霞？

早晨太阳将要升起或者傍晚太阳就要落山的时候，我们往往能看到挨着太阳的天空中布满色彩缤纷的彩霞，这其实是大气散射太阳光所引

●彩霞

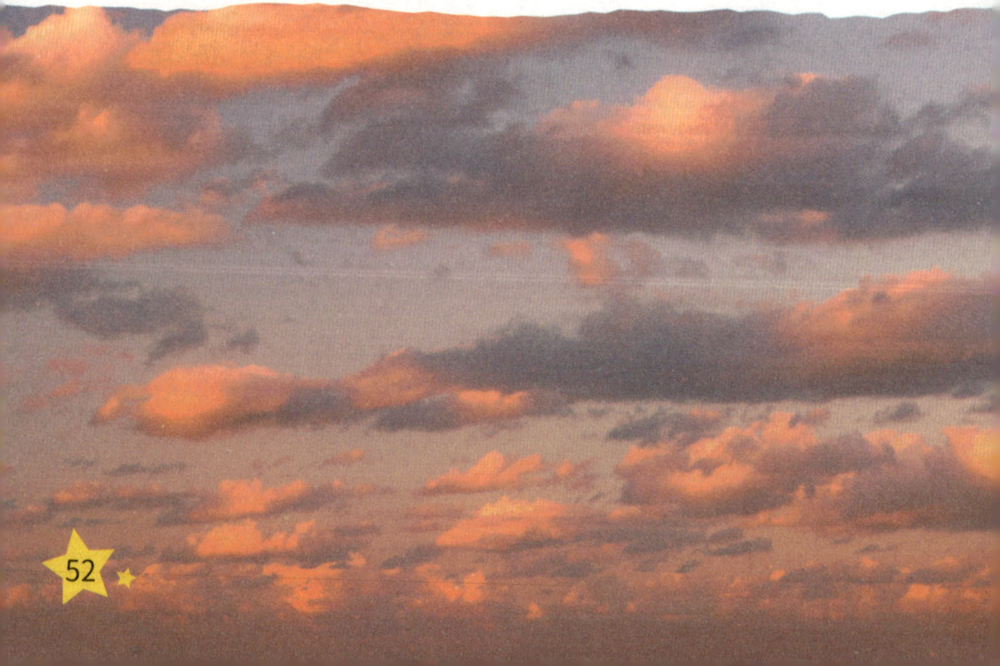

起的。太阳光是一种七色光，其中红光的波长最长，紫光的波长最短。早晨太阳光是斜着照射到地面的，它需要穿越更厚的大气层，这个时候“大个子”红光、橙光会率先穿过来，而“小个子”的紫光、蓝光等会被大气层散射，这时我们看向天空就能看到彩霞了。

知识拓展

“朝霞不出门，晚霞行千里”的意思是，我们早晨若看到彩霞，尽量不要出门远行，因为这说明大气中水汽较多，很快就要下雨；若是晚上看到彩霞，我们可以放心大胆地出门，这预兆着当地未来不会有雨。

太阳和月亮周围出现光环的原因是什么？

太阳和月亮周围出现的光环，分别叫作日晕和月晕。无论日晕还是月晕都是一种大气光学现象，当

云层里的日晕

gāo kōng zhōng cún zài juǎn céng yún shí rì guāng huò yuè guāng
高空中存在卷层云时，日光或月光
jiù xū yào chuān guò juǎn céng yún zhào shè dào dì qiú shang juǎn
就需要穿过卷层云照射到地球上，卷
céng yún zhōng hán yǒu dà liàng de bīng jīng zhè xiē bīng jīng huì
层云中含有大量的冰晶，这些冰晶会
zhé shè hé fǎn shè rì guāng hé yuè guāng guāng xiàn jīng guò bīng
折射和反射日光和月光，光线经过冰
jīng de zhé shè hòu jiù huì gǎi biàn yuán yǒu de chuán bō fāng
晶的折射后就会改变原有的传播方
xiàng zuì zhōng xíng chéng yí gè yuán xíng de guāng quān
向，最终形成一个圆形的光圈。

知识拓展

日晕和月晕都是自然美景，但是它们预示着不同的天气现象，日晕出现时，往往当夜就会下雨；月晕出现时，第二天往往会刮起大风，这就是“日晕三更雨，月晕午时风”。

wèi shén me yǔ hòu huì yǒu cǎi hóng
为什么雨后会有彩虹？

wǒ men kě yǐ zài yǔ guò tiān qíng de tiān kōng zhōng kàn dào cǎi hóng bú jiǔ zhī hòu cǎi hóng yòu huì xiāo shī zhè qí zhōng de dào lǐ bìng bú fù zá cǎi hóng qí

我们可以在雨过天晴的天空中看到彩虹，不久之后彩虹又会消失，这其中的道理并不复杂，彩虹其

雨后彩虹

shí jiù shì kōng qì zhōng de shuǐ zhū zhé shè tài yáng guāng xíng
实就是空气中的水珠折射太阳光形
chéng de yīn wèi xià yǔ tiān kōng zhōng de kōng qì hěn shī
成的。因为下雨，天空中的空气很湿
rùn kōng qì zhōng hán yǒu dà liàng de xiǎo shuǐ zhū dāng tài
润，空气中含有大量的小水珠，当太
yáng guāng chuān tòu zhè xiē xiǎo shuǐ zhū shí jiù huì bèi zhé shè
阳光穿透这些小水珠时，就会被折射
fā sàn xíng chéng yóu hóng chéng huáng lǜ qīng lán
发散，形成由红、橙、黄、绿、青、蓝、
zǐ qī zhǒng yán sè zǔ chéng de yí gè piào liang de hú xíng
紫七种颜色组成的一个漂亮的弧形
guāng dài zhè jiù shì cǎi hóng
光带，这就是彩虹。

知识拓展

我们看到的彩虹都是弧形的，但这是一个假象，实际上彩虹都是圆形的，只是由于地面、高山或建筑物遮住了我们的视线，使我们看不到彩虹的下半部分而已。

ruì xuě zhào fēng nián shì shén me yuán lǐ

“瑞雪兆丰年”是什么原理？

ruì xuě zhào fēng nián shì zhōng guó běi fāng dì qū de yí jù nóng yàn yì si shì shuō rú guǒ zài dōng jì de shí hou xià le dà xuě dà xuě bǎ mài miáo dōu gěi fù gài zhù nà me dì èr nián mài tián shōu cheng jiù huì hěn

“瑞雪兆丰年”是中国北方地区的一句农谚，意思是说如果在冬季的时候下了大雪，大雪把麦苗都给覆盖住，那么第二年麦田收成就会很

大雪

hǎo míng nián shì yí gè fēng shōu zhī nián zhī suǒ yǐ huì
好，明年是一个丰收之年。之所以会

zhè yàng zhǔ yào yǒu sì gè yuán yīn yī shì dà xuě fù
这样，主要有四个原因。一是大雪覆

gài dà dì néng gé kāi dōng jì de lěng kōng qì hé mài miáo
盖大地能隔开冬季的冷空气和麦苗，

shǐ tā men bì miǎn zhí jiē jiē chù mài miáo bù róng yì bèi
使它们避免直接接触，麦苗不容易被

dòng sǐ wǒ men kě yǐ xíng xiàng de bǎ dà xuě bǐ yù chéng
冻死，我们可以形象地把大雪比喻成

mài miáo de hòu mián bèi èr shì dāng chūn tiān dào lái shí
麦苗的厚棉被。二是当春天到来时，

jī xuě róng huà yòu huì wèi mài miáo zēng jiā shuǐ fèn cù
积雪融化，又会为麦苗增加水分，促

jìn mài miáo de shēng zhǎng sān shì xuě shuǐ zhōng hán yǒu gè
进麦苗的生长。三是雪水中含有各
zhǒng dàn huà wù zhè xiē dàn huà wù zài xuě róng huà hòu jiù
种氮化物，这些氮化物在雪融化后就
biàn chéng le tiān rán féi liào wèi mài miáo de shēng zhǎng dài
变成了天然肥料，为麦苗的生长带
lái le yǎng fèn sì shì dà xuě zài chūn jì róng huà shí
来了养分。四是大雪在春季融化时，
huì dài zǒu dà liàng de rè liàng zhè duì yú zhí wù lái shuō
会带走大量的热量，这对于植物来说，
yǐng xiǎng bìng bú dà dàn shì duì yú dōng mián gāng xǐng de hài
影响并不大，但是对于冬眠刚醒的害
chóng lái shuō shì zhì mìng de suǒ yǐ shuō ruì xuě hái huì shā
虫来说是致命的，所以说瑞雪还会杀
sǐ hài chóng
死害虫。

知识拓展

冬季降雪不仅仅对庄稼有好处，还能净化和湿润空气，在一定程度上减少疾病，对人的身体健康也有好处。除此之外，雪水中的重水含量比普通水少25%，饮用雪水可以降低胆固醇。

tiān kōng zhōng yún cai wèi shén me
天空中云彩为什么
huì chéng xiàn chū bù tóng de xíng zhuàng
会呈现出不同的形状？

tiān kōng zhōng de yún cai shì kōng qì zhōng de shuǐ
天空中的云彩是空气中的水
qì jù jí ér chéng de， jué dà duō shù yún cai dōu wèi yú
汽聚集而成的，绝大多数云彩都位于

云彩

kào jìn dì miàn yùn dòng huó yuè de duì liú céng zhī zhōng
靠近地面、运动活跃的对流层之中，
duì liú céng zhōng kōng qì duì liú yùn dòng qiáng liè yīn ér duō
对流层中空气对流运动强烈，因而多
fēng qì yā hé qì wēn yě bú duàn biàn huà dāng zhè xiē
风，气压和气温也不断变化。当这些
yīn sù biàn huà shí jiù huì yǐng xiǎng shuǐ qì níng jù chéng de
因素变化时，就会影响水汽凝聚成的
yún de xíng zhuàng suǒ yǐ tiān kōng zhōng de yún cai shí shí kè
云的形状，所以天空中的云彩时时刻
kè dōu huì chéng xiàn chū bù tóng de xíng zhuàng
刻都会呈现出不同的形状。

知识拓展

日出或日落的时候，太阳光斜穿大气层，这个时候云彩容易呈现出彤红的颜色，火红的云彩连成一片，形成一种美景，这就是火烧云。

tiān kōng zhōng wèi shén me yǒu shí hou huì xià yǔ huò xià xuě
天空中为什么有时候会下雨或下雪？

yǔ hé xuě dōu shì cháng jiàn de zì rán xiàn xiàng kě shì yǔ xuě dào dǐ shì zěn me xíng chéng de ne
雨和雪都是常见的自然现象，可是雨雪到底是怎么形成的呢？
qí zhōng de dào lǐ hěn jiǎn dān wǒ men dōu zhī dào dì miàn
其中的道理很简单。我们都知道地面

暴雨

shang hé hǎi yáng zhōng de shuǐ shí shí kè kè zài zhēng fā
上和海洋中的水时时刻刻在蒸发，
ér zhè xiē zhēng fā hòu de shuǐ jiù jìn rù dào kōng qì zhòng
而这些蒸发后的水就进入到空气中
le zhè xiē shuǐ zhēng qì huì shàng shēng dào gāo kōng gāo kōng
了，这些水蒸气会上升到高空，高空
zhōng de shuǐ zhēng qì yù lěng níng jié chéng xiǎo shuǐ dī dà
中的水蒸气遇冷凝结成小水滴，大
liàng de xiǎo shuǐ dī jù jí dào yì qǐ jiù xíng chéng le yún
量的小水滴聚集到一起就形成了云，
dāng yún zhōng de shuǐ zhū dá dào yí dìng zhì liàng shí jiù huì
当云中的水珠达到一定质量时，就会
cóng tiān kōng zhōng jiàng luò xià lái jiù chéng le yǔ ér zài
从天空中降落下来，就成了雨。而在
dōng tiān de shí hou yóu yú qì wēn jiào dī shuǐ zhēng qì
冬天的时候，由于气温较低，水蒸气
zhí jiē níng huá chéng bīng jīng bīng jīng piāo luò xià lái jiù
直接凝华成冰晶，冰晶飘落下来，就
chéng le xuě
成了雪。

知识拓展

每到夏季，天气变热，地面上的水蒸发速度变快，水汽上升形成的云雨也会多，每年的7—8月就是我国的汛期。

自然灾害

我们的生活中并不总是风和日丽，也经历过瓢泼大雨引发的洪涝或连续数月的干旱，身处山区的人也会经历山体滑坡或泥石流的伤害，甚至有些地方还经常发生地震，这些都是自然灾害。

老师，自然灾害都有哪些？

自然灾害种类有很多，像干旱、台风、暴雨、泥石流、地震、雷电、寒潮、火山喷发等等都是自然灾害。

那自然灾害的发生和人类活动有关系吗？

在没有人类之前，地球上也会发生自然灾害，虽然人类活动对自然灾害的发生不起决定性作用，但是会有一定的影响。

为什么雪崩被称为“白色恶魔”？

雪崩是雪山上的积雪受重力影响向下滑动，引起大量雪体崩塌的自然现象。雪崩爆发前几乎没有任何

雪崩

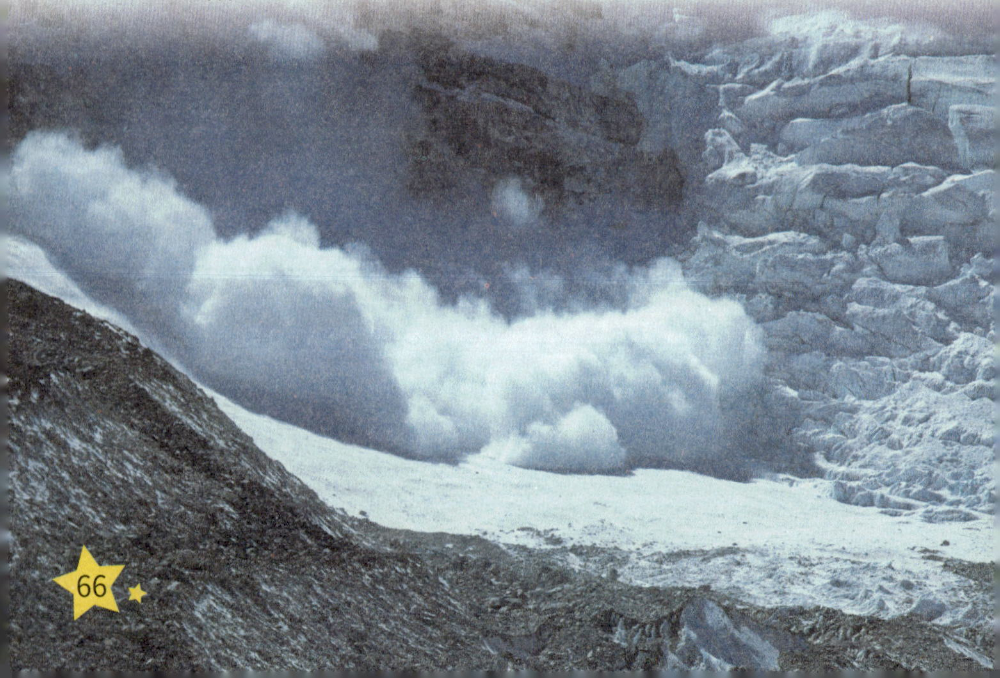

zhēng zhào dà bù fen xuě bēng dōu shì tū fā de xuě bēng
征兆，大部分雪崩都是突发的。雪崩
shí xuě tǐ xià luò de sù dù yě jí kuài kě yǐ jiāng shān
时雪体下落的速度也极快，可以将山
pō shang de shù mù hé qí tā wù tǐ juǎn rù qí zhōng bìng
坡上的树木和其他物体卷入其中，并
chōng dào shān xià yān mò shān jiǎo de fáng wū dào lù tōng
冲到山下，淹没山脚的房屋、道路、通
xìn shè bèi hé chē liàng děng xuě tǐ hái yǒu kě néng luò rù
信设备和车辆等。雪体还有可能落入
hé dào dǎo zhì hé dào dǔ sè hé shuǐ shàng zhǎng yǐn fā
河道，导致河道堵塞，河水上涨，引发
shān hóng ní shí liú huò shān tǐ huá pō zǒng zhī xuě
山洪、泥石流或山体滑坡。总之，雪
bēng gěi rén lèi de shēng chǎn shēng huó dài lái jù dà de sǔn
崩给人类的生产生活带来巨大的损
hài suǒ yǐ bèi chēng wéi bái sè è mó
害，所以被称为“白色恶魔”。

知识拓展

大部分雪崩发生在冬末春初，在雪山上大声呼喊有可能引发雪崩。

泥石流

ní shí liú shì zěn me fā shēng de

泥石流是怎么发生的？

答：

dà bù fen gāo shān shì yóu shí kuài zǔ chéng
大部分高山是由石块组成

de dàn shì shān tǐ biǎo miàn de shí kuài huì yīn wèi fēng
的，但是，山体表面的石块会因为风

huà zuò yòng xíng chéng yí bù fen tǔ rǎng xǔ duō shān tǐ zhí
化作用形成一部分土壤，许多山体植

bèi jiù shēng huó zài zhè xiē tǔ rǎng shang xū yào shuō míng
被就生活在这些土壤上。需要说明

的是，这些土壤并不是固定在山体上的，它们大部分都是松散地附着在山体表面，当发生降雨或山洪时，这些土壤和一些小石块会和水流混合在一起，顺着山体滑落下来，在这个过程中，它们裹挟更多的土壤和石块，形成巨大的泥石流，泥石流可能损坏山体植被、山间道路和其他建筑物。

知识拓展

为了预防泥石流伤害，一定不要在下雨的时候登山游览。如果你正沿着山间道路行走时，突然天降大雨，那要尽快转移到安全的高地。

hàn zāi jiù shì gān hàn ma

旱灾就是干旱吗？

答：

bú shì de gān hàn bìng bù děng yú hàn zāi

不是的，干旱并不等于旱灾，

tā men shì liǎng gè bù tóng de kē xué gài niàn gān hàn zhǐ

它们是两个不同的科学概念。干旱指

de shì dàn shuǐ zǒng liàng bù zú bù néng mǎn zú dāng dì shēng

的是淡水总量不足，不能满足当地生

chǎn shēng huó yòng shuǐ xū qiú de xiàn xiàng tā qiáng diào de shì

产生活用水需求的现象，它强调的是

● 旱灾

缺水，又分为气象干旱、农业干旱、水文干旱等。旱灾是指由于气候异常或者长期干旱引起土壤水分不足，农作物生长遭到损害或者直接毁灭的自然灾害现象。长期的干旱会导致旱灾，但是干旱并不是导致旱灾的唯一因素，突发的气候异常也会使本来水资源充足的地区发生旱灾。

知识拓展

旱灾对农牧业影响很大，它可能导致大规模的粮食减产，甚至绝收。除此之外，旱灾后容易发生蝗虫灾害，从而引发严重的饥荒。

chì cháo jiù shì hóng sè de cháo shuǐ ma

赤潮就是红色的潮水吗？

答：

bú shì de, hěn duō rén wàng wén shēng yì,
不是的，很多人望文生义，
rèn wéi chì cháo jiù shì zhǐ hóng sè de cháo shuǐ, zhè qí shí
认为赤潮就是指红色的潮水，这其实
shì yì zhǒng cuò wù de rèn zhī. chì cháo shì fā shēng zài
是一种错误的认知。赤潮是发生在
hǎi yáng zhōng de yí lèi zì rán zāi hài. tā shì zài tè
海洋中的一类自然灾害。它是在特
dìng de huán jìng xià, yīn hǎi shuǐ zhōng shēng huó de fú yóu zhí
定的环境下，因海水中生活的浮游植

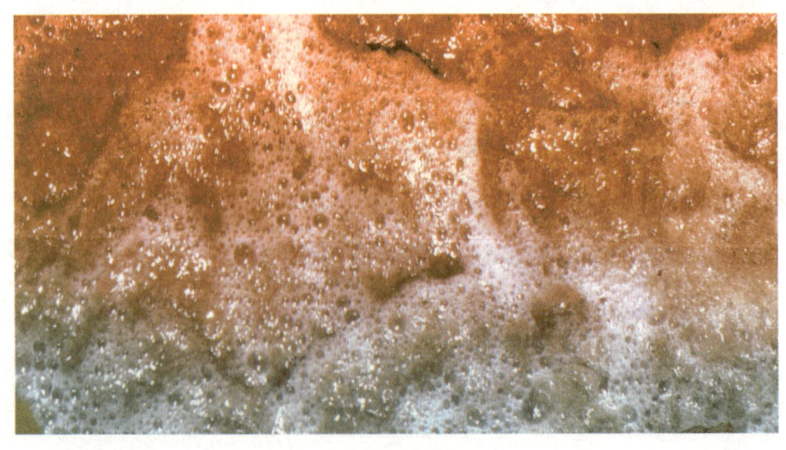

赤潮

物、原生动物或细菌爆发性增长而引起的海水变色现象，赤潮并不一定都是红色的。科学研究发现，缺氧是赤潮发生的最主要原因，海水中有机化合物的不断增加，加速了赤潮的发生。

知识拓展

赤潮会导致大量鱼类、虾类、贝类动物死亡，我们可以通过减少磷、氮等物质的排放，来减少赤潮的发生。

地震、海啸发生前海水为什么会吐泡泡?

我们知道海啸是一种破坏力巨大的自然灾害,它是海底地震、火

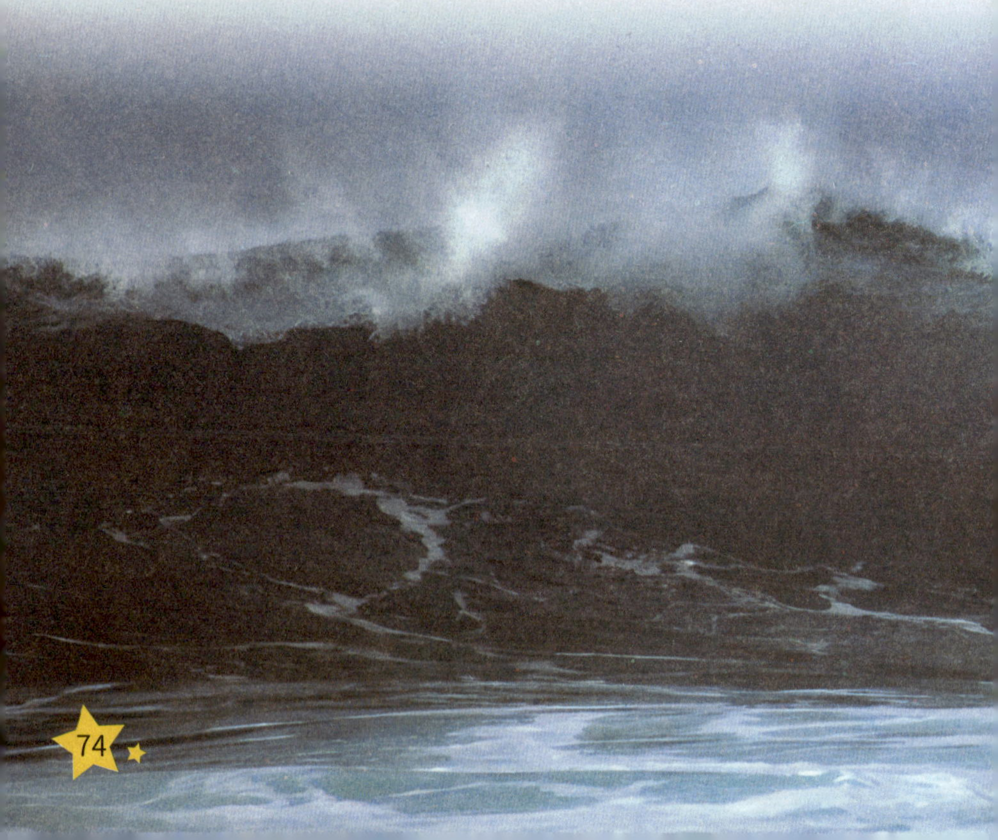

shān bào fā hǎi dǐ huá pō huò qì xiàng biàn huà yǐn qǐ de
山爆发、海底滑坡或气象变化引起的。

àn zhào yòu fā hǎi xiào yuán yīn de bù tóng wǒ men jiāng hǎi
按照诱发海啸原因的不同，我们将海

xiào fēn chéng dì zhèn hǎi xiào huǒ shān hǎi xiào huá pō hǎi
啸分成地震海啸、火山海啸、滑坡海

xiào qì xiàng hǎi xiào qí zhōng dì zhèn hǎi xiào shì yóu
啸、气象海啸。其中，地震海啸是由

hǎi dǐ dì zhèn yǐn qǐ de hǎi dǐ fā shēng dì zhèn shí
海底地震引起的。海底发生地震时，

海啸

dì xià yán céng duàn liè duàn liè de yán céng huì shàng shēng huò
地下岩层断裂，断裂的岩层会上升或
xià jiàng zài zhè ge guò chéng zhōng hǎi dǐ chǔ cún de kě
下降，在这个过程中，海底储存的可
rán qì tǐ jiù huì shì fàng chū lái shèn zhì yǒu yí bù fen
燃气体就会释放出来，甚至有一部分
qì tǐ kě yǐ zài hǎi shuǐ zhōng zì rán qì tǐ shì fàng huò
气体可以在海水中自燃，气体释放或
zì rán guò chéng zhōng jiù huì chǎn shēng dà liàng de qì pào
自燃过程中就会产生大量的气泡。

知识拓展

中国的海上邻国日本地处亚欧大陆板块和太平洋板块交界地带，板块运动导致日本临近的海域时常发生海啸，世界上最大的10次海啸中，有5次都发生在日本。

生态环境

生态环境直接影响人类的生存，我们力所能及地做好保护环境的点滴小事，就等于为整个生态环境的改善做出了贡献。

老师，生态环境到底包括哪些内容呢？

生态环境是地球上生物和非生物所构成的关系的总称，它主要包括水生态系统、大气生态系统，等等。

生态环境的内容这么丰富，那生态环境是不是就很坚实，不容易被破坏？

不是的，我们所处的生态环境很脆弱，所以我们要从小养成保护生态环境的意识。

病虫害真的能够毁坏一片农田吗？

答：是的，对于辛辛苦苦耕种了一年的农民伯伯来说，最怕的就是让病虫害毁掉即将收获的农田。病虫害包括病害和虫害两个方面，病害是指农田在生长过程中，受到诸如真菌、病毒、线虫等有害生物的侵染导致的枯萎、腐烂、霉粉等病变现象；虫害是指有害昆虫（如蝗虫、蚜虫、螨虫）及田鼠等动物蚕食农作物导致农作物

蝗虫

损伤和死亡的现象。虽然这些病虫看起来很小，但是它们的破坏力是巨大的，其中最为典型的就是蝗灾。蝗虫的体积虽小，但是繁衍能力极强，通常一对蝗虫在干旱的自然条件下，可以繁衍出4万只蝗虫，这些蝗虫一天就可以毁坏一整片农田。

知识拓展

治理病虫害最佳的原则是以预防为主，防治结合，维护生态平衡。我们保护好美丽的大自然，其实就是在保护我们自己的美丽家园。

dì qiú wèi shén me yuè lái yuè rè le
地球为什么越来越热了？

zhè shì yóu yú èr yǎng huà tàn nóng dù shàng shēng
这是由于二氧化碳浓度上升
dǎo zhì de wēn shì xiào yìng suǒ chǎn shēng de yǐng xiǎng　èr yǎng
导致的温室效应所产生的影响。二氧
huà tàn shì yì zhǒng wēn shì qì tǐ, tā jù yǒu tòu guāng
化碳是一种温室气体，它具有透光、

砍伐树木

gé rè de tè xìng tài yáng guāng kě yǐ tòu guò èr yǎng huà
隔热的特性，太阳光可以透过二氧化
tàn jiāng guāng hé rè chuán dì dào dì qiú shang dàn shì dì
碳将光和热传递到地球上，但是，地
qiú shang chǎn shēng de rè liàng hěn nán chuān guò èr yǎng huà tàn
球上产生的热量很难穿过二氧化碳
sàn fā dào tài kōng zhōng yì fāng miàn cóng shì jì
散发到太空中。一方面，从18世纪60
nián dài de gōng yè gé mìng yǐ lái rén lèi yán fā le gè
年代的工业革命以来，人类研发了各
zhǒng gè yàng de dòng lì xì tǒng xiāo hào de méi shí yóu
种各样的动力系统，消耗的煤、石油、

天然气等能源也呈几何级数增长，产生大量的二氧化碳。另一方面，随着工业化的不断发展，人类砍伐了大量的原始森林，用于建设城市和种植农作物，这就会导致地球吸收和消耗二氧化碳的能力变弱。在以上两个因素共同作用下，地球上的二氧化碳越来越多，温室效应也越来越强烈，地球也就越来越热了。

知识拓展

科学研究发现，全球温度平均每上升1℃，海平面就将上升2.3米左右。

为什么会有湖泊变成池塘？

湖泊是一个比较封闭的天然水洼，湖水的来源主要是天然降雨、地面河流汇入、地下水或冰雪融水，而湖水的主要消耗方式是蒸发和渗漏，还

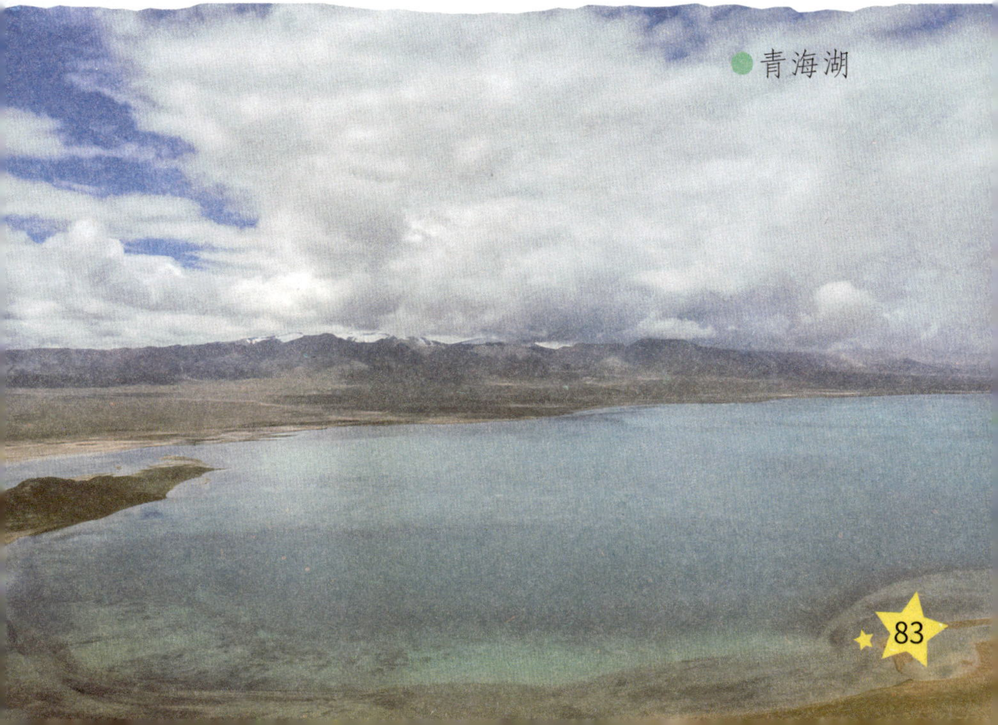

青海湖

有人类抽取湖水灌溉农田等。当湖水的消耗速度大于湖水汇入速度时，湖泊就会萎缩变小。在人类活动不干预湖泊水循环时，湖水汇入和消耗往往可以保持一种平衡，除非出现恶劣的自然环境，湖泊一般是不会突然变小

青海湖

的。可是，工业化使得人类活动对湖泊的影响越来越大，比如人类过量使用化肥导致湖底大量繁殖藻类植物，使得湖泊变浅，再比如有些地方围湖造田导致湖泊面积缩小，等等。在这些行为的影响下，原先较大的湖泊就会变成一个小小的池塘。

知识拓展

我国最大的湖泊是青海湖，它位于青海省西北部，它是一个内陆湖泊，也是一个咸水湖。

为什么噪声属于一种污染？

答：声音是由物体振动产生的声波，能够在气体、固体、液体等介质中传播并被人或动物的听觉器官接收。声音的大小和物体振动的幅度及

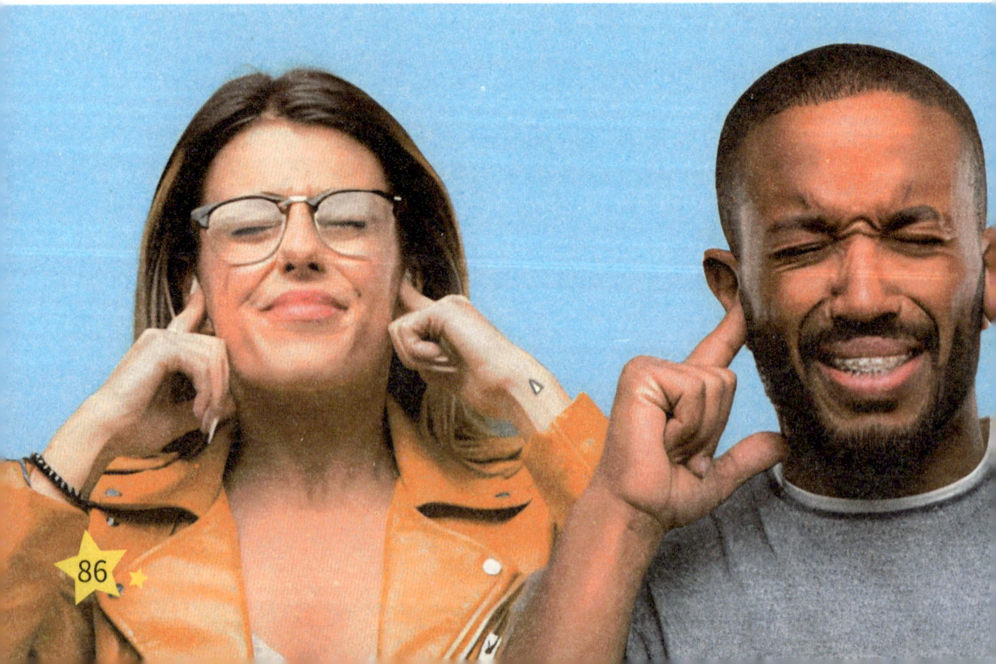

频率有关，科学家用分贝这个单位度量声音的强度。人体的特殊构造决定了人能够承受的声音强度是有限的，对于普通人来说，30~40分贝的声音是舒适的，超过40分贝的声音会影响人的睡眠，超过85分贝的声音将会损伤人的听力，超过120分贝的声音会

听到噪声的反应

直接撕破人的耳膜。因此，人类为了避免被过大的声音伤害，对声音进行了规定，把超过一定分贝、对人类的日常生活产生影响的声音确定为噪声，并把噪声定义为一种污染。

知识拓展

声音的传播必须通过一定的介质，气体、液体、固体都是传播介质。正常情况下，声音在固体中的传播速度大于液体，在液体中大于气体，声音在真空中是无法传播的。

为什么土壤会变贫瘠?

答：土壤是地球表面的一层疏松的物质，土壤中含有各种颗粒状的矿物质、有机物、水分、空气和微生物。植物之所以能够在土壤中生长，就是依靠吸收土壤中的某些有机元素。不同的植物需要吸收的营养并不相同，如果某一块土壤反复种植同一种植物，该土壤中的营养成分就会不平衡，甚至可能导致某种营养枯竭，最终使得土壤层变薄，出现板结、

贫瘠的土地

shā huà jiǎn huà huò suān huà děng qíng kuàng zhè jiù shì tǔ
沙化、碱化或酸化等情况，这就是土

rǎng tuì huà yě chēng wéi tǔ rǎng pín jí
壤退化，也称为土壤贫瘠。

知识拓展

如果植物出现枝叶黄瘦的情况，则可能是土壤中缺乏氮化物；如果出现茎干倒伏的情况，则可能是土壤中缺乏钾元素。

酸雨为什么是“空中死神”？

酸雨是指pH（酸碱值）小于5.6的降水，酸雨具有酸性和腐蚀性，酸雨之所以会形成，是因为空气中含有的二氧化硫、氮氧化物等酸性气体过多，这些气体会在降雨的过程中和雨水结合，使得雨水呈酸性，最终形成了酸雨。酸雨在降落的过程中，可以腐蚀搭建在外面的金属、建筑物，也可以腐蚀植物和动物，甚至可以腐蚀人的皮肤，对人的生存环境和人的

shēn tǐ dōu jù yǒu shāng hài xìng zhèng shì yīn wèi zhè yàng
身体都具有伤害性。正是因为这样，

rén men cái jiāng suān yǔ chēng wéi kōng zhōng sǐ shén
人们才将酸雨称为“空中死神”。

知识拓展

中国的酸雨主要出现在南方，一是因为南方地区降雨比北方多；二是因为和南方地区相比，北方地区的土壤多为碱性土壤，它会在一定程度上中和空气中的酸性气体；三是南方地区多山区丘陵，空气流通性比北方差，工业排放出的酸性气体不能及时地流动出去。

酸雨过后的树木

十万个你问我答

第一辑

地球家园

李梦雨◎编

南方传媒
广东人民出版社
·广州·

图书在版编目（CIP）数据

十万个你问我答. 第一辑. 地球家园 / 李梦雨编. — 广州：广东人民出版社，2024.1
ISBN 978-7-218-16785-5

Ⅰ. ①十… Ⅱ. ①李… Ⅲ. ①科学知识—儿童读物②地球—儿童读物 Ⅳ. ① Z228.1 ② P183-49

中国国家版本馆 CIP 数据核字（2023）第 148381 号

SHI WAN GE NIWENWODA · DI-YI JI · DIQIU JIAYUAN
十万个你问我答 · 第一辑 · 地球家园
李梦雨 编

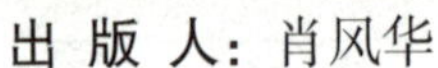

出 版 人：肖风华

责任编辑：吴瑶瑶
责任技编：吴彦斌

出版发行：广东人民出版社
地　　址：广州市越秀区大沙头四马路 10 号（邮政编码：510199）
电　　话：（020）85716809（总编室）
传　　真：（020）83289585
网　　址：http://www.gdpph.com
印　　刷：三河市祥达印刷包装有限公司
开　　本：880 毫米 ×1230 毫米 1/32
总 印 张：24　　总 字 数：400 千
版　　次：2024 年 1 月第 1 版
印　　次：2024 年 1 月第 1 次印刷
定　　价：120.00 元（全八册）

如发现印装质量问题，影响阅读，请与出版社（020-87712513）联系调换。
售书热线：（020）87717307

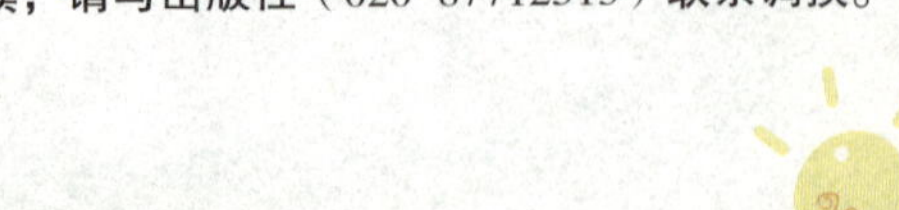

目录 MULU

认识地球

地球在太空中是什么样子？地球是如何形成的？地球是圆形的吗？地球是我们赖以生存的唯一的家园，关于地球，你是不是也有很多问题？让我们一起走进本章节，去认识地球吧！

老师，地球是圆的吗？

很多人认为地球是圆的，其实严格来说，地球是一个两极略扁的不规则的椭圆形球体，并且地球表面是凹凸不平的。

那我们平时看地面也挺平整的呀！

那是因为我们的视觉范围比较窄。今天我们就一起来学习关于地球的知识吧。

dì qiú zài tài kōng zhōng
地球在太空中
shì shén me yàng zi ne
是什么样子呢？

答：
wǒ men shēng huó zài měi lì de dì qiú shang tā
我们生活在美丽的地球上，它
shì wǒ men wéi yī de jiā yuán dì qiú shang yǒu gāo shān
是我们唯一的家园。地球上有高山，
yǒu hé liú yǒu dà hǎi zài wǒ men yǎn zhōng dì qiú
有河流，有大海……在我们眼中，地球
shì wú biān wú jì de rán ér zài hào hàn de yǔ zhòu
是无边无际的。然而，在浩瀚的宇宙
zhōng dì qiú shì fēi cháng miǎo xiǎo de cún zài nà me dì
中，地球是非常渺小的存在。那么，地
qiú zài tài kōng zhōng jiū jìng shì shén me yàng zi de ne
球在太空中究竟是什么样子的呢？

suí zhe kē jì de fā zhǎn wǒ men kě yǐ chéng zuò
随着科技的发展，我们可以乘坐
yǔ zhòu fēi chuán qián wǎng tài kōng cóng tài kōng zhōng néng kàn
宇宙飞船前往太空，从太空中能看
dào dì qiú de wài bù shì yì céng hòu hòu de dà qì céng
到，地球的外部是一层厚厚的大气层。

地球

dì qiú shang dà bù fen miàn jī shì hǎi yáng lù dì zhǐ zhàn
地球上大部分面积是海洋，陆地只占

yì xiǎo bù fen yóu yú hǎi yáng huì fǎn shè tài yáng de lán
一小部分。由于海洋会反射太阳的蓝

guāng suǒ yǐ dì qiú zài tài kōng zhōng kàn qǐ lái wǎn rú yì
光，所以地球在太空中看起来宛如一

kē fā guāng de lán sè zhēn zhū fēi cháng měi lì
颗发光的蓝色珍珠，非常美丽。

知识拓展

地球是距离太阳第三近的行星，也是目前我们知道的宇宙中唯一能够孕育生命的天体。地球表面70%左右被水覆盖，30%左右的面积是陆地。

dì qiú dàn shēng hé
dà bào zhà yǒu guān xì ma

地球诞生和大爆炸有关系吗？

答：

kē xué jiā tuī cè, dà gài zài 66 yì nián qián, yín hé xì fā shēng le yí cì dà xíng bào zhà, bào zhà chǎn shēng le hěn duō suì piàn, zhè xiē suì piàn xuán fú

科学家推测，大概在66亿年前，银河系发生了一次大型爆炸，爆炸产生了很多碎片，这些碎片悬浮

银河系

在空中，经过很长一段时间后，它们凝聚在一起。55亿年前，在太阳系所处的位置出现了一团物质，其中包括氧、氖等稀有气体以及宇宙中的尘埃、星云。这团物质按照逆时针方向不停地旋转，并且越来越小，其中轻的物质飞到太阳系的外面，重的物质形成了行星，而地球就是其中的一颗行星。

知识拓展

一氧化碳是一种碳氧化合物，一般情况下表现为无色、无味、无臭的气体。在工业上，一氧化碳主要用于生产甲醇和光气等物质。

dì qiú shì yuán de ma
地球是圆的吗？

答：

xiǎo péng yǒu men duì dì qiú yí yí dìng bú mò
小朋友们对地球仪一定不陌

shēng yīn wèi dì qiú yí shì fēi cháng biāo zhǔn de yuán qiú
生。因为地球仪是非常标准的圆球

tǐ yú shì hěn duō xiǎo péng yǒu wù yǐ wéi dì qiú yě shì
体，于是很多小朋友误以为地球也是

yí gè biāo zhǔn de yuán qiú tǐ shí jì shang zhēn zhèng de
一个标准的圆球体。实际上，真正的

dì qiú shì yí gè jìn sì tuǒ yuán de bù guī zé qiú tǐ
地球是一个近似椭圆的不规则球体。

zhè zhǔ yào shì yīn wèi dì qiú de zì zhuàn huì chǎn shēng lí xīn
这主要是因为地球的自转会产生离心

lì qí zhōng chì dào fù jìn shòu dào de yǐng xiǎng zuì dà
力，其中赤道附近受到的影响最大，

ér nán běi liǎng jí shòu dào de yǐng xiǎng jiào xiǎo zài jiā shàng
而南北两极受到的影响较小，再加上

dì qiú biǎo miàn yǒu āo tū bù píng de dì mào yīn cǐ zài
地球表面有凹凸不平的地貌，因此在

dì qiú zì zhuàn yǔ dì mào de gòng tóng zuò yòng xià dì qiú
地球自转与地貌的共同作用下，地球

地球

jiù chéng le yí
就成了一

gè chì dào wēi wēi gǔ
个赤道微微鼓

qǐ liǎng jí shāo biǎn de bù guī zé qiú tǐ kàn qǐ lái hé
起，两极稍扁的不规则球体，看起来和

wǒ men píng shí chī de dà yā lí fēi cháng xiāng sì li
我们平时吃的大鸭梨非常相似哩！

知识拓展

我们生活在地球的表面，却不会掉下去。这是因为地球是一个具有强大引力的星球，地心所产生的引力能够将地球上所有的事物都牢牢地吸住。

地球有多少岁？

每个人都有自己的年龄，地球也不例外，也有自己的年龄。

一般情况，树木依据年轮判断年龄，动物依据牙齿判断年龄，那地球的年龄应该怎样判断呢？

我们知道地壳主要由岩石构成，所以我们可以通过计算岩石的年龄来推算地壳的年龄。那又该如何计算岩石的年龄呢？岩石中含有一些放射性物质，这些物质会随着时间的推移进

xíng fēn liè bìng shēng chéng yí dìng liàng de xīn wù zhì ér qiě
行分裂并生成一定量的新物质，而且
zhè ge guò chéng wǎng wǎng bǐ jiào wěn dìng jī hū bú shòu wài
这个过程往往比较稳定，几乎不受外
jiè yīn sù de yǐng xiǎng bǐ rú yí kè yóu yuán sù jīng
界因素的影响。比如，一克铀元素经
guò yì nián shí jiān fēn liè chéng de qiān hé hài de hán liàng jī
过一年时间分裂成的铅和氦的含量基
běn shang shì gù dìng de suǒ yǐ kē xué jiā men kě yǐ
本上是固定的。所以，科学家们可以

地球

duì yán shí zhōng mǒu gè fàng shè xìng yuán sù suǒ fēn liè shēng
对岩石中某个放射性元素所分裂、生
chéng de xīn wù zhì hán liàng jìn xíng jiǎn cè cóng ér tuī suàn
成的新物质含量进行检测，从而推算
shēng chéng zhè xiē xīn wù zhì suǒ xū yào de shí jiān ér zhè
生成这些新物质所需要的时间，而这
ge shí jiān zhèng shì yán shí de nián líng yě shì dì qiào de
个时间正是岩石的年龄，也是地壳的
nián líng yǒu kē xué jiā yǐ jīng suàn chū dì qiào de nián líng
年龄。有科学家已经算出地壳的年龄
dà yuē shì yì suì bú guò dì qiú zài xíng chéng dì
大约是36亿岁。不过，地球在形成地
qiào zhī qián dà yuē jīng lì le yì nián de róng róng zhuàng
壳之前大约经历了10亿年的熔融状
tài shí qī jiā shàng zhè yì nián dì qiú de nián líng
态时期，加上这10亿年，地球的年龄
chà bu duō shì yì suì zěn me yàng dì qiú suàn bu
差不多是46亿岁！怎么样，地球算不
suàn yí wèi lǎo shòu xing
算一位老寿星？

知识拓展

宇宙飞船是一种航天器，可以运送航天员和货物到达太空并返回。根据使用次数，可以分为一次性使用和重复使用两种。

chòu yǎng céng néng bǎo hù dì qiú ma
臭氧层能保护地球吗？

答：

dì qiú gāng dàn shēng shí dì qiú shang shén me
地球刚诞生时，地球上什么
yě méi yǒu hòu lái yǎn biàn chéng xiàn zài wǒ men suǒ kàn dào
也没有，后来演变成现在我们所看到
de zhè ge yàng zi chòu yǎng céng qǐ zhe zhì guān zhòng yào de
的这个样子，臭氧层起着至关重要的
zuò yòng chòu yǎng céng xiàng shì dì qiú de fáng hù fú suī
作用。臭氧层像是地球的防护服，虽
rán míng zi bù hǎo tīng dàn shì zài bǎo hù dì qiú fāng miàn
然名字不好听，但是在保护地球方面，
shì rèn hé qí tā wù zhì dōu bǐ bù liǎo de chòu yǎng shì
是任何其他物质都比不了的。臭氧是
yì zhǒng dàn lán sè de yǒu diǎnr chòu wèi de qì tǐ
一种淡蓝色的、有点儿臭味的气体。
jǐn guǎn tā yǒu diǎnr chòu kě duì yú dì qiú ér yán
尽管它有点儿臭，可对于地球而言，
què shì bù kě huò quē de yì cháng dà yǔ guò hòu wǒ
却是不可或缺的。一场大雨过后，我
men huì gǎn jué kōng qì qīng xīn zhè jiù shì chòu yǎng de gōng
们会感觉空气清新，这就是臭氧的功

láo yīn wèi chòu yǎng néng qǐ dào shā jūn xiāo dú jìng huà
劳，因为臭氧能起到杀菌消毒、净化
kōng qì de zuò yòng
空气的作用。

chòu yǎng céng jù lí dì miàn qiān mǐ chòu
臭氧层距离地面25~35千米，臭
yǎng céng néng gòu xī shōu tài yáng guāng zhōng dà liàng de zǐ wài
氧层能够吸收太阳光中大量的紫外
xiàn dà dà jiàng dī zǐ wài xiàn duì rén lèi de shāng hài
线，大大降低紫外线对人类的伤害。
cǐ wài chòu yǎng céng jù yǒu tiáo jié dì biǎo qì wēn de zuò
此外，臭氧层具有调节地表气温的作
yòng bái tiān chòu yǎng céng jiǎn shǎo le yáng guāng duì dì qiú
用，白天，臭氧层减少了阳光对地球
de zhào shè shǐ dì qiú biǎo miàn wēn dù bú huì tài gāo
的照射，使地球表面温度不会太高；
yè wǎn chòu yǎng céng néng gòu zài hěn dà chéng dù shang zǔ
夜晚，臭氧层能够在很大程度上阻
dǎng dì biǎo rè liàng de liú shī shǐ dì qiú biǎo miàn wēn dù
挡地表热量的流失，使地球表面温度

臭氧层

不会快速下降，进而缩小了昼夜温差，为人类创造了适宜的生存环境。由此可见臭氧层对人类的作用有多大，不过随着工业的发展，大气污染越来越严重，臭氧层遭到严重的破坏。长此以往，我们的“防护服”就会变得千疮百孔，这不得不引起我们的高度重视啊！

知识拓展

存在于太阳光中的紫外线会危害人的眼睛和皮肤，过量照射紫外线会使皮肤老化，出现皱纹和雀斑。

hā léi huì xīng huì zhuàng shàng dì qiú ma
哈雷彗星会撞上地球吗？

答：

hā léi huì xīng shì rén lèi lì shǐ shang dì yī
哈雷彗星是人类历史上第一
gè yǒu jì lù bìng qiě néng gòu yòng ròu yǎn zhí jiē kàn dào de
个有记录并且能够用肉眼直接看到的
duǎn zhōu qī huì xīng yīn wèi fā xiàn tā de rén shì yīng guó
短周期彗星，因为发现它的人是英国
tiān wén xué jiā hā léi suǒ yǐ qí bèi mìng míng wéi hā
天文学家哈雷，所以其被命名为“哈
léi huì xīng
雷彗星”。

yǒu guān jì lù jì zǎi cóng gōng yuán qián nián
有关记录记载，从公元前240年
zhì nián zhè nián jiān hā léi huì xīng zǒng
至1910年这2150年间，哈雷彗星总
gòng zài dì qiú shàng kòng chū xiàn guò cì yīn cǐ kē
共在地球上空出现过29次。因此，科
xué jiā men tuī suàn hā léi huì xīng chū xiàn zài dì qiú shàng kōng
学家们推算哈雷彗星出现在地球上空
de zhōu qī zài nián zhì nián zhī jiān miàn duì zhè
的周期在76年至79年之间。面对这

yàng de qíng kuàng yǒu rén biàn kāi shǐ dān yōu hā léi huì
样的情况，有人便开始担忧：哈雷彗
xīng huì bú huì zhuàng shàng dì qiú
星会不会撞上地球？

qí shí zhè yàng de dān yōu kě yǐ shuō shì qǐ rén
其实这样的担忧可以说是杞人
yōu tiān suī rán hā léi huì xīng hé dì qiú dōu wéi rào zhe
忧天。虽然哈雷彗星和地球都围绕着
tài yáng zhuàn dàn liǎng zhě de guǐ dào bìng méi yǒu jiāo diǎn
太阳转，但两者的轨道并没有交点，
yīn cǐ hā léi huì xīng bù kě néng yǔ dì qiú xiāng zhuàng
因此，哈雷彗星不可能与地球相撞。

彗星

当然，也不排除宇宙中出现其他干扰彗星轨道的因素的可能，但是这种可能性是微乎其微的。

因此，在正常情况下，哈雷彗星是不会撞击地球的，大家不用为此担忧。

知识拓展

彗星是围绕着太阳运动的一些小天体，目前被人类发现的彗星数量已经超过1600颗了。其实早在古代，人们就见过彗星，只不过在当时人们叫彗星为“扫把星”，因为彗星划过天际时，身后留下长长的尾巴，好似扫帚一般。

走进地球

地球是我们美丽的家园，你了解地球吗？你知道它的内部结构是什么样子的吗？那就让我们一起走进地球，领略地球的美。

老师，地球上为什么会有那么多山脉？

这是地壳运动的结果。

什么是地壳运动呢？

地壳运动就是地壳发生挤压、拉伸、断裂、移位等变化。地球表面有山脉、河流、峡谷等不同地貌，都是地壳运动造就的。现在，让我们一起去欣赏各种各样的地貌风光吧！

问：

róng dòng shì zěn yàng xíng chéng de
溶洞是怎样形成的？

答：

róng dòng de xíng chéng shì yí gè cháng qī de guò
溶洞的形成是一个长期的过

chéng shí huī yán dì qū zài dì xià shuǐ cháng shí jiān róng shí
程，石灰岩地区在地下水长时间溶蚀

xià gài zhì zhú jiàn róng jiě jīng guò jǐ shí wàn nián shèn
下，钙质逐渐溶解，经过几十万年，甚

zhì jǐ bǎi wàn nián de chén jī gài huà shí huī yán de dì
至几百万年的沉积钙化，石灰岩的地

岩洞

表就会出现溶沟和溶槽，而地下逐渐变成空洞。含钙质的水在流动的过程中，会因为各种原因堆积并沉淀下来，慢慢地就形成钟乳石、石笋等形态。假如含钙质的水是从溶洞顶部流下来的，那就会积聚成钟乳石、石花等。溶洞顶部的钟乳石和地面的石笋连接起来，就会形成各种各样的石柱。

知识拓展

石灰岩又叫灰岩，主要成分是方解石。石灰岩有灰色、灰白色、浅红色等，硬度不大，如果遇到稀盐酸会发生剧烈的化学反应。石灰岩主要是在浅海的环境下形成。

dì qiú shang de shān shì zěn yàng xíng chéng de
地球上的山是怎样形成的？

dì qiú shang de shān àn zhào chéng yīn kě yǐ fēn
地球上的山按照成因可以分
wéi sān dà lèi gòu zào shān qīn shí shān hé duī jī shān
为三大类：构造山、侵蚀山和堆积山。

gòu zào shān shì dì qiào yùn dòng de jié guǒ dì
构造山是地壳运动的结果。地
qiào shì yóu yán shí zǔ chéng de dāng mǒu gè qū yù de dì
壳是由岩石组成的，当某个区域的地
qiào yīn wèi dì qiú nèi bù de zuò yòng lì ér chǎn shēng zhě
壳因为地球内部的作用力而产生褶
zhòu shí dì biǎo yán céng jiù huì fā shēng biàn xíng yào me
皱时，地表岩层就会发生变形，要么
lóng qǐ yào me yīn guò dù jǐ yā ér duàn liè lóng qǐ
隆起，要么因过度挤压而断裂。隆起
de dì fang zhí jiē xíng chéng le shān duàn liè de dì fang
的地方直接形成了山；断裂的地方，
yí bù fen yán shí céng huì jì xù shàng shēng yě xíng chéng
一部分岩石层会继续上升，也形成
le shān zhè liǎng zhǒng yuán yīn xíng chéng de shān dōu shì gòu
了山。这两种原因形成的山都是构

造山。

侵蚀山是原来的构造山因长期受到风力、流水等外力的侵蚀而形成的山。堆积山是地表的岩石、泥沙等物质在风力、流水等外力作用下，不断地被搬运到某处，经过长时间堆积而形成的山体。堆积山通常比较孤立，常见的堆积山有火山、沙山等。

知识拓展

喜马拉雅山脉在梵语中意为雪域，位于青藏高原南巅边缘，是世界上海拔最高的山脉。主峰是珠穆朗玛峰，海拔高达8848.86米。相关数据表明，珠穆朗玛峰每年都会增高1厘米左右。

shā mò li de lǜ zhōu
沙漠里的绿洲
shì zěn me xíng chéng de
是怎么形成的？

shā mò li gān hàn yán rè, hěn shǎo yǒu zhí wù néng shēng zhǎng, dàn shì wǒ men yǒu shí hou néng zài shā mò li fā xiàn lǜ zhōu。 wǒ men dōu zhī dào zhí wù de shēng

沙漠里干旱炎热，很少有植物能生长，但是我们有时候能在沙漠里发现绿洲。我们都知道植物的生

zhǎng bì xū yǒu shuǐ nà me shā mò li de shuǐ shì nǎ
长必须有水，那么，沙漠里的水是哪

lǐ lái de tā men qí zhōng yí bù fen shì yóu gāo shān
里来的？它们其中一部分是由高山

shang de xuě róng huà ér lái de zhè xiē shuǐ liú jīng shā mò
上的雪融化而来的，这些水流经沙漠

shí huì shèn rù shā zi biàn chéng dì xià shuǐ dì xià shuǐ
时会渗入沙子，变成地下水，地下水

zài yán zhe yán céng liú dào dī wā dì dài shuǐ jī jù duō
再沿着岩层流到低洼地带，水积聚多

le jiù huì yǒng chū dì miàn
了就会涌出地面。

沙漠绿洲

沙漠的水源除了融化的雪水之外，还有地壳运动过程中的不透水岩层断裂导致的地下水渗出。冰雪融化和地壳运动为沙漠带来了水源，而水源为植物的生长提供了条件，所以沙漠中才有了绿洲。

知识拓展

沙漠指的是地面完全被沙子覆盖，植物、雨水稀少，空气干燥的地区。有些沙漠属于盐滩，完全没有草木，但是在那里能找到很多文物和古化石。

森林能留住多少雨水？

答：据相关部门调查，每平方千米的森林能存5~10吨水，一旦遇到下雨天，茂密森林的树冠能截住15%~40%的降水量。降雨强度越小，树冠截留的雨量就会越大。没有被树冠截留的雨水流到地面之后，会被大树底下的植被和腐叶吸收，真正被地表蒸发掉的水分只占5%~10%。

树木种类不同，截留的雨量也不相同。例如，10年生的柞树林对雨水的截留量为36.1%；7年生油松林截留量为30.1%；5年生的刺槐林截留量为27.5%。不同树木不光是雨水截留量不同，其枯枝落叶的吸水量也不一样。如柞树的吸水量为180%；油松的吸水量为40%；刺槐的则为120%。

森林

yóu cǐ kě jiàn sēn lín néng gòu liú zhù dà bù fen de
由此可见，森林能够留住大部分的
yǔ shuǐ zhǐ yǒu hěn shǎo yí bù fen yǔ shuǐ huì shèn rù dì
雨水，只有很少一部分雨水会渗入地
xià zhè dà dà jiàng dī le yǔ shuǐ duì dì biǎo de qīn shí
下，这大大降低了雨水对地表的侵蚀
chéng dù
程度。

知识拓展

油松属于松科针叶常绿乔木，最高达25米。树皮下部呈灰褐色，一般会裂成不规则鳞块。油松是中国特有的树种，为阳性树种，喜欢阳光，抗瘠薄、抗风。

huáng tǔ gāo yuán shì zěn yàng xíng chéng de
黄土高原是怎样形成的？

jù tǒng jì huáng tǔ gāo yuán shang fù gài de
据统计，黄土高原上覆盖的
huáng tǔ miàn jī yǐ jīng dá dào wàn píng fāng qiān mǐ tǔ
黄土面积已经达到37万平方千米，土
céng hòu dù yě yǒu duō mǐ huáng tǔ gāo yuán shang de
层厚度也有100多米，黄土高原上的

●黄土高原

土来自中亚、中国西北部沙漠地区，这些地区本来就干燥且植被稀疏，再加上昼夜温差大，岩石因频繁的热胀冷缩而不断分裂，变成了尘土。每年的冬季，此地区都会刮西北风，沙粒随着风飘在空中，最后降落在秦岭以北的地区，经过长时间积累就形成了现在无边无际的黄土高原。

知识拓展

秦岭可以分成狭义上的秦岭和广义上的秦岭，文章中指的是狭义上的秦岭，主要是指陕西南部、渭河与汉江之间的山地，东边以灞河和丹江河谷为界限，西边到嘉陵江。

nǐ jiàn guò huǒ shān bào fā ma
你见过火山爆发吗？

答：

huǒ shān bào fā shì yì zhǒng qí tè de dì zhì
火山爆发是一种奇特的地质
xiàn xiàng zhǔ yào shì dì qiào yùn dòng de jié guǒ yě shì
现象，主要是地壳运动的结果，也是
dì qiú nèi bù de rè liàng zài dì biǎo shì fàng de yì zhǒng fāng
地球内部的热量在地表释放的一种方
shì dì qiú nèi bù de bǎn kuài fā shēng mó cā shí huì chǎn
式。地球内部的板块发生摩擦时会产
shēng dà liàng de rè liàng xíng chéng jú bù gāo wēn shǐ dì
生大量的热量，形成局部高温，使地
màn nèi shàng xià chǎn shēng jù dà wēn dù chā jìn ér yǐn qǐ
幔内上下产生巨大温度差，进而引起

火山

地幔对流。随着地幔对流的加剧，下层高温中的矿物质就会不断上升，在上升过程中会发生熔融并形成岩浆囊。岩浆囊会继续上升，直到岩浆囊内部的压力大过外部压力时，岩浆就会从地表的裂缝或者岩层较薄的地方冲出来，形成喷发之势。于是，我们就看到了火山爆发的壮观景象。

知识拓展

岩浆是地质学的专业术语，指产生在上地幔与地壳深处，主要成分是硅酸盐的高温黏稠的熔融物质。岩浆喷出地表以后，被称为熔岩。

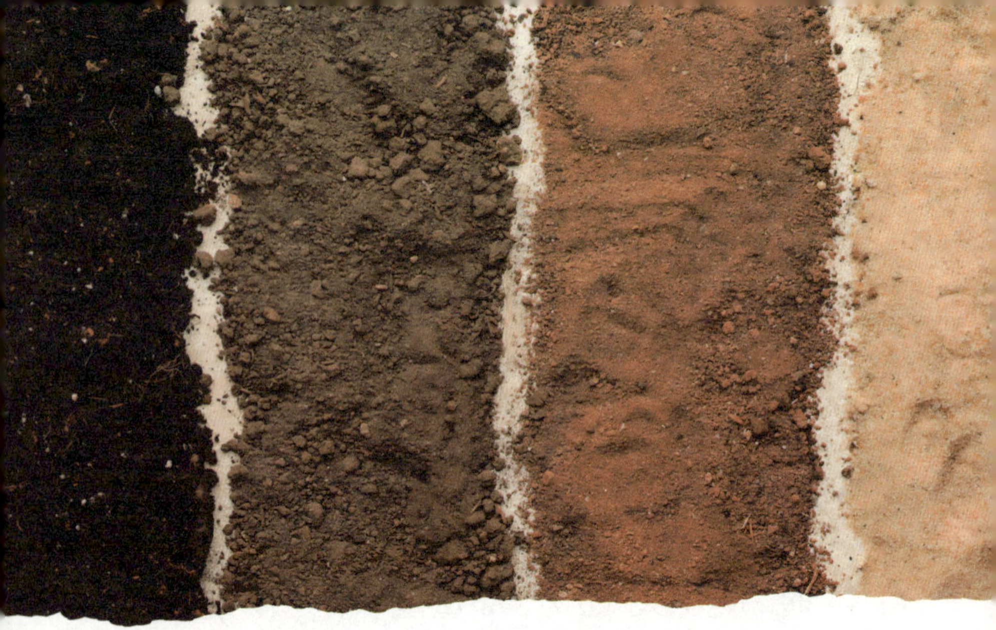

土壤的颜色为什么不相同?

答:土壤一般有白色、棕色、黑色、黄色等颜色。土壤的颜色不一样与土壤中的化合物有关。如自身颜色或者其中所含矿物质颜色是单一的,岩石在风化后就会形成白色土壤。在北方，由于气候干燥，土壤长期处于弱淋溶的状态，土壤中的硅、铁、铝等物质被留了下来，因此土壤就会呈红色。黑色土壤的形成主要是因为草原植物为土壤提供了很多腐殖质，经过长时间的沉淀，土壤就变成了黑色。

知识拓展

化合物是由两种或两种以上不同元素组成的纯净物。化合物里面的原子之间是按照一定比例存在的。按照组成不同，可以分成无机化合物和有机化合物。

问：

shā mò shì zěn me xíng chéng de
沙漠是怎么形成的？

答：

guò qù rén men yì zhí rèn wéi dǎo zhì shā mò
过去，人们一直认为导致沙漠
chū xiàn de zhēn xiōng shì gān hàn qì hòu dàn shì hòu lái
出现的真凶是干旱气候。但是，后来
rén men fā xiàn bìng bú shì suǒ yǒu de shā mò dōu wèi yú gān
人们发现并不是所有的沙漠都位于干
hàn dì qū bǐ rú yìn dù de tǎ ěr shā mò jiù chǔ
旱地区。比如，印度的塔尔沙漠就处
yú xī nán jì fēng qū zhè lǐ qì hòu wēn rè shuǐ liàng
于西南季风区。这里气候温热、水量
chōng zú wèi shén me yě xíng chéng le shā mò duì cǐ
充足，为什么也形成了沙漠？对此，
yǒu kē yán rén yuán tí chū gāi dì qū de shā mò huà kě
有科研人员提出，该地区的沙漠化可
néng shì rén wéi yīn sù dǎo zhì de rén lèi duì sēn lín luàn
能是人为因素导致的。人类对森林乱
kǎn làn fá dǎ pò le sēn lín de wěn dìng jié gòu hé shēng
砍滥伐，打破了森林的稳定结构和生

态平衡，导致这里的土地不断地沙化，最终变成了广阔的沙漠。

为了搞清楚沙漠形成的真正原因，地质学家们做了大量的研究工作。可目前还没有统一的结论，但有几种理论普遍受到认同。一种理论是海洋退缩之后，原来是海底的地方变成了沙漠。另一种理论是，沙漠最初并不是全部由沙子构成的，但因为其地处大陆的中心，湿润的气流被高山挡住，无法到达，所以气候越来越干燥，最后变成了沙漠。现在大家比较认同的说法是，

沙漠

shā mò shì gè zhǒng yīn sù gòng tóng zuò yòng de jié guǒ chú
沙漠是各种因素共同作用的结果。除
le qì hòu yuán yīn shǎo yǔ duō fēng yǐ jí rén lèi huó dòng
了气候原因，少雨、多风以及人类活动
děng yīn sù yě duì shā mò de xíng chéng yǒu tuī dòng zuò yòng
等因素也对沙漠的形成有推动作用。

rán ér zhè xiē dōu zhǐ shì rén men de tuī lùn
然而，这些都只是人们的推论。
xǔ duō shā mò xíng chéng de yuán yīn jiū jìng shì shén me shì
许多沙漠形成的原因究竟是什么，是
zì rán hái shì rén wéi yīn sù dǎo zhì huò zhě shì liǎng zhě
自然还是人为因素导致？或者是两者
de gòng tóng zuò yòng dá àn hái xū yào kē xué jiā men jìn
的共同作用？答案还需要科学家们进
yí bù tàn suǒ yǔ yán jiū
一步探索与研究。

知识拓展

戈壁是一种地质现象，是沙漠的一种，地面主要由砾石组成，也叫作戈壁滩。戈壁滩的意思是大范围的沙漠地区。主要分布在我国的新疆、青海、甘肃等地。

zuàn jǐng jì shù wèi shén me bù néng shēn rù dào dì qiú shēn chù

钻井技术为什么不能深入到地球深处?

答:

zuàn jǐng jì shù hái bù néng shēn rù dì qiú shēn
钻井技术还不能深入地球深
chù zhǔ yào shì yīn wèi xiàn zài de jì shù shuǐ píng yǒu xiàn
处，主要是因为现在的技术水平有限。
dì qiú de bàn jìng shì qiān mǐ ér rén lèi de zuàn
地球的半径是6371千米，而人类的钻
jǐng jì shù zuì shēn cái dào qiān mǐ hái bú dào dì qiú
井技术最深才到12千米，还不到地球
bàn jìng de bǎi fēn zhī yī suī rán zuàn jǐng jì shù yì zhí
半径的百分之一。虽然钻井技术一直
bèi chēng wéi shēn rù dì qiú nèi bù de wàng yuǎn jìng
被称为“深入地球内部的望远镜”，
dàn shì dì qiú nèi bù hěn fù zá wēn dù yě gāo mù qián
但是地球内部很复杂，温度也高，目前
de shè bèi gēn běn wú fǎ tàn cè dào gèng shēn de dì fang
的设备根本无法探测到更深的地方。

知识拓展

钻井是指利用机械设备从地面钻凿井眼的工程。这项技术一般用于勘探或者开发石油、天然气等液态或者气态矿产资源。

钻井

地震有哪些种类？

地震学家根据地震发生的不同原因，把地震分成以下几种。

第一，构造地震，这类地震发生的原因主要是板块的移动。当地下岩石不能承受地应力时，就会发生突然、快速的破裂，与此同时会产生一种地震波，地震波引起地面振动，就发生了地震。地球上85%～90%的地震属于构造地震。

第二，火山地震，即因火山喷发

dǎo zhì de dì zhèn
导致的地震。

dì sān shuǐ kù dì zhèn zhè lèi dì zhèn shì yīn
第三，水库地震，这类地震是因

wèi shuǐ kù xù shuǐ fáng shuǐ yǐn qǐ de dì zhèn
为水库蓄水、防水引起的地震。

dì sì xiàn luò dì zhèn shì yīn dì céng xiàn luò
第四，陷落地震，是因地层陷落

ér fā shēng de dì zhèn
而发生的地震。

dì wǔ rén gōng dì zhèn zhè lèi dì zhèn shì rén
第五，人工地震，这类地震是人

wéi yīn sù zào chéng de rú hé bào zhà děng
为因素造成的，如核爆炸等。

知识拓展

核爆炸是指核武器或者核装置在几微秒的时间内释放出大量能量的过程。爆炸发生后，最先产生的是发光火球，接着是蘑菇状烟云，这属于核爆炸的典型表现。

江河湖海

在地球表面，海洋、湖泊、河流等水体占据了百分之七十的面积，江河湖海是怎么形成的，又有哪些特点呢？让我们一起来学习一下。

老师，江河湖海和陆地相比，哪个面积占比大？

当然是江河湖海了。

地球上都有哪些河流呢？

地球上的河流实在是太多了，我们一起来学习下面的知识吧。

河流是如何形成的？

答：世界上最长的尼罗河全长约6670千米，流经了卢旺达、苏丹等国家，最终流入地中海；世界第二大

河流

河是亚马孙河，全长约6400千米，最终流入大西洋；世界第三大河是长江，全长约6300千米，最终流入太平洋。这些大江大河虽然很长，但都有源头，它们的源头大多在高原或者山岭。

降水落到山坡或者高地后，就会沿着斜坡自然往下流入低洼地方。日复一日，水流会把低洼地方冲刷得更低，面积也更大，于是就形成了纵横交错的沟槽。沟槽在地质学中的名字叫“冲沟”。沟槽中的流水一边向下冲刷，并加深水道；一边又反过来向上对山脉进行溯源侵蚀，也就是向上方拓展长度，这样沟谷的源头就慢慢地侵蚀到山脉的最高处。

冲沟长时间经受雨水的冲刷，越来越深，同时还不断地向下侵蚀，使沟底也越来越深，最后形成大峡谷。当冲沟与地下水连接起来时，冲沟的水源就得到了保障，冲沟一方面接受地下水的供给，另一方面接受大气降水的补充。这时冲沟再也不用担心会断水，也就诞生了一种新的地貌——河流。

知识拓展

峡谷一般是指谷坡陡峭、深度大于宽度的山谷。我国长江流域的三峡就是著名的峡谷。

wēn quán shì zěn yàng xíng chéng de
温泉是怎样形成的？

答：

wēn quán shì cóng dì xià zì rán yǒng chū de quán
温泉是从地下自然涌出的泉
shuǐ wēn quán shuǐ de lái yuán zhǔ yào yǒu shèn rù dì xià de
水，温泉水的来源主要有渗入地下的
tiān rán jiàng shuǐ yě yǒu zài dì céng xià fēng cún de dì xià
天然降水，也有在地层下封存的地下
shuǐ dāng dì xià shuǐ bèi rè yuán rú yán jiāng jiā rè hòu
水。当地下水被热源（如岩浆）加热后

温泉

jiù huì chéng wéi rè shuǐ dāng dì xià de rè shuǐ huì jí de
就会成为热水。当地下的热水汇集得
yuè lái yuè duō yā lì dà dào zú yǐ kè fú dì miàn de
越来越多，压力大到足以克服地面的
zǔ lì shí jiù huì cóng dì xià pēn yǒng ér chū zhè jiù
阻力时，就会从地下喷涌而出，这就
xíng chéng le wēn quán
形成了温泉。

知识拓展

喷泉和温泉一样，都是从地下喷射出来的水，但喷泉依靠的是人工喷水设备，利用水泵提供水压，让水通过喷头喷洒出来，喷泉一般还具有特定形状。

沼泽

zhǎo zé shì zěn yàng xíng chéng de

沼泽是怎样形成的？

答：

zhǎo zé shì zhǐ cháng nián shī rùn shēng zhǎng zhe

沼泽是指常年湿润，生长着

zhí wù de ní nìng dì dài jiāng hé hǎi de biān yuán

植物的泥泞地带。江、河、海的边缘

hé qiǎn shuǐ dì fang shuǐ cǎo cóng shēng shuǐ xià cháng qī duī jī

和浅水地方水草丛生，水下长期堆积

ní shā hé dà liàng bèi fēn jiě de shuǐ cǎo cán tǐ jiǔ ér

泥沙和大量被分解的水草残体，久而

jiǔ zhī jiù xíng chéng le zhǎo zé lìng wài zài sēn lín dì dài
久之就形成了沼泽。另外在森林地带

hé wā dì yóu yú dì shì dī píng pái shuǐ bù jí shí
和洼地，由于地势低平，排水不及时，

dì miàn cháng qī chǔ yú cháo shī zhuàng tài jiù huì fán zhí
地面长期处于潮湿状态，就会繁殖

chū dà liàng de shī shēng zhí wù dāng zhè xiē zhí wù méi làn
出大量的湿生植物。当这些植物霉烂

hòu xíng chéng le hēi sè ní tàn jiǔ ér jiǔ zhī yě huì
后，形成了黑色泥炭，久而久之也会

xíng chéng zhǎo zé
形成沼泽。

知识拓展

微生物是需要借助光学显微镜或电子显微镜才能观察到的一切微小生物的总称。比如细菌、病毒、真菌以及一些小型的原生生物等，这些生物群体虽然微小，却与人类关系密切。

问：

wèi shén me shuǐ huì liú xiàng dī chù

为什么水会流向低处？

答：

wǒ men píng shí jiàn dào de shuǐ dōu shì cóng gāo
我们平时见到的水都是从高
chù liú xiàng dī chù zhè zhǔ yào shì dì qiú yǐn lì de zuò
处流向低处，这主要是地球引力的作
yòng dì qiú shang de suǒ yǒu shì wù dōu shòu dào dì xīn yǐn
用。地球上的所有事物都受到地心引
lì de qiān yǐn qiě zài bù tóng de dì mào huò zhě dì shì
力的牵引，且在不同的地貌或者地势
gāo dù shang suǒ shòu yǐn lì dà xiǎo bù tóng tōng cháng qíng
高度上，所受引力大小不同。通常情
kuàng xià tóng yí dì qū dì shì yuè gāo suǒ shòu dì xīn
况下，同一地区地势越高，所受地心
yǐn lì jiù yuè xiǎo fǎn zhī zé yuè dà
引力就越小，反之则越大。

shuǐ shǔ yú yè tǐ běn shēn jù yǒu liú dòng xìng
水属于液体，本身具有流动性，

冰川融化后的水

当水在非水平的地面上时，会在引力的作用下被“拉”向低处，所以就形成了水流从高处流向低处的现象。而且地势间的高度差会让水在落向低处时产生动能，进而推动着水流继续朝前运动。

知识拓展

我国地势整体上为西高东低，所以我国的河流大部分都是从西向东流，只有少数地区会出现西低东高的地势，这种地区的流水则是自东向西流。

hé liú shì rú hé zì wǒ jìng huà de
河流是如何自我净化的？

● 水

答：

hé liú jù bèi zì
河流具备自

wǒ jìng huà de néng lì dāng
我净化的能力。当

wū shuǐ fèi shuǐ hé fèi qì wù
污水、废水和废弃物

pái dào hé li de shí hou hé
排到河里的时候，河

shuǐ de shuǐ zhì jiù huì shòu dào wū
水的水质就会受到污

rǎn shuǐ shòu dào wū rǎn zhī hòu
染。水受到污染之后，

这些污水先是被流水混合、扩散，接着开始氧化。河流表面会不断地从空气中获取氧气，使氧化过程中消耗的氧气得到补充。经过一段时间的氧化，污水中的有机物得到不同程度的矿化，河水又恢复到原来的状态。

知识拓展

矿化作用是指在土壤微生物的作用下，土壤中的有机态化合物转化为无机态化合物的过程。矿化作用对于自然界中碳、氮、磷和硫等元素的物质循环非常重要。

hé shuǐ zuì zhōng liú xiàng le nǎ lǐ
河水最终流向了哪里？

答：

yì bān lù dì hé liú shì yóu mǒu gè qū yù
一般陆地河流是由某个区域

de dì biǎo shuǐ hé dì xià shuǐ bǔ chōng de tā men qǐ yuán
的地表水和地下水补充的，它们起源

yú gāo shān shùn zhe dì shì xiàng xià liú dòng zuì zhōng liú
于高山，顺着地势向下流动，最终流

河水

xiàng hǎi yáng dàn shì yě yǒu yí bù fen hé liú zuì zhōng liú
向海洋。但是也有一部分河流最终流

xiàng le nèi lù hú pō hái yǒu de hé liú zài liú dòng guò
向了内陆湖泊，还有的河流在流动过

chéngzhōng huì yǒu yí bù fen shuǐ shèn rù dì xià
程中，会有一部分水渗入地下。

知识拓展

内陆湖指的是在大陆内部不通海洋的湖泊。湖泊是陆地主要的淡水储存地，但也有咸水湖，世界上最大的内陆湖里海，就是世界上最大的咸水湖。

问：

为什么平原上的河流会“九曲十八弯”？

答：河流从高处流向低处时，会对地面进行垂直性侵蚀，这种情况被称为河流的下蚀作用。随着时间的流逝，河道变得越来越深。不过当河流流经平原的时候，河道就会变浅，水流也会变得平缓，河流的下蚀作用不再明显，取而代之的是侧蚀作用。

hé liú liú jīng píng yuán dì qū yù dào zǔ ài dì
河流流经平原地区，遇到阻碍地
xíng jiù huì gǎi biàn liú xiàng zài hé liú fāng xiàng tū rán gǎi
形，就会改变流向，在河流方向突然改
biàn de dì fang liú shuǐ zài guàn xìng de zuò yòng xià huì chōng
变的地方，流水在惯性的作用下会冲
jī qián fāng zǔ dǎng zì jǐ qián jìn de nà yí cè de hé àn
击前方阻挡自己前进的那一侧的河岸，
jiǔ ér jiǔ zhī zhuǎn xiàng chù jiù biàn chéng le wān dào hé liú
久而久之转向处就变成了弯道。河流
tú jīng píng yuán de guò chéng zhōng huì duō cì gǎi biàn liú xiàng
途经平原的过程中会多次改变流向，
yú shì jiù chū xiàn le xǔ duō wān dào suǒ yǐ jiù yǒu le píng
于是就出现了许多弯道，所以就有了平
yuán shang de hé liú jiǔ qū shí bā wān de shuō fǎ
原上的河流“九曲十八弯”的说法。

知识拓展

淡水是指每升含盐量小于0.5克的水，是大多地球生物的饮用水。地球上共有14亿立方千米水，淡水储存量仅仅占全球总水量的1/50，还有近70%的水很难被开采出来，因此我们一定要节约用水。

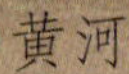
黄河

wèi shén me huáng hé
为什么黄河
shì zhōng huá mín zú de mǔ qīn hé
是中华民族的母亲河?

huáng hé fā yuán yú qīng zàng gāo yuán bā yán kā
黄河发源于青藏高原巴颜喀
lā shān shān lù de kǎ rì qū dà zhì shang chéng jǐ
拉山山麓的卡日曲,大致上呈“几”
zì xíng zhōng tú liú jīng qīng hǎi sì chuān děng jiǔ gè shěng
字形,中途流经青海、四川等九个省,

zuì hòu huì rù bó hǎi
最后汇入渤海。

huáng hé shì wǒ guó wén míng de fā yuán dì jù jīn
黄河是我国文明的发源地，距今
jǐ shí wàn nián de lán tián rén hé jǐ wàn nián qián de hé tào
几十万年的蓝田人和几万年前的河套
rén dōu shēng huó zài zhè lǐ wǒ men zhōng huá mín zú de
人都生活在这里。我们中华民族的
zǔ xiān cóng gǔ dài qǐ jiù kāi shǐ zài huáng hé liú yù cóng shì
祖先从古代起就开始在黄河流域从事
shēng chǎn huó dòng huáng hé xiàng mǔ qīn yí yàng bǔ yù le yí
生产活动，黄河像母亲一样哺育了一

dài yòu yí dài de huá xià ér nǚ suǒ yǐ huáng hé shì
代又一代的华夏儿女。所以，黄河是
zhōng huá mín zú de mǔ qīn hé zuò wéi zhōng huá ér nǚ
中华民族的母亲河，作为中华儿女，
wǒ men yǒu yì wù bǎo hù huáng hé de shēng tài huán jìng
我们有义务保护黄河的生态环境。

知识拓展

蓝田人又叫作蓝田猿人，生活在旧石器时代，属于早期的直立人。因其在陕西省蓝田县公王岭被发现而命名为蓝田人。他们的容貌更像猿猴，智力和四肢与现代人有较大的区别。

两极地带

两极地带的积雪常年不化，那里有哪些自然资源，动植物又是怎么生长的呢？让我们一起来学习一下。

老师，两极为什么那么冷呢？

因为它们位于地球的两端，没有太阳直射，常年被冰雪覆盖，所以温度比较低。

那为什么要在南极建立考察站呢？

在南极地区建立考察站是为了方便科学家们在那里进行科学考察和相关研究。既然你有这么多问题，那就让我们一起走进两极地带。

dǎo zhì nán jí bīng chuān kuài sù róng huà de
导致南极冰川快速融化的

yuán yīn shì shén me
原因是什么？

bù fen zhuān jiā rèn wéi dà qì wēn dù hé
部分专家认为，大气温度和

hǎi shuǐ wēn dù de kuài sù shēng gāo dǎo zhì nán jí yán hǎi de
海水温度的快速升高导致南极沿海的

bīng jià bú duàn xiāo róng ér dà qì wēn dù hé hǎi shuǐ wēn
冰架不断消融。而大气温度和海水温

dù shàng shēng de zhǔ yào yuán yīn shì quán qiú biàn nuǎn jù
度上升的主要原因是全球变暖。据

冰川

权威刊物《地球物理研究通讯》报告，近50年来，全球的平均气温一直在持续且快速地升高。南极的拉森B冰架因扛不住高温，于2002年轰然塌陷。自本世纪以来，南极地区多座冰川都在加速融化。

那又是什么原因导致全球气温上升如此之快呢？或许，这和人类脱不开干系。随着人类工业化进程的加快，大气污染加剧。大气中的二氧化碳等温室气体大量增加，一方面破坏了大气的保护外衣——臭氧层，导致臭氧层调节气温的作用减弱；另一方

miàn zhè xiē qì tǐ běn shēn yòu huì dà liàng de xī rè zhí
面这些气体本身又会大量地吸热，直
jiē jiā sù le dì qiú biǎo miàn wēn dù de shàng shēng
接加速了地球表面温度的上升。

yě jiù shì shuō dǎo zhì nán jí bīng chuān kuài sù xiāo
也就是说，导致南极冰川快速消
róng de zhǔ yào yīn sù shì quán qiú biàn nuǎn ér quán qiú biàn
融的主要因素是全球变暖，而全球变
nuǎn de zuì kuí huò shǒu shì rén lèi kàn lái xiǎng yào jiǎn huǎn
暖的罪魁祸首是人类。看来想要减缓
nán jí bīng chuān róng huà de sù dù hái děi cóng wǒ men zì
南极冰川融化的速度，还得从我们自
shēn zhuó shǒu
身着手。

知识拓展

冰川是指在极地或高山地区上存在多年并具有沿地面运动状态的纯天然冰体。冰川是多年的积雪经过压实、结晶、再冻结后形成的，具有很强的侵蚀作用。

为什么要在极地建立考察站？

答：在极地建立考察站，是为了帮助科学家们更好地勘测极地的情况。在车辆难以到达的极地地区，考察站是科学家们重要的大本营，能为科学家们提供科研所需的基本环境和基本生活物资。科学家对南极和北极充满了好奇，这里是他们进行科学研究和探索的天然实验室。南北极虽然有许多值得科学家探索的地方，但是

méi yǒu jí dì kǎo chá zhàn kē xué jiā jiù wú fǎ cháng shí
没有极地考察站，科学家就无法长时
jiān de dāi zài zhè lǐ jìn xíng yán jiū
间地待在这里进行研究。

zài nán jí de fǎ ěr zī bàn dǎo shang yǒu hǎo duō
在南极的法尔兹半岛上，有好多
kǎo chá zhàn wǒ guó zài cǐ jiàn lì le nán jí cháng chéng
考察站。我国在此建立了南极长城
zhàn yǔ cháng chéng zhàn bǐ lín de shì é luó sī zhàn zhì
站，与长城站比邻的是俄罗斯站、智
lì zhàn děng zhè xiē kǎo chá zhàn dōu shǔ yú yuè dōng zhàn
利站等。这些考察站都属于越冬站，
cháng nián yǒu kē xué jiā zhù shǒu tā men zhǔ yào fù zé qì
常年有科学家驻守。他们主要负责气

xiàng dì zhèn diàn lí céng děng cháng guī guān cè kē xué
象、地震、电离层等常规观测，科学
shí yàn shì yě jù bèi hěn hǎo de tiáo jiàn zài cháng chéng
实验室也具备很好的条件。在长城
zhàn shí yàn shì lǐ miàn yǒu bǐ jiào xiān jìn de yíng guāng xiǎn
站实验室里面有比较先进的荧光显
wēi jìng shí tǐ xiǎn wēi jìng hǎi bīng zuàn děng shè bèi gōng
微镜、实体显微镜、海冰钻等设备，供
zhè lǐ de kē yán rén yuán yán jiū dà qì huà xué dì zhì
这里的科研人员研究大气化学、地质、
shēng wù děng xiàng mù
生物等项目。

nán běi jí shì gè shén mì de dì fang kē xué jiā
南北极是个神秘的地方，科学家

极地考察站

带着好奇心来探索未解之谜。到2012年为止，已经有40多个国家在这里建立科学考察站。

知识拓展

显微镜是由一个或几个透镜组合构成的一种光学仪器。显微镜的作用主要是放大微小物体，使其能够被人的肉眼能看到。

nǐ zhī dào bīng chuān shì zěn yàng yùn dòng de ma
你知道冰川是怎样运动的吗？

bīng chuān cháng nián chǔ yú yùn dòng de zhuàng tài
冰川常年处于运动的状态。
bīng chuān zhèng shì tōng guò zhè yàng de yùn dòng bǎ jī lěi
冰川正是通过这样的运动，把积累
de wù zhì yùn sòng dào bīng chuān xià yóu huò zhě biān yuán dì
的物质运送到冰川下游或者边缘地
dài rú guǒ qì hòu tiáo jiàn bǎo chí bú biàn bīng chuān de
带。如果气候条件保持不变，冰川的
yùn dòng sù dù yě bǎo chí bú biàn yǐng xiǎng bīng chuān yùn
运动速度也保持不变。影响冰川运
dòng qíng kuàng de yīn sù yǒu bīng tǐ wēn dù hé bīng chuān dǐ
动情况的因素有冰体温度和冰川底
bù de róng shuǐ qíng kuàng bīng tǐ wēn dù yuè gāo bīng shān
部的融水情况：冰体温度越高，冰山
de yùn dòng sù dù jiù yuè kuài bīng chuān dǐ bù dá dào róng
的运动速度就越快；冰川底部达到融
diǎn de miàn jī yuè dà bīng chuān jiù yuè róng yì yí dòng
点的面积越大，冰川就越容易移动，

且运动速度也越快。

此外，随着全球气温的升高，大部分冰川已经表现出冰体变小、变薄等特征，尤其是山岳冰川末端表现得更为明显，并且变化的速度越来越快，就好像冰川末端在努力地“往回跑”。

冰川末端往回跑是人们的一种

冰川

cuò jué bīng chuān mò duān de bīng hái shi xiàng xià yóu fāng
错觉。冰川末端的冰还是向下游方
xiàng yùn dòng de zhǐ shì tā de xiāo róng liàng dà yú yùn dòng
向运动的，只是它的消融量大于运动
liàng mò duān qū yù de bīng qí shí shì zài bú duàn róng huà
量，末端区域的冰其实是在不断融化，
ér bú shì wǎng huí pǎo
而不是往回跑。

zài quán qiú biàn nuǎn de dà bèi jǐng xià bìng bú shì
在全球变暖的大背景下，并不是
suǒ yǒu de bīng chuān dōu zài tuì suō nà xiē dà guī mó de
所有的冰川都在退缩。那些大规模的
bīng chuān tā men bǎ shàng yóu jī lěi de bīng yùn sòng dào xià
冰川，它们把上游积累的冰运送到下
yóu yīn wèi lù chéng yáo yuǎn suǒ yǐ xū yào de shí jiān
游，因为路程遥远，所以需要的时间

hěn cháng bìng qiě shàng yóu hái yǒu jī lěi le jǐ shí nián de
很长，并且上游还有积累了几十年的

bīng zhè yàng de bīng chuān xiàng hòu tuì suō de hén jì bìng bù
冰，这样的冰川向后退缩的痕迹并不

míng xiǎn lìng wài wǒ guó fú yuán liáo kuò qū yù zhī
明显。另外，我国幅员辽阔，区域之

jiān de qì hòu tiáo jiàn chā yì hěn dà gè gè dì fang qì
间的气候条件差异很大，各个地方气

wēn shēng gāo de dù shù yě bù yí yàng yě yǒu yì xiē dì
温升高的度数也不一样，也有一些地

fang qì wēn bìng méi yǒu shēng gāo suǒ yǐ bīng chuān yùn dòng jù
方气温并没有升高，所以冰川运动具

yǒu qū yù xìng tè zhēng
有区域性特征。

知识拓展

全球变暖指的是全球气候变暖，主要原因是温室效应不断积累，使得地气系统吸收与发射的能量不平衡。能量不断在地气系统积累，导致温度不断地升高。

bīng chuān néng gǎi biàn dì mào ma
冰川能改变地貌吗？

答：

bīng chuān què shí néng gǎi biàn dì mào bīng chuān
冰川确实能改变地貌。冰川
zuò wéi yì zhǒng gù tǐ wù zhì duì dì biǎo de qīn shí néng
作为一种固体物质，对地表的侵蚀能
lì yuǎn yuǎn chāo guò le hé liú bīng chuān zài yùn dòng guò
力远远超过了河流。冰川在运动过
chéngzhōng duì dì miàn de dǐ bù hé liǎng cè dōu huì chǎn shēng
程中，对地面的底部和两侧都会产生
qiáng dà de záo shí hé jǐ yā zuò yòng shǐ dì miàn biàn chéng
强大的凿蚀和挤压作用，使地面变成
xíng shèn zhì huì zài jī yán miàn shang liú xià cā hén
U形，甚至会在基岩面上留下擦痕、
mó guāng miàn yáng bèi shí děng rú guǒ shān jǐ de liǎng cè
磨光面、羊背石等。如果山脊的两侧
dōu shì bīng chuān nà me bīng chuān cháng qī yùn dòng huì shǐ
都是冰川，那么冰川长期运动会使
shān jǐ biàn báo rú guǒ yí zuò shān fēng sì zhōu dōu yǒu bīng
山脊变薄。如果一座山峰四周都有冰
chuān zài bīng chuān cháng shí jiān qīn shí xià shān fēng huì zhú
川，在冰川长时间侵蚀下，山峰会逐

渐地变成角峰。

冰川还具有巨大的搬运能力。冰川在运动的过程中，会带着被侵蚀的岩块、山坡上散落的岩屑到冰川的末端和边缘。这些被冰山搬运的东西被人们称作冰碛物。假如冰川长期处于运动状态，那么冰碛物就会逐渐地达到和冰川一样的高度。冰川退缩后，留下来的冰碛物就会形成垄岗，最高可以达到几千米。冰体消融以后，那些没有来得及输送的岩屑、岩块会散落在运送的途中。

冰川的规模越大、运动速度越

kuài zài yùn dòng guò chéng zhōng bān yùn de yán xiè yán kuài
快，在运动过程中搬运的岩屑、岩块

jiù yuè duō yīn cǐ rén men huì kàn dào yǒu de bīng chuān
就越多。因此，人们会看到有的冰川

yán xiè yán kuài jiào duō yǒu de jiào shǎo
岩屑、岩块较多，有的较少。

zài bīng chuān jīng guò de dì fang wǒ men huì kàn
在冰川经过的地方，我们会看

dào bīng chuān qīn shí de dì mào yǐ jīng fā shēng le huò zhě
到冰川侵蚀的地貌已经发生了或者

zhèng zài fā shēng zhe jù dà de gǎi biàn zhè xiē gǎi biàn
正在发生着巨大的改变。这些改变

bù dé bú ràng wǒ men jīng tàn bīng chuān de lì liàng rú cǐ
不得不让我们惊叹，冰川的力量如此

qiáng dà
强大。

知识拓展

角峰是金字塔状的山峰，通常是由于冰斗不断后退，逐渐侵蚀山岭而使山峰成为高耸尖锐的尖峰。我国的珠穆朗玛峰和欧洲的勃朗峰都属于角峰。

保护地球

地球是人类赖以生存的家园，但是随着工业的发展，出现了很多伤害地球的行为。我们要如何保护地球呢？

老师，我们为什么要保护地球呢？

因为地球是我们的家园啊，由于人类的行为，地球上已经出现了很多灾难，我们要避免这些灾难再次发生。

那我们该如何保护地球呢？

保护地球需要从很多方面做起，下面就让我们一起来学习如何保护地球吧！

rén lèi gěi dì qiú
人类给地球
zào chéng le nǎ xiē shāng hài
造成了哪些伤害？

rén lèi duì dì qiú de yǐng xiǎng hěn duō dài
人类对地球的影响很多，带
lái de fù miàn yǐng xiǎng zhǔ yào yǒu yǐ xià jǐ zhǒng
来的负面影响主要有以下几种。

dì yī rén kǒu guò shèng dì qiú shang de zī yuán
第一，人口过剩。地球上的资源
shì yǒu xiàn de rén kǒu dà liàng zēng jiā huì gěi dì qiú
是有限的，人口大量增加，会给地球
zī yuán dài lái jù dà de yā lì
资源带来巨大的压力。

dì èr hé zāi hài zhǔ yào bāo kuò hé wū rǎn
第二，核灾害。主要包括核污染、
hé fú shè hé hé zhàn zhēng sān zhǒng lì rú zài shì
核辐射和核战争三种。例如，在20世
jì fā shēng le yí cì hé xiè lòu shì gù gěi rén men dài
纪发生了一次核泄漏事故，给人们带
lái le jù dà de zāi nàn wú shù rén rǎn bìng sǐ wáng
来了巨大的灾难，无数人染病、死亡，

土地一片荒芜，直到现在，该地区还有被污染的痕迹。

第三，环境污染。包括水污染、土壤污染、大气污染等。

第四，自然资源过度开发。自然资源包括物种资源、土地资源、水利资源、森林资源等。随着人类工业化进程的加快，人们对这些自然资源的开发利用也大大增加，以至于地球上很多自然资源入不敷出，濒临枯竭。

第五，火灾。主要指生产生活火灾和森林火灾，一般是人类疏忽造成的。无论是哪种类型的火灾都会危害

森林火灾

生命安全，也会给环境和生态平衡带来巨大的影响。

知识拓展

土壤盐碱化是指土壤底层或者地下水的盐分随着土壤毛管水上升到地表后，水分大量蒸发，盐分积累在土壤表面的过程。我国盐碱化土地面积很大，有1亿公顷。

wèi shén me guò dù chōu qǔ dì xià shuǐ huì dǎo zhì dì miàn tā xiàn
为什么过度抽取地下水会导致地面塌陷？

答:

guò dù chōu qǔ dì xià shuǐ huì dǎo zhì dì miàn tā xiàn， qí yuán yīn shì pò huài le dì xià shuǐ céng yuán běn de wěn dìng jié gòu。 zài méi yǒu shòu dào rén wéi yīn sù gān rǎo shí， xù shuǐ céng de kǒng dòng li chōng mǎn le shuǐ， yīn cǐ xù shuǐ céng néng gòu bǎo chí zì shēn jié gòu de píng héng， tóng shí hái kě yǐ chéng shòu shàng céng tǔ rǎng de zhòng liàng。 dàn shì rú guǒ rén lèi guò dù de chōu qǔ xù shuǐ céng li de shuǐ， dì xià shuǐ wèi jiù huì xià chén， dǎo zhì shuǐ céng yā lì xià jiàng。 zài jiā shàng tǔ rǎng de zhòng liàng， jiù huì zào

过度抽取地下水会导致地面塌陷，其原因是破坏了地下水层原本的稳定结构。在没有受到人为因素干扰时，蓄水层的孔洞里充满了水，因此蓄水层能够保持自身结构的平衡，同时还可以承受上层土壤的重量。但是如果人类过度地抽取蓄水层里的水，地下水位就会下沉，导致水层压力下降。再加上土壤的重量，就会造

chéng dì miàn de tā xiàn rú guǒ nián tǔ céng jǐn āi zhe xù
成地面的塌陷。如果黏土层紧挨着蓄
shuǐ céng nián tǔ céng yě huì tā xiàn guò dù chōu qǔ dì
水层，黏土层也会塌陷。过度抽取地
xià shuǐ dài lái de wēi hài hěn duō chú le dì biǎo tā xiàn
下水带来的危害很多，除了地表塌陷
zhī wài hái huì zào chéng hǎi shuǐ dào guàn děng wèn tí suǒ
之外，还会造成海水倒灌等问题，所
yǐ wǒ men yào hé lǐ lì yòng dì xià shuǐ zī yuán qiān wàn
以我们要合理利用地下水资源，千万

黏土

bú yào guò dù chōu qǔ
不要过度抽取。

知识拓展

黏土是土壤的一种，主要是指由结晶颗粒组成的土壤，而黏土层是指具有一定厚度的黏土。这种土壤的透水、透气性都很差，一般可以分成人工黏土层和天然黏土层。

xīng jiàn shuǐ kù
兴建水库
wèi shén me huì yòu fā dì zhèn
为什么会诱发地震？

答:

xīng jiàn shuǐ kù shǔ yú rén lèi cháng jiàn de gōng
兴建水库属于人类常见的工
chéng zhī yī dì zhèn yì bān dōu fā shēng zài dì xià hěn
程之一。地震一般都发生在地下很
shēn de dì fang ér shuǐ kù yì bān jiàn zài dì biǎo suǒ yǐ
深的地方，而水库一般建在地表，所以
tōng cháng qíng kuàng xià shuǐ kù shì bú huì yòu fā dì zhèn de
通常情况下水库是不会诱发地震的。
dàn shì rú guǒ shuǐ kù qià hǎo jiàn zài dì qiào de duàn céng
但是，如果水库恰好建在地壳的断层
shang nà me jiù kě néng huì chéng wéi dì zhèn de yòu yīn
上，那么就可能会成为地震的诱因。
bǐ rú nián xī là mǎ lā sōng shuǐ kù yòu fā
比如，1931年，希腊马拉松水库诱发
le dì zhèn nián wǒ guó guǎng dōng xīng jiàn de dà
了地震；1958年，我国广东兴建的大
xíng shuǐ kù tóng yàng yě yòu fā duō cì dì zhèn bú guò
型水库同样也诱发多次地震。不过，

水库诱发地震的概率非常小，否则全球有一万多座水库，如果都会诱发地震，那么人类该遭受多少次灾难！

水库之所以能诱发地震，主要是因为水库的蓄水量过大，会给水库下的岩石带来巨大的压力。岩石承受的压力越大，地壳断层的结构就越不稳

水库

dìng róng yì huá dòng duàn liè yǐn fā jú bù dì zhèn
定，容易滑动、断裂，引发局部地震。

jiào xiǎo de shuǐ kù xiāng duì lái shuō yòu fā dì zhèn de kě néng
较小的水库相对来说诱发地震的可能

xìng bǐ jiào xiǎo jí biàn huì yǐn fā dì zhèn zhèn jí yě bǐ
性比较小，即便会引发地震，震级也比

jiào dī
较低。

知识拓展

地表指地球表面，大体上可以分成陆地和海洋两部分。陆地是人类主要的活动场所，人类在陆地上劳动、繁衍生息。

大气污染会影响人体健康吗？

大气污染肯定会影响人类的健康。大气污染包括化学性污染、生物性污染、放射性污染。日常生活中，化学性污染对人体健康的影响最大。大气污染物中含有几十种有毒

的化学物质，比如悬浮颗粒物、二氧化硫、氮氧化合物和一氧化碳等。这些污染物对人类的危害很严重，它们会通过呼吸道进入人体内部，然后直接由血液输送到全身，而人体内的肝脏根本起不到解毒作用，长期生活在被污染的大气中，人不仅会患上呼吸道疾病，心脑血管也容易发生病变，严重者还会有生命危险。

知识拓展

二氧化硫是一种硫氧化合物，是有刺激性气味的透明气体，大气主要污染物之一。火山喷发时会产生大量二氧化硫，工业生产中也会产生二氧化硫。据世界卫生组织公布，二氧化硫是三类致癌物质中的其中一种。

土地沙漠化为什么会越来越严重？

土地沙漠化是指原本不是沙漠的土地变成了沙漠的现象，而这主要是人为因素造成的。在沙漠边缘地区，人口数量急剧增长，乱砍滥伐和过

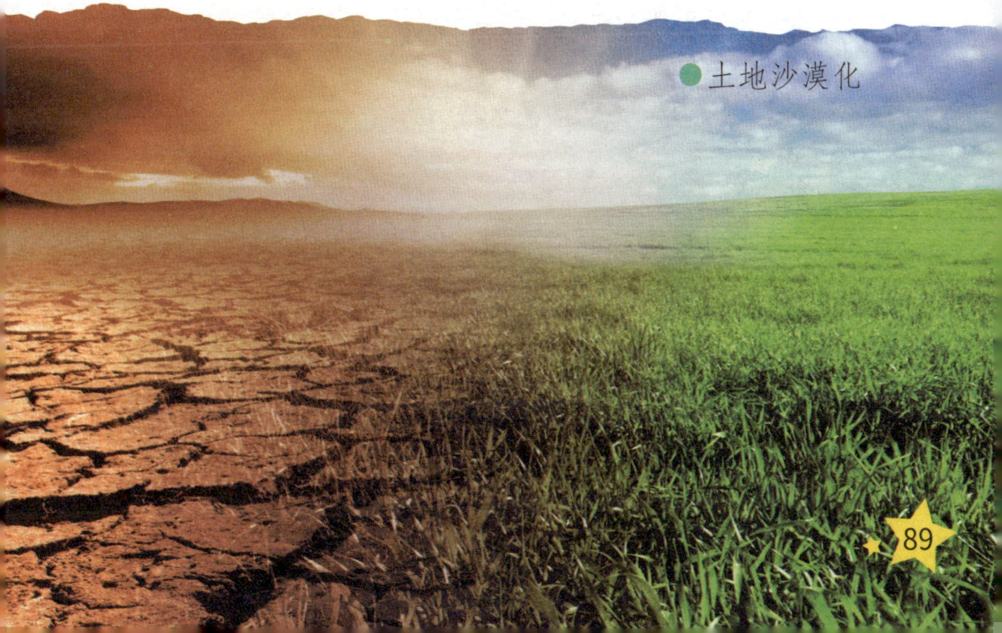

土地沙漠化

dù fàng mù zǎo yǐ jīng pò huài le tǔ rǎng jié gòu bìng qiě
度放牧早已经破坏了土壤结构，并且
rén lèi jiǎn dān cū bào de guàn gài fāng shì yě dǎo zhì dì xià
人类简单粗暴的灌溉方式也导致地下
shuǐ liàng zhòu jiǎn tǔ rǎng yán jiǎn huà miàn jī zēng dà zhí
水量骤减，土壤盐碱化面积增大，植
wù yǐ jīng dào le wú fǎ shēng zhǎng de dì bù
物已经到了无法生长的地步。

zài jiā shàng jìn nián lái quán qiú biàn nuǎn hěn duō dì
再加上近年来全球变暖，很多地
qū chū xiàn le chí xù gān hàn de xiàn xiàng zhè jìn yí bù
区出现了持续干旱的现象，这进一步
jiā jù le tǔ dì shā mò huà de jìn chéng yào xiǎng gǎi biàn
加剧了土地沙漠化的进程。要想改变
zhè zhǒng zhuàng kuàng wǒ men jiù bì xū zuò chū gǎi biàn fǒu
这种状况，我们就必须做出改变，否
zé shā mò huà huì yuè lái yuè yán zhòng
则沙漠化会越来越严重。

知识拓展

冰河时代一般指冰期。处于冰期的地球表面会覆盖大规模的冰川。两次冰期之间相对温暖的时期叫作间冰期。地球上曾经发生过多次冰期，距离现在最近的一次冰期是第四纪冰期。

dòng tǔ róng huà
冻土融化
huì jiā sù quán qiú biàn nuǎn ma
会加速全球变暖吗？

dòng tǔ róng huà huì jiā sù quán qiú biàn nuǎn
冻土融化会加速全球变暖，
bú guò zhēn zhèng néng gòu duì qì hòu chǎn shēng jù dà yǐng xiǎng
不过真正能够对气候产生巨大影响
de shì dòng tǔ zhōng de yǒu jī tàn zài zuì hòu yí cì bīng
的是冻土中的有机碳。在最后一次冰
qī de hòu qī dà liàng dòng zhí wù de cán tǐ mái rù dòng
期的后期，大量动植物的残体埋入冻
tǔ céng zhōng yīn wèi dāng shí de wēn dù hěn dī nà xiē
土层中。因为当时的温度很低，那些
wēi shēng wù gēn běn wú fǎ huó dòng yǒu jī tàn yě jiù dé
微生物根本无法活动，有机碳也就得
yǐ bǎo cún jǐ qiān nián zhī hòu dòng tǔ zhōng de yǒu jī
以保存。几千年之后，冻土中的有机
tàn jī lěi de yuè lái yuè duō rú guǒ dòng tǔ róng huà
碳积累得越来越多。如果冻土融化，
tàn zài wēi shēng wù de bāng zhù xià jiù huì biàn chéng jiǎ wán
碳在微生物的帮助下，就会变成甲烷

hé èr yǎng huà tàn suí hòu shì fàng dào kōng qì zhōng kōng
和二氧化碳，随后释放到空气中。空
qì zhōng de èr yǎng huà tàn nóng dù yuè lái yuè gāo wēn shì
气中的二氧化碳浓度越来越高，温室
xiào yìng jiù huì yuè lái yuè yán zhòng fǎn guò lái dà qì
效应就会越来越严重。反过来，大气
wēn dù shàng shēng dòng tǔ róng huà sù dù biàn kuài zài jiā
温度上升，冻土融化速度变快，再加
sù wēn shì xiào yìng zhè yàng jiù huì xíng chéng yí gè è xìng
速温室效应，这样就会形成一个恶性
xún huán
循环。

知识拓展

甲烷是最简单的有机化合物，也是含碳量最小、含氢量最大的物质。甲烷在自然界中分布很广，是天然气、沼气、坑气等的主要成分，又叫作瓦斯，可以当作燃料，也可以制造出一氧化碳、甲醛等物质。

十万个你问我答

第一辑

浩瀚宇宙

李梦雨◎编

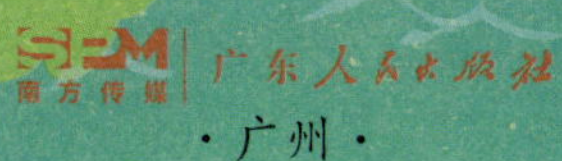

·广州·

图书在版编目（CIP）数据

十万个你问我答. 第一辑. 浩瀚宇宙 / 李梦雨编. —
广州：广东人民出版社，2024.1
ISBN 978-7-218-16785-5

Ⅰ. ①十… Ⅱ. ①李… Ⅲ. ①科学知识—儿童读物②宇宙—儿童读物 Ⅳ. ① Z228.1 ② P159-49

中国国家版本馆 CIP 数据核字（2023）第 148380 号

SHI WAN GE NIWENWODA · DI-YI JI · HAOHAN YUZHOU
十万个你问我答 · 第一辑 · 浩瀚宇宙
李梦雨　编

出 版 人：肖风华

责任编辑：吴瑶瑶
责任技编：吴彦斌

出版发行：广东人民出版社
地　　址：广州市越秀区大沙头四马路 10 号（邮政编码：510199）
电　　话：（020）85716809（总编室）
传　　真：（020）83289585
网　　址：http://www.gdpph.com
印　　刷：三河市祥达印刷包装有限公司
开　　本：880 毫米 × 1230 毫米　1/32
总 印 张：24　　　　总 字 数：400 千
版　　次：2024 年 1 月第 1 版
印　　次：2024 年 1 月第 1 次印刷
定　　价：120.00 元（全八册）

如发现印装质量问题，影响阅读，请与出版社（020-87712513）联系调换。
售书热线：（020）87717307

目录 MULU

认识宇宙

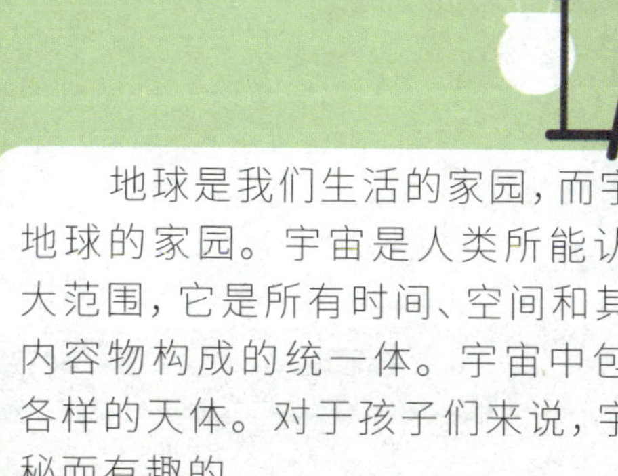

地球是我们生活的家园，而宇宙又是地球的家园。宇宙是人类所能认识的最大范围，它是所有时间、空间和其包含的内容物构成的统一体。宇宙中包含各种各样的天体。对于孩子们来说，宇宙是神秘而有趣的。

老师，宇宙很大吗？

非常大，宇宙是我们人类能够认识和探索到的最大范围，但我们认识的宇宙是有限的。宇宙中有各种各样的天体，包括恒星、行星、卫星、星云等。

那宇宙中是不是有很多奥秘？

是的，宇宙太大了，关于宇宙的奥秘也有很多，现在就让我们一起来探索宇宙的奥秘吧。

yǔ zhòu shì rú hé xíng chéng de
宇宙是如何形成的?

xiàn dài yǔ zhòu xué zhōng zuì yǒu yǐng xiǎng lì de
现代宇宙学中最有影响力的
guān diǎn shì yǔ zhòu shì tōng guò dà bào zhà xíng chéng de
观点是:宇宙是通过大爆炸形成的。

dà yuē zài yì nián qián yǔ zhòu hái shi yí piàn qī
大约在138亿年前，宇宙还是一片漆
hēi tā néng gòu xī shōu shēn biān de suǒ yǒu wù zhì dāng
黑，它能够吸收身边的所有物质，当
tā xī shōu de dōng xi yuè lái yuè duō tǐ nèi de néng liàng
它吸收的东西越来越多，体内的能量
yuè lái yuè dà shí wēn dù yě yuè lái yuè gāo zuì hòu fā
越来越大时，温度也越来越高，最后发
shēng le dà bào zhà bào zhà xíng chéng le wú shù de xīng
生了大爆炸。爆炸形成了无数的星
qiú bào zhà yě chǎn shēng le shí jiān zhè jiù shì zuì chū
球，爆炸也产生了时间，这就是最初
de yǔ zhòu
的宇宙。

知识拓展

比利时物理学家乔治·勒梅特最早提出宇宙膨胀的观点，1922年苏联气象学家和数学家亚历山大·弗里德曼写出了宇宙膨胀方程式，1946年美国物理学家伽莫夫正式提出大爆炸理论。

宇宙中都有哪些东西？

宇宙是我们所知道的最大的时空范围，我们目前所认识的所有的

●宇宙星际尘埃

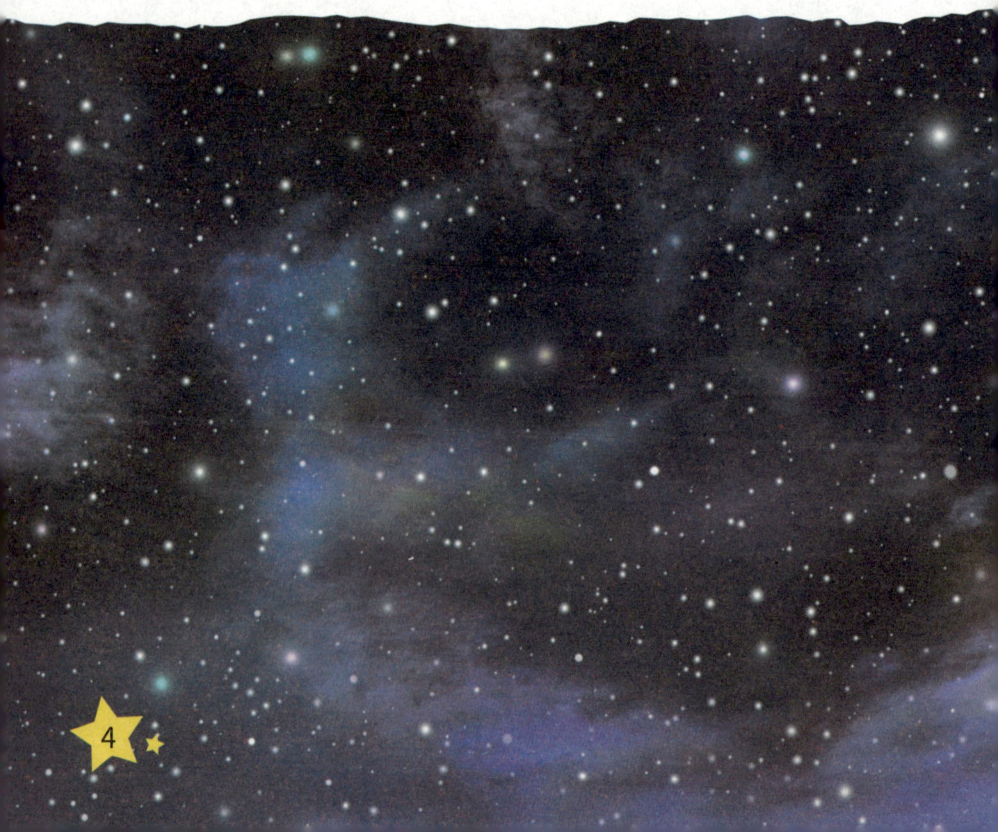

shì wù dōu shì yǔ zhòu zhōng de shì wù yǔ zhòu de jié gòu
事物都是宇宙中的事物。宇宙的结构

céng cì hěn fù zá tā kě yǐ fēn wéi duō gè lèi bié
层次很复杂，它可以分为多个类别。

bǐ rú cóng xīng xì zhǒng lèi shang lái shuō yǔ zhòu zhōng yǒu
比如从星系种类上来说，宇宙中有

héng xīng xíng xīng wèi xīng huì xīng hé xīng jì chén āi
恒星、行星、卫星、彗星和星际尘埃

děng yǔ zhòu zhōng de yí qiè shì wù dōu chǔ zài yùn dòng
等。宇宙中的一切事物都处在运动、

biàn huà zhōng
变化中。

知识拓展

太阳是恒星，恒星是本身能够发光的天体，它的主要成分是氢和氦。

●黑洞

hēi dòng shì shén me
黑洞是什么？

答:

hēi dòng shì yì zhǒng tiān tǐ, tā de tǐ jī hěn xiǎo, mì dù hěn dà, zhì liàng yě hěn dà。 tā yǒu jí qí qiáng dà de xī yǐn lì, zhè zhǒng xī yǐn lì huì bǎ tā

黑洞是一种天体，它的体积很小，密度很大，质量也很大。它有极其强大的吸引力，这种吸引力会把它

zhōu wéi de suǒ yǒu wù zhì dōu xī rù qí zhōng shèn zhì guāng
周围的所有物质都吸入其中，甚至光
dōu bù néng táo lí rèn hé wù tǐ dào hēi dòng zhōng dōu shì
都不能逃离，任何物体到黑洞中都是
yǒu qù wú huí hēi dòng shì kē xué jiā men gēn jù ài
“有去无回”。黑洞是科学家们根据爱
yīn sī tǎn de guǎng yì xiāng duì lùn tuī cè chū lái de hòu
因斯坦的广义相对论推测出来的，后
lái kē xué jiā tōng guò guān chá hēi dòng zhōu wéi héng xīng fā
来，科学家通过观察黑洞周围恒星发
chū de guāng hé liǎng gè hēi dòng zài pèng zhuàng yǔ hé bìng shí
出的光，和两个黑洞在碰撞与合并时
chǎn shēng de yǐn lì bō zhèng míng le hēi dòng de cún zài
产生的引力波，证明了黑洞的存在。

知识拓展

英国天文学物理学家霍金认为，黑洞并不是只进不出的，他推测黑洞在吸收物体的同时，还会向外喷射出一些粒子，这就是著名的“霍金辐射”。

héng xīng yǔ xíng xīng yǒu shén me bù tóng
恒星与行星有什么不同？

héng xīng shì yóu yǐn lì níng jù zài yì qǐ de
恒星是由引力凝聚在一起的
yì kē qiú xíng fā guāng děng lí zǐ tǐ bǐ rú tài yáng
一颗球型发光等离子体，比如太阳。
xíng xīng zé shì wéi rào héng xīng yùn zhuǎn de yì zhǒng tiān tǐ
行星则是围绕恒星运转的一种天体，

●太阳系八大行星

yì bān de xíng xīng dōu bú huì fā guāng tā men huì fǎn shè
一般的行星都不会发光，它们会反射
héng xīng de guāngmáng xíng xīng de zhì liàng hé tǐ jī dōu bǐ
恒星的光芒，行星的质量和体积都比
héng xīng xiǎo de duō
恒星小得多。

知识拓展

太阳系有八大行星，分别是水星、金星、地球、火星、木星、土星、海王星、天王星。

tài yáng shì zuì dà de yì kē héng xīng ma
太阳是最大的一颗恒星吗？

zài tài yáng xì nèi tài yáng shì wéi yī de
答：在太阳系内，太阳是唯一的
yì kē héng xīng tā de tǐ jī hé zhì liàng dōu shì zuì dà
一颗恒星，它的体积和质量都是最大
de tài yáng de tǐ jī dà yuē shì dì qiú de wàn
的，太阳的体积大约是地球的130万
bèi dàn zhè bìng bù děng yú tài yáng shì zhěng gè yǔ zhòu zhōng
倍，但这并不等于太阳是整个宇宙中
zuì dà de yì kē héng xīng héng xīng shì yóu xīng yún shōu suō
最大的一颗恒星。恒星是由星云收缩
ér chéng ér xīng yún de tǐ jī dà xiǎo gè bù xiāng tóng
而成，而星云的体积大小各不相同，
yǒu de xīng yún zhí jìng shèn zhì kě yǐ dá dào jǐ shí yì guāng
有的星云直径甚至可以达到几十亿光
nián wǒ men de kē xué jiā yùn yòng gāo kē jì shǒu duàn
年。我们的科学家运用高科技手段
fā xiàn le tǐ jī hé zhì liàng gèng wéi jù dà de chāo jí jù
发现了体积和质量更为巨大的超级巨
xīng shì shí shang héng xīng men zhī jiān de chā bié shì hěn
星。事实上，恒星们之间的差别是很

太阳在地球上空

dà de tài yáng bú shì qí zhōng zuì dà de yě bú shì
大的，太阳不是其中最大的，也不是

qí zhōng zuì xiǎo de
其中最小的。

知识拓展

由于在太阳系外的恒星距离地球太遥远了，以现在的科学技术还是无法测量出其准确尺寸和质量的，即使这样，我们仍然发现了比太阳大600倍的红超巨星心宿二恒星。

xīng yún shì shén me
星云是什么？

答：

xīng yún hé héng xīng xíng xīng huì xīng děng
星云和恒星、行星、彗星等

yí yàng yě shì yì zhǒng tiān tǐ tā yóu xīng jì kōng jiān
一样，也是一种天体，它由星际空间

de qì tǐ hé chén āi jié hé ér chéng yīn chéng yún wù xíng
的气体和尘埃结合而成，因呈云雾形

zhuàng suǒ yǐ jiào zuò xīng yún xīng yún de tǐ jī tè bié
状，所以叫作星云。星云的体积特别

dà tā de zhí jìng dà yuē yǒu jǐ shí guāng nián tā de
大，它的直径大约有几十光年。它的

mì dù hěn xiǎo shèn zhì yǒu xiē dì fang shì zhēn kōng de
密度很小，甚至有些地方是真空的。

yóu yú tǐ jī jí dà tā de zhòng liàng yě hěn dà yì
由于体积极大，它的重量也很大，一

bān de xīng yún de zhòng liàng dōu bǐ tài yáng dà àn zhào xīng
般的星云的重量都比太阳大。按照星

yún shì fǒu fā guāng kě yǐ bǎ xīng yún fēn wéi fā guāng qì
云是否发光，可以把星云分为发光气

tǐ yún fā shè xīng yún fǎn shè xīng yún hé àn xīng yún
体云、发射星云、反射星云和暗星云。

fā guāng qì tǐ yún shì chōng mǎn jūn yún de zhōng xìng yuán zǐ
发光气体云是充满均匀的中性原子
huò fēn zǐ de qì tǐ yún fā shè xīng yún huì xī shōu fù
或分子的气体云；发射星云会吸收附
jìn héng xīng de guāng zài lì yòng xīng yún běn shēn de néng liàng
近恒星的光，再利用星云本身的能量
jiāng guāng fā shè chū qù fǎn shè xīng yún bù néng fā guāng
将光发射出去；反射星云不能发光，

深空星云

tā zhǐ néng fǎn shè héng xīng de liàng guāng xiàng yuè liang yí yàng
它只能反射恒星的亮光，像月亮一样；

àn xīng yún zé shì bú huì fā guāng yě bú huì fǎn shè guāng
暗星云则是不会发光也不会反射光

de xīng yún
的星云。

知识拓展

现在我们已经拍摄到一些星云的照片，其中宝瓶座的上帝之眼，船底座的上帝之唇，巨蛇座的鹰状星云(M16)，天鹅座的面纱星云等是最为著名的几个星云。

宇宙中的星球会与地球相撞吗？

答：宇宙中确实有无数运动着的天体，由于天体的运动，从理论上讲，确实存在某一个天体与地球相互碰撞的可能性。比如当某一个天体和地球靠得很近，同时又和地球相向运动时，它们就有可能互相碰撞。但是，各个天体的运动都是有规律的，地球位于太阳系内部，和水星、金星、火星等行星共同围绕太阳按照椭圆形的轨道运动，它们之间基本上是平行运动的，不会发生碰撞。月亮是地球的卫星，它沿着一定的轨道围绕地球旋转，也不会和地球发生碰撞。而太阳系外的天体距离地球过于遥远，在太阳系附近的宇宙空间里，恒星之间的平均距离在10光年以上，它们的运

宇宙中的星系碰撞

dòng bú huì hé dì qiú chǎn shēng rèn hé guān xì suǒ yǐ yě
动不会和地球产生任何关系，所以也
bú huì fā shēng pèng zhuàng tiān wén xué jiā yù cè yín hé
不会发生碰撞。天文学家预测，银河
xì nèi de qiú zhuàng xīng tuán yóu shù liàng zhòng duō de héng xīng
系内的球状星团(由数量众多的恒星
zǔ chéng měi yí wàn nián cái huì fā shēng pèng zhuàng
组成)每一万年才会发生碰撞。

知识拓展

美国著名物理学家路易斯·阿尔瓦雷茨与其儿子认为大概6500万年以前，出现过小行星碰撞地球的事件，并最终导致了恐龙的灭绝。

问：

rú hé cái néng zhǎo dào běi jí xīng

如何才能找到北极星？

答：

wǒ men cóng xiǎo xué xí rèn shi fāng xiàng shí
我们从小学习认识方向时，
jiā zhǎng hé lǎo shī jiù gào sù wǒ men kě yǐ tōng guò guān
家长和老师就告诉我们，可以通过观
chá běi jí xīng lái què rèn fāng xiàng yīn wèi běi jí xīng zǒng
察北极星来确认方向，因为北极星总

北极星

是在北方的。在晴朗的夜晚，当我们面对着北面天空时，可以看到两个著名的星座：大熊座和仙后座。大熊座由七颗主要的亮星组成，这七颗星星就是北斗七星；仙后座由五颗主要的亮星组成，它的形状像是英文字母“W”。在这两个星座的中间位置，可以找到一颗最亮的星星，那就是北极星。

知识拓展

北极星位于小熊座之中，小熊座是距北天极最近的一个北天星座。

wèi shén me yè li zǒng néng kàn dào xīng xing yì shǎn yì shǎn de zhǎ yǎn jing
为什么夜里总能看到星星一闪一闪地眨眼睛？

答：

měi dāng yè wǎn wǒ men yǎng wàng xīng kōng shí
每当夜晚我们仰望星空时，
huì fā xiàn tiān shang de xīng xing yì shǎn yì shǎn de fǎng fú
会发现天上的星星一闪一闪的，仿佛
zài zhǎ yǎn jing qí shí zhè bú shì xīng xing běn shēn zài shǎn
在眨眼睛，其实这不是星星本身在闪
shuò ér shì dà qì zài gēn wǒ men zuò yóu xì wǒ men
烁，而是大气在跟我们做游戏。我们
shēn chǔ de dì qiú bèi dà qì céng bāo wéi bìng qiě dà qì
身处的地球被大气层包围，并且大气
céng bìng bú shì jìng zhǐ bú dòng de zài dà qì céng nèi
层并不是静止不动的。在大气层内，
kōng qì shí shí kè kè fā shēng shàng xià duì liú rè de
空气时时刻刻发生上下对流，热的
kōng qì huì shàng shēng ér lěng de kōng qì huì xià jiàng tóng
空气会上升，而冷的空气会下降，同
shí kōng qì hái huì yīn wèi qì yā de bù tóng fā shēng héng
时，空气还会因为气压的不同发生横

xiàng liú dòng zhè jiù xíng chéng le fēng xīng guāng zài jìn rù
向流动，这就形成了风。星光在进入
wǒ men de shì xiàn zhī qián bì xū jīng guò dì qiú de dà qì
我们的视线之前必须经过地球的大气
céng dāng guāng zài dòng dàng de dà qì céng zhōng chuán bō shí
层，当光在动荡的大气层中传播时，
huì fā shēng bù tóng chéng dù de zhé shè hé fǎn shè shí ér
会发生不同程度的折射和反射，时而

● 星空

huì jù shí ér fēn sàn suǒ yǐ wǒ men kàn dào de xīng xing
汇聚，时而分散，所以我们看到的星星

zǒng shì hǎo xiàng zài zhǎ yǎn jing bān shǎn shuò bù zhǐ
总是好像在眨眼睛般闪烁不止。

知识拓展

在夜晚观测星星的时候，需要使用望远镜，这样的话可以观测到星团、星云或者星系。

广阔的银河系

我们已经学习了关于宇宙的一些知识，知道银河系是我们所在的星系。相对于神秘而浩瀚的宇宙，银河系是我们可以探测到的，其中也有很多有趣的知识。现在我们就一起去探索银河系吧。

老师，我们生活在银河系中，是吗？

是的，我们生活的地球是太阳系中的一员，而太阳系又是银河系的一个组成部分，所以说我们是生活在银河系中的。

那银河系也和宇宙一样无法准确探测吗？

不是的，相对于宇宙，银河系要小得多，我们可以使用技术手段探测到关于银河系的许多奥秘，我来带你一起学习吧。

yín hé xì shì shén me yàng de
银河系是什么样的？

答：

guò qù yín hé xì bèi rèn wéi shì yí gè pǔ
过去，银河系被认为是一个普
tōng de xuán wō xīng xì dàn zuì xīn de yán jiū biǎo míng yín
通的旋涡星系，但最新的研究表明，银
hé xì yīng gāi shì yí gè bàng xuán xīng xì yín hé xì chéng
河系应该是一个棒旋星系。银河系呈
biǎn qiú tǐ jù yǒu jù dà de pán miàn jié gòu yóu míng liàng
扁球体，具有巨大的盘面结构，由明亮
mì jí de hé xīn liǎng tiáo zhǔ yào de xuán bì hé liǎng tiáo wèi
密集的核心、两条主要的旋臂和两条未
xíng chéng de xuán bì zǔ chéng yín hé xì cóng nèi dào wài yī
形成的旋臂组成。银河系从内到外依
cì shì yín xīn yín hé yín pán yín yùn hé yín miǎn zhè
次是银心、银核、银盘、银晕和银冕，这
shǐ yín hé xì kàn qǐ lái xiàng yí gè yuán pán kē xué jiā
使银河系看起来像一个圆盘。科学家
tàn cè dào yín hé xì zhōng yuē yǒu yì yì
探测到银河系中约有1000亿~4000亿
kē héng xīng hái yǒu dà liàng de xīng yún hé xīng jì qì tǐ
颗恒星，还有大量的星云和星际气体，

星云

zhè xiē héng xīng hé xīng yún bú jiàn duàn fā chū liàng guāng cóng
这些恒星和星云不间断发出亮光，从
dì qiú de shì jiǎo kàn yín hé xì de xíng zhuàng jiù shì yí
地球的视角看，银河系的形状就是一
gè fā zhe bái sè guāng máng de yuán pán
个发着白色光芒的圆盘。

知识拓展

我们看到的银河系的肖像图，是通过计算机模拟制作出来的，因为我们现在的技术手段还达不到为能够银河系拍照的水平。

hé wài xīng xì shì shén me
河外星系是什么？

zài guǎng mào wú yín de yǔ zhòu zhōng, yín hé xì yě bú guò shì cāng hǎi yí sù. yín hé xì bú shì

在广袤无垠的宇宙中，银河系也不过是沧海一粟。银河系不是

仙女座大星系

宇宙中最大的星系，也不是最小的星系，至少从现在科学技术探测到的结果来看，银河系在宇宙之中并没有什么特殊的地方。实际上，在宇宙中还有许多像银河系一样巨大的天体系统，它们也是由一颗颗可以分辨的恒星组成的，有些形状也像旋涡，我们把它们统称为河外星系。截至目前，我们观测到的最远的河外星系大约距离我们150亿～200亿光年。

知识拓展

我们肉眼能够看到的河外星系一共有4个，分别是仙女座大星系、三角座星系、大麦哲伦星系、小麦哲伦星系。

yín hé xì shì rú hé mìng míng de
银河系是如何命名的？

答：
zài qíng lǎng de yè wǎn wǒ men yǎng wàng tiān
在晴朗的夜晚，我们仰望天
kōng kě yǐ kàn dào yì tiáo bái máng máng de guāng dài zhè
空，可以看到一条白茫茫的光带，这
jiù shì yín hé xì gǔ shí hou wǒ men de xiān bèi kàn
就是银河系。古时候，我们的先辈看
dào zhè tiáo guāng dài jiù xiàng yì tiáo hé liú yí yàng jiù bǎ
到这条光带就像一条河流一样，就把
tā chēng zuò tiān hé zhè tiáo tiān hé cóng dōng běi
它称作“天河”，这条“天河”从东北
xiàng xī nán fāng xiàng héng gèn zài zhěng gè tiān kōng zhī shàng
向西南方向横亘在整个天空之上。
zǐ xì guān chá wǒ men kě yǐ zài tiān hé zhōng kàn dào
仔细观察，我们可以在“天河”中看到
xǔ xǔ duō duō de bái sè xiǎo diǎn shí jì shang zhè xiē xiǎo
许许多多的白色小点，实际上这些小
bái diǎn jiù shì yì kē kē jù dà de héng xīng rú guǒ bǎ
白点就是一颗颗巨大的恒星。如果把
yín hé xì bǐ zuò yì tiáo kuān kuò xiōng yǒng de dà hé nà
银河系比作一条宽阔汹涌的大河，那

me xiàng tài yáng yí yàng de héng xīng xiàng dì qiú yí yàng de
么像太阳一样的恒星，像地球一样的
xíng xīng xiàng yuè liang yí yàng de wèi xīng děng tiān tǐ jiù shì
行星，像月亮一样的卫星等天体就是
yì tiáo tiáo chàng yóu zài dà hé zhōng de xiǎo yú héng xīng
一条条畅游在大河中的小鱼。恒星、
xíng xīng wèi xīng xīng yún hé gè zhǒng gè yàng de xīng jì
行星、卫星、星云和各种各样的星际
wù zhì gòng tóng gòu chéng le cuǐ càn de xīng hé
物质，共同构成了璀璨的星河。

yín hé xì dāng zhōng yǒu wú shù de héng xīng xīng xì
银河系当中有无数的恒星星系，
ér héng xīng xīng xì zhōng yòu yǒu gè zhǒng gè yàng de xíng xīng
而恒星星系中又有各种各样的行星

银河系

hé wèi xīng rú guǒ wǒ men néng gòu shàng shēng dào tài kōng
和卫星。如果我们能够上升到太空，
cóng shàng wǎng xià fǔ shì yín hé xì jiù huì kàn dào yín hé
从上往下俯视银河系，就会看到银河
xì xiàng gè bú duàn xuán zhuǎn de xuán wō cóng kē xué jiā men
系像个不断旋转的旋涡。从科学家们
gēn jù duì yín hé xì de tàn cè jié guǒ huì zhì de yín hé
根据对银河系的探测结果绘制的银河
xì mó xíng lái kàn tā zài tiān kōng zhōng de tóu yǐng jiù xiàng
系模型来看，它在天空中的投影就像
yì tiáo zài tiān shàng shǎn shǎn fā guāng de hé liú suǒ yǐ wǒ
一条在天上闪闪发光的河流，所以我
men jiù xíng xiàng de bǎ zhè ge xīng xì chēng wéi yín hé xì
们就形象地把这个星系称为银河系。

知识拓展

据推测，银河系中心是一个巨大黑洞，它的名字是人马座A*。

xīng zuò shì shén me
星座是什么？

xīng zuò shì kē xué men jiā àn zhào yí dìng guī lǜ duì tiān tǐ xì tǒng jìn xíng huà fēn de dào de héng xīng zǔ hé

星座是科学们家按照一定规律对天体系统进行划分得到的恒星组合。

àn zhào héng xīng zhī jiān jù lí de yuǎn jìn hé yùn dòng fāng shì de bù tóng bǎ tā men huà fēn wéi ruò gān qū yù

按照恒星之间距离的远近和运动方式的不同把它们划分为若干区域，

十二星座

这些大小不一的区域就叫作星座。不同的文明中，对星座的划分方式也不相同。比如在我国古代，人们把天空划分成三垣四象二十八宿。随着科学技术的发展，以及为了便于物理学家和天文学家对宇宙进行探索和研究，国际天文学联合会在1928年将全天空划分为88个星座区域。

知识拓展

我们平常说的十二星座是88个星座中的一部分，只有这12个星座是穿过星座黄道平面的。

星座的位置会改变吗？

xīng zuò de wèi zhì huì gǎi biàn ma

hé yǔ zhòu zhōng de suǒ yǒu tiān tǐ yí yàng
和宇宙中的所有天体一样，

zǔ chéng xīng zuò de tiān tǐ yě shì zài bù tíng yùn dòng de
组成星座的天体也是在不停运动的。

tiān wén xué jiā wèi le yán jiū fāng biàn bǎ héng xīng huà fēn
天文学家为了研究方便，把恒星划分

仙女座星系

wéi bù tóng de xīng zuò dàn zhè bìng bù yǐng xiǎng zǔ chéng xīng
为不同的星座，但这并不影响组成星
zuò de tiān tǐ běn shēn de yùn dòng yóu yú dì qiú bù tíng
座的天体本身的运动。由于地球不停
de gōng zhuàn suǒ yǐ xīng zuò duì yú wǒ men lái shuō shì zhú
地公转，所以星座对于我们来说是逐
jiàn xiàng xī yí dòng de
渐向西移动的。

知识拓展

据科学家研究发现，仙女座的仙女星系和银河系正在相向运动，它们正以大约每秒110千米的速度朝对方运动，大约40亿年以后，它们就会相遇。

夏季的星星为什么比冬季的多？

通过前面的学习，我们已经知道银河系就像一个圆盘，并且这个圆盘呈现中间厚、两边薄的特点。我

夏季的星空

men suǒ chǔ de tài yáng xì wèi yú jù lí yín xīn yuē wàn
们所处的太阳系位于距离银心约3万
guāng nián de wèi zhì shang zài xià jì de shí hou dì qiú
光年的位置上。在夏季的时候，地球
tōng guò gōng zhuàn yùn dòng dào jìn rì diǎn zhè ge shí hou zhèng
通过公转运动到近日点，这个时候正
hǎo shǐ de wǒ men kàn dào yín hé xì de zhōng xīn ér yín
好使得我们看到银河系的中心，而银
hé xì zhōng xīn de héng xīng gèng wéi mì jí suǒ yǐ wǒ men
河系中心的恒星更为密集，所以我们
zài yè wǎn yǎng wàng xīng kōng shí kě yǐ kàn dào gèng duō liàng jīng
在夜晚仰望星空时可以看到更多亮晶
jīng de xīng xing ér dào le dōng jì dì qiú yùn dòng dào
晶的星星。而到了冬季，地球运动到
yuǎn rì diǎn wǒ men zhǐ néng kàn dào yín hé xì de biān yuán
远日点，我们只能看到银河系的边缘，
zhè lǐ héng xīng xiàng duì jiào shǎo suǒ yǐ wǒ men kàn dào de
这里恒星相对较少，所以我们看到的
xīng xing jiù bǐ xià jì shǎo
星星就比夏季少。

知识拓展

对于北半球的人来说，虽然夏季的星星多，但是冬季的星星整体上要比夏季更亮。

nǎ ge xīng zuò zuì róng yì biàn rèn
哪个星座最容易辨认？

答：

zài qíng lǎng de dōng rì yè wǎn yǎng wàng tiān kōng， zuì róng yì biàn rèn de xīng zuò shì liè hù zuò， tā shì tiān kōng zhōng zuì míng liàng、zuì zhuàng lì de xīng zuò， zài

在晴朗的冬日夜晚仰望天空，最容易辨认的星座是猎户座，它是天空中最明亮、最壮丽的星座，在

猎户座

地球上的大部分地区都能看得到。猎户座的主体是由4颗亮星组成的一个大四边形，而在四边形的中间，有3颗排成一条直线的亮星，这像是猎人的“腰带”；在“腰带”下面，又有3颗小亮星，就像是猎人腰上佩戴的“宝剑”。如果我们用线条将猎户座的各个星星连接起来，就会看到一个雄赳赳地站着的猎人。

知识拓展

猎户座是一个典型的冬季星座，观测猎户座的最佳时期是每年1月的晚上8点到10点。

太阳为什么比别的恒星亮？

答：在整个宇宙中，太阳就是一颗普通的恒星，它和我们晚上仰望天空时看到的其他星星一样，并无特殊之处。但是太阳在白天的时候可以带给我们光明和温暖，我们见到的太阳又大又圆，任何一个星星都无法比拟。这是因为我们身处太阳系之中，太阳距离我们比其他的恒星要近得多。如果我们把太阳移出太阳系，或者我们把地球移出太阳系，这时太阳就会和

●地球上空的日出

yè kōng zhōng de qí tā xīng xing yí yàng méi yǒu rèn hé tè
夜空中的其他星星一样，没有任何特

bié le
别了。

知识拓展

太阳和地球的平均距离是1.496亿千米，如果我们乘坐900千米/小时的飞机飞向太阳，需要大约19年的时间。

走进太阳系

太阳系是银河系的一部分，它距离银河系银心大约有2.5万光年的距离，太阳是太阳系的中心。太阳系中有八大行星，还有很多的卫星、矮行星、小行星、彗星和星际物质。

老师，我已经学习了银河系的很多知识，那银河系和太阳系又是什么关系呢？

太阳系是银河系的组成部分，它只占银河系很小的一部分。

那太阳系内也有很多奥秘吗？我们能够探索这些奥秘吗？

是的，太阳系也有许许多多的奥秘，比如太阳系的形成过程、大小等，我带你一起学习太阳系的知识吧。

tài yáng hēi zǐ shì shén me
太阳黑子是什么？

yǒu shí hou wǒ men huì fā xiàn tài yáng shang yǒu yì xiē xiàng hēi bān yí yàng de xiǎo hēi diǎn zhè jiù shì tài yáng hēi zǐ tài yáng hēi zǐ shì tài yáng huó dòng de biǎo
有时候，我们会发现太阳上有一些像黑斑一样的小黑点，这就是太阳黑子。太阳黑子是太阳活动的表

太阳黑子

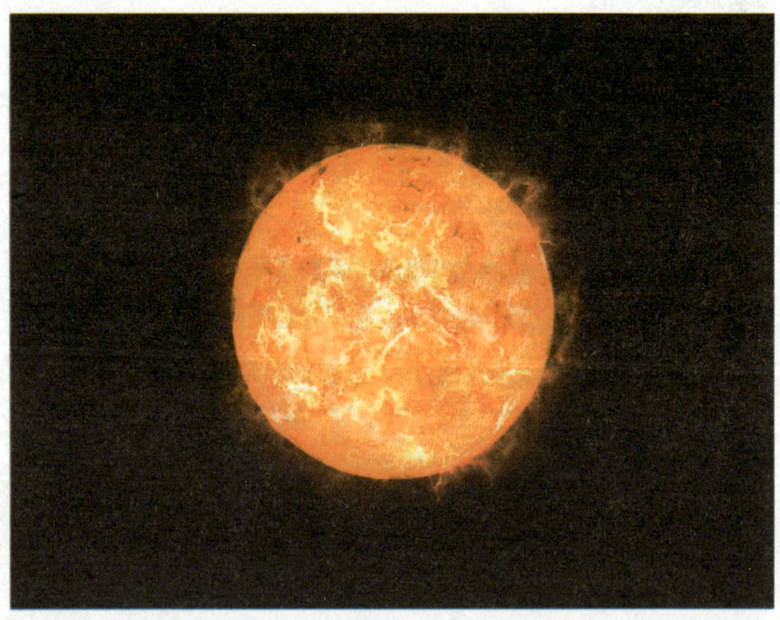

xiàn xíng shì zhī yī shì wǒ men kě yǐ tōng guò ròu yǎn kàn
现形式之一，是我们可以通过肉眼看
dào de yì zhǒng tiān wén xiàn xiàng yóu yú tài yáng shang cún
到的一种天文现象。由于太阳上存
zài cí chǎng huó dòng yǒu shí hou tài yáng shang mǒu xiē qū yù
在磁场活动，有时候太阳上某些区域
huì xíng chéng qì tǐ xuán wō zhè ge shí hou gāi qū yù de
会形成气体旋涡，这个时候该区域的
wēn dù bǐ páng biān de wēn dù dī jiù zhè yàng zài qí
温度比旁边的温度低。就这样，在其
zhōu wéi gèng jiā guāng liàng de guāng céng de chèn tuō xià tā kàn
周围更加光亮的光层的衬托下，它看
qǐ lái jiù xiàng shì yí gè àn hēi de hēi bān le
起来就像是一个暗黑的黑斑了。

知识拓展

太阳黑子本身并不是黑色的，它只是在周围亮光映衬下显得相对较暗，太阳黑子区域的温度大约要比周围区域的温度低一两千摄氏度。

yuè shí shì shén me

月食是什么？

yuè shí shì yì zhǒng guī lǜ de tiān wén xiàn
月食是一种规律的天文现

xiàng zài dì qiú wéi rào tài yáng gōng zhuàn guò chéng zhōng yuè
象，在地球围绕太阳公转过程中，月

一系列月全食

球也在围绕着地球公转。当地球正好处于月球和太阳之间时，地球会挡住太阳射向月球的光芒，月球本身又不能发光，这就会导致我们在地球上看到“月亮消失了”的现象，只有当月球持续运动，离开地球的遮挡范围时，我们才能再次看到月亮。

知识拓展

古时候，由于没有探测太空的工具，人们无法解释月食现象，就认为是天界的神狗吃掉了月亮，这就是“天狗食月”的神话传说的由来。

问：

tǔ xīng shang wèi shén me huì yǒu dà bái bān
土星上为什么会有大白斑？

答：

tǔ xīng shì tài yáng xì nèi de yí gè xíng xīng
土星是太阳系内的一个行星，
tā yě zài bù tíng de zì zhuàn hé wéi rào tài yáng jìn xíng gōng
它也在不停地自转和围绕太阳进行公
zhuàn bìng qiě tā de zì zhuàn zhóu yǔ gōng zhuàn píng miàn yǒu yuē
转，并且它的自转轴与公转平面有约
dù de jiā jiǎo jiù hǎo xiàng shì xié zhe shēn zi rào tài
27度的夹角，就好像是斜着身子绕太
yáng jìn xíng gōng zhuàn de dāng tǔ xīng de běi jí xiàng zhe
阳进行公转的。当土星的北极向着
tài yáng qīng xié zuì lì hai de shí hou tài yáng guāng zhào shè
太阳倾斜最厉害的时候，太阳光照射
dào tǔ xīng běi bàn qiú de wēn dù jiù huì dá dào zuì gāo
到土星北半球的温度就会达到最高，
zhè ge shí hou tǔ xīng biǎo miàn rú tóng xì xiǎo kē lì de gù
这个时候土星表面如同细小颗粒的固
tǐ dàn jīng guò jí jù shēng wēn jiù huì shēng huá chéng dàn
体氮经过急剧升温，就会升华成氮
qì bìng bú duàn shàng shēng zhí dào shàng shēng dào dī wēn de
气并不断上升，直到上升到低温的

yún dǐng jiù huì xíng chéng guāng liàng de bái yún zhè xiē bái
云顶，就会形成光亮的白云，这些白

yún jiù shì tǔ xīng shang de dà bái bān
云就是土星上的大白斑。

知识拓展

土星大白斑每隔30年左右才出现一次，这和土星绕太阳公转一周的时间29.46年接近，每次出现时大多会持续几个月的时间。

土星为什么是八大行星中最漂亮的？

晴朗的夜晚，科学家们使用天文望远镜望向浩瀚无垠的太空时，会发现各种各样美丽的星星，这些星星形态各异，它们有的体积大，有的闪耀明亮，有的运动得快，也有的蕴藏着巨大的能量。在这些星星中，土星是我们公认的最漂亮的一颗星星，这主要是因为土星的周围有美丽的光环，这个光环并不只有一种颜色，而是五彩

土星与主要卫星

bīn fēn de guāng huán shǐ tǔ xīng kàn qǐ lái fǎng fú dài shang
缤纷的。光环使土星看起来仿佛戴上
le yì dǐng piào liang de dà cǎo mào qí shí zhè ge piào liang
了一顶漂亮的大草帽。其实这个漂亮
de guāng huán shì wéi rào zài tǔ xīng zhōu wéi de xiǎo suì kuài hé
的光环是围绕在土星周围的小碎块和
tǔ xīng de wèi xīng fǎn shè tài yáng guāng ér xíng chéng de
土星的卫星反射太阳光而形成的。

知识拓展

在太阳系的行星中，土星的卫星是最多的，在2019年的时候，天文学家就已经确认了土星的卫星数量是82颗，并为其中的53颗正式命名了。

shuǐ xīng wèi shén me pí qi gǔ guài

水星为什么“脾气”古怪？

shuǐ xīng shì jù lí tài yáng zuì jìn de xíng xīng
水星是距离太阳最近的行星，
shòu tài yáng yǐng xiǎng yě shì zuì dà de zhǔ yào biǎo xiàn zài
受太阳影响也是最大的，主要表现在
zhòu yè wēn chā tè bié dà shuǐ xīng wéi rào zhe tài yáng gōng
昼夜温差特别大。水星围绕着太阳公
zhuàn tóng shí zì zhuàn bái tiān tài yáng zhí shè shuǐ xīng shí
转，同时自转，白天太阳直射水星时，

● 水星

shuǐ xīng de dì biǎo wēn dù kě yǐ dá dào děng
水星的地表温度可以达到427℃；等
dào wǎn shang de shí hou shuǐ xīng de dì biǎo wēn dù yòu huì
到晚上的时候，水星的地表温度又会
jí jù xià jiàng dá dào líng xià zhè zhǒng jí
急剧下降，达到零下137℃。这种极
dà de wēn chāi shǐ de méi yǒu rèn hé shēng mìng kě yǐ zài
大的温差使得没有任何生命可以在
shuǐ xīng shang shēng cún wǒ men yě yīn cǐ cái chēng shuǐ xīng
水星上生存。我们也因此才称水星
pí qi gǔ guài
“脾气古怪”。

知识拓展

水星这个名字来源于司马迁《史记·天官书》，司马迁曾观察到水星的颜色为黑色，按照古代五行学说，黑色属水，所以才把水星命名为“水星”。

金星为什么是夜晚最明亮的星星？

jīn xīng wèi shén me shì yè wǎn zuì míng liàng de xīng xing

jīn xīng shì jù lí tài yáng dì èr jìn de yí gè xíng xīng, tā wéi rào tài yáng gōng zhuàn de guǐ dào shì yí gè jiē jìn yú zhèng yuán de tuǒ yuán, jīn xīng zì zhuàn fāng xiàng shì zì dōng xiàng xī de。 rú guǒ wǒ men shēng huó zài jīn xīng shang, jiù huì fā xiàn tài yáng shì cóng xī biān shēng qǐ, zài dōng fāng luò xià de。 jīn xīng rào tài yáng gōng zhuàn

金星是距离太阳第二近的一个行星，它围绕太阳公转的轨道是一个接近于正圆的椭圆，金星自转方向是自东向西的。如果我们生活在金星上，就会发现太阳是从西边升起，在东方落下的。金星绕太阳公转

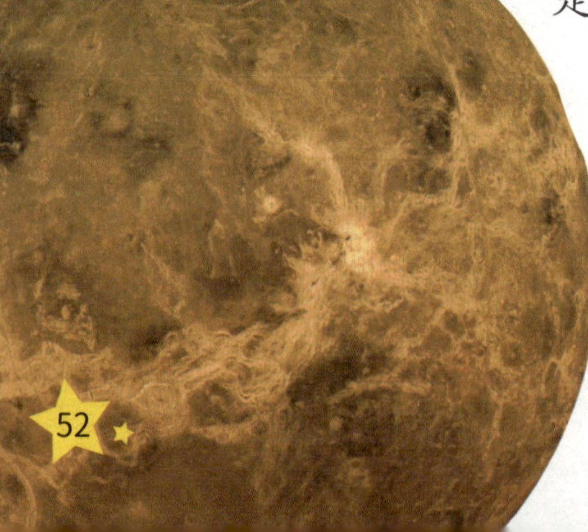

美丽的金星

一周需要224.7天，它自转一周需要243天，也就是说地球上过了243天，对于金星来说才过了一天。科学家探测到金星的大气层中包含了硫酸液滴及悬浮在混合气体中的酸性晶体，这些酸性晶体具有极高的反光率，太阳光很容易便被反射出去。所以从地球上看，金星是所有星星中最明亮的一颗。

知识拓展

金星位于地球和太阳中间，当金星公转到和地球、太阳在同一条直线上时，太阳中间看起来会有一个小黑点，这种现象就是“金星凌日”现象。

huǒ xīng shang yě yǒu shēng mìng cún zài ma

火星上也有生命存在吗？

答：

huǒ xīng shì mù qián rén lèi fā xiàn de hé dì
火星是目前人类发现的和地
qiú zuì wéi xiāng sì de yí gè tiān tǐ yīn cǐ yǒu bù shǎo
球最为相似的一个天体，因此有不少
de kē xué jiā zài yán jiū dì qiú shēng mìng qǐ yuán shí huì
的科学家在研究地球生命起源时，会
bǎ dì qiú hé huǒ xīng zuò bǐ jiào bìng yán jiū huǒ xīng shang
把地球和火星做比较，并研究火星上
shì fǒu kě yǐ yùn yù shēng mìng zài shì jì
是否可以孕育生命。在18～19世纪
shí wǒ men de háng tiān qì hái bù néng gòu dēng lù huǒ xīng
时，我们的航天器还不能够登陆火星，
zhè ge shí hou kē xué jiā tōng guò tiān wén wàng yuǎn jìng duì
这个时候，科学家通过天文望远镜对
huǒ xīng jìn xíng guān cè bìng yī jù guān cè jié guǒ tuī cè
火星进行观测，并依据观测结果推测
huǒ xīng shang kě néng cún zài hǎi yáng hé lù dì shèn zhì gèng
火星上可能存在海洋和陆地，甚至更
yǒu kē xué jiā dà dǎn yù cè huǒ xīng shang shēng cún zhe huǒ
有科学家大胆预测火星上生存着火

星人。进入20世纪后，人类的科学技术突飞猛进，我们也成功向火星发射了探测器，

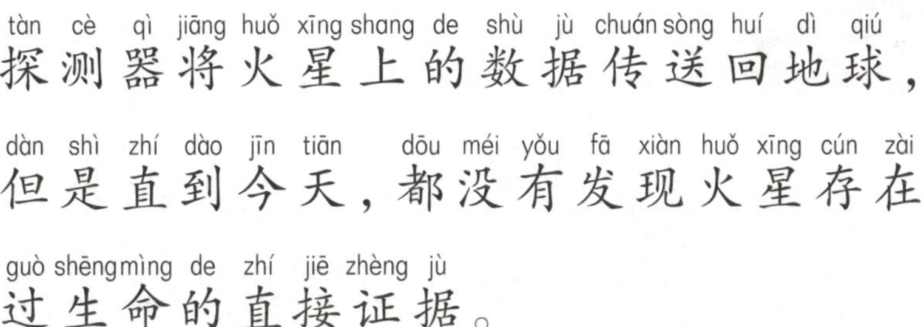

探测器将火星上的数据传送回地球，但是直到今天，都没有发现火星存在过生命的直接证据。

火星表面

知识拓展

科学家在探测火星生命时，仍然在重点寻找类似于细菌或病毒的低等生命，因为如果连低级生命都找不到，就更不可能找到像人类一样的高等生命了。

为什么木星的表面会是五彩缤纷的？

答：当我们使用天文望远镜观察木星时，会发现木星是一个五彩缤纷的星球，十分漂亮。木星这些五颜六

木星

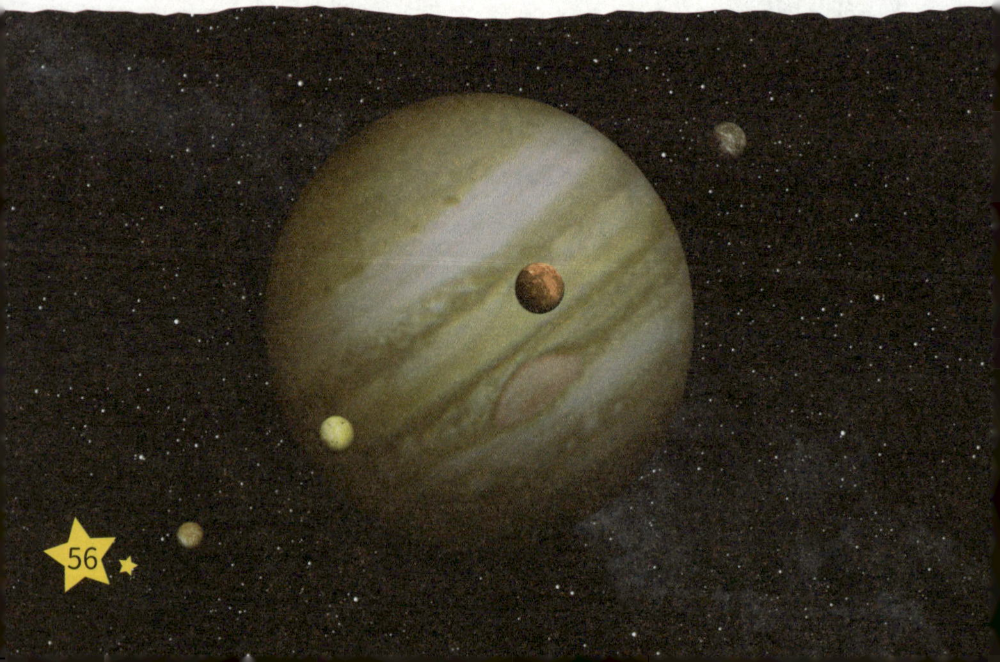

色的彩条其实是木星大气层里的条状云。木星的大气层上充满了各种各样的条状云，这些条状云的结构和组成元素并不相同，它们反射太阳光的程度自然也就各不一样。科学家为了便于区分和研究，把云层亮的部分叫“带”，把暗的部分叫“条纹”，带是云层气体上升的部分，条纹是云层气体下降的部分。

知识拓展

木星的高空云层中有一片巨大的风暴云团，这种风暴云团有时显亮，有时显暗，它就像是木星脸上的一个大红斑。

hǎi wáng xīng wèi shén me shì
bǐ jiān xià fā xiàn de xíng xīng

海王星为什么是“笔尖下发现的行星”？

答：

kē xué jiā zhèng shì què rèn tiān wáng xīng shì tài
科学家正式确认天王星是太
yáng xì de xíng xīng hòu dōu tuī cè tā shì tài yáng xì nèi
阳系的行星后，都推测它是太阳系内
zuì wài miàn de yì kē xíng xīng bìng àn zhào kē xué suàn fǎ
最外面的一颗行星，并按照科学算法
huì zhì le tiān wáng xīng de yùn dòng guǐ dào kě shì tiān wáng
绘制了天王星的运动轨道。可是天王
xīng de shí jì yùn dòng qíng kuàng hé lǐ lùn tuī cè xiāng chā
星的实际运动情况和理论推测相差
hěn dà yú shì kē xué jiā dà dǎn tuī cè zài jù lí
很大，于是科学家大胆推测，在距离
tiān wáng xīng bù yuǎn de wài cè hái yǒu yì kē wéi rào tài
天王星不远的外侧，还有一颗围绕太
yáng yùn dòng de xíng xīng zhè ge xíng xīng de yǐn lì gān rǎo
阳运动的行星，这个行星的引力干扰
le tiān wáng xīng de yùn dòng gēn jù zhè yì tuī cè yīng
了天王星的运动。根据这一推测，英

海王星

guó de yà dāng
国的亚当

sī hé fǎ guó
斯和法国

de lè wéi yē
的勒维耶

gè zì dú lì jì
各自独立计

suàn tuī cè chū le hǎi
算，推测出了海

wáng xīng de wèi zhì rán hòu bó
王星的位置，然后柏

lín tiān wén tái tái zhǎng jiā lè zài gēn jù tā men tuī cè de
林天文台台长伽勒再根据他们推测的

wèi zhì guān cè dào le hǎi wáng xīng
位置，观测到了海王星。

知识拓展

海王星是太阳系内距离太阳最远的行星，它和太阳的平均距离为44.96亿千米，这个距离是地球和太阳距离的30倍。

为什么冥王星被踢出了八大行星的行列？

冥王星是美国天文学家克莱德·汤博在1930年发现的。在最开始，我们还没有足够精准的科技手段探测冥王星，科学家只能推测冥王星的体积和质量，认为它的体重是地球的好几倍，并把它纳入太阳系行星家族。进入21世纪以后，天文观测科技不断升级，科学家准确探测到冥王星的体积和质量，原来冥王星的质量其

冥王星

shí bǐ yuè qiú hái xiǎo gēn běn bù fú hé xíng xīng dìng yì
实比月球还小，根本不符合行星定义

de biāo zhǔn yú shì zài nián yuè rì zhào kāi
的标准，于是在2006年8月24日召开

de dì jiè guó jì tiān wén xué lián hé huì shang míng wáng
的第26届国际天文学联合会上，冥王

xīng bèi tī chū jiǔ dà xíng xīng de háng liè huà guī wéi ǎi
星被踢出九大行星的行列，划归为矮

xíng xīng
行星。

知识拓展

冥王星的直径为2300多千米，表面积比俄罗斯的国土面积还要小，它的重量只有地球的0.22%。

地球为什么被称作“母亲”？

我们生活在地球上，地球为我们提供了生活必需的空气、水源、食物等，我们人类为了表示对地球的敬爱，亲切地把地球称为我们伟大的“母亲”。截至目前，地球是我们所知道的宇宙中唯一一个有生命存在的天体。地球能够孕育生命是由于地球得天独厚的条件。首

地球

先，地球距离太阳1.5亿千米，这个距离，使得太阳的光芒照射到地球的温度在生命体可以接受的范围；其次，地心引力吸引大量气体围绕在地球上空，为生命的形成提供了屏障；再者，地球周围拥有磁场，地磁场的作用有效地阻止了太阳风长驱直入；最后，地球上拥有液态水，液态水为生命的形成提供了条件。

知识拓展

地球，已经有大约46亿岁，它现在正值壮年。地球母亲为我们的生活提供了各种各样的资源，我们一定要树立爱护地球的意识。

wèi shén me hǎi wáng xīng kàn shàng qù hé dì qiú yí yàng shì lán sè de
为什么海王星看上去和地球一样是蓝色的？

wǒ men shǐ yòng tiān wén wàng yuǎn jìng guān chá hǎi wáng xīng shí huì fā xiàn hǎi wáng xīng de yán sè hé dì qiú
我们使用天文望远镜观察海王星时，会发现海王星的颜色和地球

海王星

一样，都是蓝色的。但是海王星和地球呈现蓝色的原理是完全不同的。我们知道，地球实际上是一个“水球”。在地球上，海洋面积占整个地球面积的71%，水面吸收和反射太阳光，使得海水的颜色看起来是蓝色的，所以地球就变成了蓝色星球。和地球不同的是，海王星上并没有水，它是典型的气体行星。海王星的大气中含有大量的甲烷，而甲烷对阳光中的红光和橙光具有很强烈的吸收作用，当太阳光射入海王星时，红光和橙光被吸收，蓝光和绿光被反射，因而从地

qiú shang kàn hǎi wáng xīng jiù chéng le lán sè xīng qiú
球上看，海王星就成了蓝色星球。

知识拓展

海王星名字的由来和它的颜色没有关系，德国天文学家伽勒发现海王星后，把它命名为Neptune，而Neptune在希腊神话中是海神的意思，所以就有了海王星这一译名。

探索宇宙

在漫漫历史长河中，我们人类不仅学习在地球上生活的知识，也使用了很多方法研究天文，探索宇宙。在这方面，我们集合了人类的最顶尖的智慧，花费了无数的人力和资源，取得了很多的成绩，也经历过很多的失败。

老师，宇宙这么神奇，人类是从什么时候开始探索宇宙的呢？

在我们中国，3500年前的商朝就开始设置了观测星象的官职并一直沿用。

探测宇宙对我们有什么用啊？

宇宙奥妙无穷，只有研究它，才能更好地利用天文知识为人类服务，如太阳能利用、气象规律研究、新材料研发都需要依靠宇宙探测。

gǔ rén shì tōng guò 古人是通过 shén me fāng shì yán jiū tiān wén de 什么方式研究天文的？

gǔ rén méi yǒu xiàng wǒ men xiàn zài zhè me xiān jìn de jì shù shǒu duàn, tā men chuàng zào le duō zhǒng fāng fǎ
古人没有像我们现在这么先进的技术手段，他们创造了多种方法

天狼星

来探测宇宙、研究天文。地处热带的古埃及四季区别并不明显，于是古埃及人就按照天狼星（大犬座α星）在天空中的位置来划分季节；中国人早在周朝的时候就制造了确定节令的圭表，使用圭表测定正午日影的长度，确定节令和回归年；还有的地区通过观测星星的位置绘制星图，借此研究神秘的太空。

知识拓展

中国是最早研究天文学的国家之一，5000多年前，中国就有了《阴阳历》，商朝的时候设置了专门研究历法和天文的官职。

wàng yuǎn jìng shì shuí fā míng de
望远镜是谁发明的？

答：

shì jiè shang dì yī tái wàng yuǎn jìng shì hé lán
世界上第一台望远镜是荷兰

yǎn jìng shāng hàn sī lì bó xī zài nián fā míng
眼镜商汉斯·利伯希在1608年发明

de yì dà lì tiān wén xué jiā jiā lì lüè zài nián
的，意大利天文学家伽利略在1609年

望远镜对着星空

duì wàng yuǎn jìng jìn xíng gǎi jìn chuàng zào le shì jiè shang dì
对望远镜进行改进，创造了世界上第
yī tái bèi de shuāng jìng wàng yuǎn jìng bìng yòng tā jìn
一台40倍的双镜望远镜，并用它进
xíng tiān wén guān cè wàng yuǎn jìng de fā míng duì yú tiān wén
行天文观测。望远镜的发明对于天文
xué de jìn yí bù fā zhǎn yǒu jí qí zhòng yào de zuò yòng
学的进一步发展有极其重要的作用。

知识拓展

位于中国贵州省黔南布依族苗族自治州境内的天眼，是世界上最大的单口径射电望远镜，它的口径达到500米，开创了建造巨型望远镜的新模式，它的灵敏度比之前最灵敏的望远镜提高了2.5倍，对我们人类探索宇宙的起源和演化有极大帮助。

wàng yuǎn jìng wèi shén me
néng gòu yòng lái guān cè yǔ zhòu

望远镜为什么能够用来观测宇宙？

wàng yuǎn jìng shì yì zhǒng lì yòng tòu jìng huò fǎn shè jìng yǐ jí qí tā guāng xué qì jiàn guān cè yáo yuǎn wù tǐ de guāng xué yí qì tā de gōng zuò yuán lǐ shì lì yòng tòu jìng duì guāng xiàn de zhé shè huò āo miàn jìng duì guāng xiàn de

望远镜是一种利用透镜或反射镜以及其他光学器件观测遥远物体的光学仪器，它的工作原理是利用透镜对光线的折射或凹面镜对光线的

太空望远镜

反射，使光线进入小孔并会聚成像，再经过目镜放大，从而使远处的天体被人眼看到。有了望远镜后，人类可以更加方便地观测宇宙，但是最初的望远镜观测视野还不能够穿透大气层，即使穿透了厚厚的大气层，光线也会发生变化，不能准确映射天体原本的形象，于是科学家们便设法把哈勃望远镜发射到大气层之外，用于观测太空的真实面貌。

知识拓展

哈勃望远镜的设想在1946年被提出了，到1990年发射成功，其费用约为20亿美元，并且每过一段时间还需要花费超高的额外费用对其进行维护。

环绕地球运行的国际空间站

xīn shí qī kē xué jiā shǐ yòng
新时期科学家使用
shén me xīn shǒu duàn tàn suǒ tài kōng
什么新手段探索太空?

rén lèi zuì chū tàn suǒ tài kōng de fāng shì shì
人类最初探索太空的方式是
yòng ròu yǎn zhí jiē guān cè hòu lái yòu fā míng le wàng yuǎn
用肉眼直接观测，后来又发明了望远

镜去观测天体，但是这些手段观测到的太空景象并不完全准确。进入20世纪以后，科学技术迅猛发展，人类为了探测太空，便开始向太空发射人造卫星，并用火箭、宇宙飞船等把宇航员送到太空直接探索宇宙。除此之外，我们还建造了空间站，宇航员可以长时间地生活在太空中并进行科学研究。

知识拓展

目前，太空中有2个主要的空间站，一个是美欧俄日等国家共同建立的国际空间站，这个空间站于2011年正式组装完成；还有一个是中国的天宫空间站，这个空间站是在2022年建成的。

wèi shén me rén lèi yào fā shè wèi xīng
为什么人类要发射卫星？

答：
rén lèi zhī suǒ yǐ fā shè rén zào wèi xīng
人类之所以发射人造卫星，
zhǔ yào shì yīn wèi wèi xīng kě yǐ yòng yú kān tàn tài kōng zī
主要是因为卫星可以用于勘探太空资
yuán guān cè dì qiú de qì xiàng yě kě yǐ yòng lái tōng
源、观测地球的气象，也可以用来通
xìn chuán shū bāng zhù rén lèi jìn xíng kē xué yán jiū hé jūn
信传输，帮助人类进行科学研究和军
shì zhēn chá rén lèi kě yǐ lì yòng rén zào wèi xīng tóng shí
事侦察。人类可以利用人造卫星同时
chǔ lǐ dà liàng de zī liào bìng shí shí chuán sòng dào dì qiú
处理大量的资料并实时传送到地球
shang de rèn hé dì fang rén zào wèi xīng hái yǒu xǔ duō qí
上的任何地方。人造卫星还有许多其
tā de zuò yòng suǒ yǐ shì jiè shang yǒu shí lì de guó jiā
他的作用，所以世界上有实力的国家
dōu zài bù tíng de fā shè rén zào wèi xīng
都在不停地发射人造卫星。

xiàn zài wǒ men fā shè de wèi xīng zhǔ yào fēn wéi mín
现在我们发射的卫星主要分为民

用卫星和军用卫星两类，民用卫星主要用于通讯、导航、科学实验等活动；军用卫星用于侦察监测和引导导弹打击目标等军事活动。

知识拓展

美国的SpaceX公司于2015年公布了星链计划，他们打算发射约1.2万颗卫星到太空中。

人造卫星的 3D 模型

载人飞船与航天飞机有什么区别？

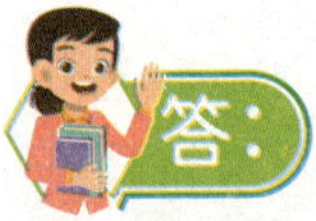

答：载人飞船和航天飞机都是可以载人的航天设备，但是两者又有很大的区别。一是载人飞船是一次性的航天工具，它由火箭助推升空；而航天飞机是可以重复利用的航天工具，它是火箭发射升空，滑翔返回。二是载人飞船的主要结构是密封座舱和服务舱，服务舱放置发动机、火箭和燃料，密封舱主要用于载人；航天飞

jī zé shì jí huǒ
机则是集火
jiàn guǐ dào qì hé
箭、轨道器和
fēi jī yú yì tǐ de
飞机于一体的
háng tiān shè bèi tā
航天设备，它
de jì shù yāo qiú gèng
的技术要求更
yán kē chéng zài lì
严苛，承载力
qiáng zhǔ yào yòng yú
强，主要用于
yùn sòng wù zī
运送物资。

宇宙飞船模型

知识拓展

从1999年发射的神州一号，到2023年发射的神州十五号，这一系列神舟飞船都是载人飞船。

wèi shén me háng tiān yuán
为什么航天员

zài tài kōng zhōng huì fú qǐ lái
在太空中会浮起来？

wǒ men cóng diàn shì shang kàn dào yǔ háng yuán
我们从电视上看到，宇航员
fēi dào tài kōng hòu dōu shì piāo fú zài tài kōng cāng zhōng
飞到太空后，都是漂浮在太空舱中
de zhè qí shí shì yì zhǒng shī zhòng xiàn xiàng shī zhòng shì
的，这其实是一种失重现象。失重是
zhǐ yí gè wù tǐ shòu dào de zhī chēng lì huò lā lì xiǎo yú
指一个物体受到的支撑力或拉力小于

漂浮在太空中的宇航员

wù tǐ de zhòng lì shí suī rán tā běn shēn yǒu yí dìng de
物体的重力时，虽然它本身有一定的
zhòng liàng dàn bù biǎo xiàn zhòng liàng huò zhòng liàng jiào xiǎo de yì
重量但不表现重量或重量较小的一
zhǒng zhuàng tài zài tài kōng zhōng yǔ háng yuán hé tài kōng
种状态。在太空中，宇航员和太空
zhàn dōu zhǐ shòu zhòng lì zuò yòng ér méi yǒu qí tā zhī chēng
站都只受重力作用而没有其他支撑
lì yīn cǐ dōu chǔ yú shī zhòng zhuàng tài èr zhě tóng shí
力，因此都处于失重状态，二者同时
zuò zì yóu luò tǐ yùn dòng suǒ yǐ yǔ háng yuán kàn qǐ lái
做自由落体运动，所以宇航员看起来
shì piào fú zài tài kōng zhàn zhōng de
是漂浮在太空站中的。

知识拓展

宇航员在太空中的时候，实际上是没有上下的方向概念的。

月球车是什么？

答：月球车的学名是月面巡回探测器，它是人类研发的用于对月球进行探测的专门工具，它能够在月球表面行驶并完成月球探测、考察、收集和分析样品等复杂任务。对于不是很了解天文学的人来说，月球车看起来就像普通的工具车，但是制造月球车的技术是极其复杂的。制造月球车要考虑克服月球重力小、路面崎岖不平、昼夜温差大等多项难点，还要配

行星探测器——月球车

bèi rén gōng zhì néng xì tǒng yǐ biàn yú yuè qiú chē dú lì
备人工智能系统，以便于月球车独立
chǔ lǐ gè zhǒng tū fā zhuàngkuàng cǐ wài yuè qiú chē hái yào
处理各种突发状况，此外月球车还要
yǒu chí xù de néng yuán gōng yìng xì tǒng yuè qiú chē fēn wéi
有持续的能源供应系统。月球车分为
liǎng zhǒng wú rén jià shǐ yuè qiú chē hé yǒu rén jià shǐ yuè
两种：无人驾驶月球车和有人驾驶月
qiú chē
球车。

知识拓展

2013年12月，我国自主研发的首辆月球车玉兔号成功着陆月球表面，并开始探测活动。

rén zài tài kōng zhōng hé 人在太空中和 zài dì qiú shang yǒu shén me bù tóng 在地球上有什么不同？

wǒ men de yǔ háng yuán zài
我们的宇航员在
tài kōng shēng huó shí jī běn shang dōu shì
太空生活时，基本上都是
piāo fú zhe yí dòng de rì cháng shēng huó
漂浮着移动的。日常生活

中，也不能像在地球上一样用水洗脸、洗澡，只能用湿毛巾擦拭；刷牙也是一样，不能像在地球上那样刷牙，只能擦拭或者用咀嚼口香糖的方式清

jié yá chǐ rú guǒ wǒ men de yǔ háng yuán zài kōng jiān zhàn
洁牙齿；如果我们的宇航员在空间站
wài huó dòng nà me liǎng wèi yǔ háng yuán tōng huà dōu yào shǐ
外活动，那么两位宇航员通话都要使
yòng tè shū de wú xiàn diàn tōng xùn zhuāng zhì fǒu zé jiù suàn
用特殊的无线电通讯装置，否则就算
tā men miàn duì miàn yòng jìn zuì dà de lì qi shuō huà
他们面对面，用尽最大的力气说话，
duì fāng yě tīng bú dào zhè shì yīn wèi tài kōng shǔ yú wēi
对方也听不到。这是因为太空属于微
zhòng lì huán jìng rén tǐ shuǐ liú shí wù bì xū shǐ
重力环境，人体、水流、食物必须使
yòng róng qì gù dìng fǒu zé jiù huì fēi de dào chù dōu shì
用容器固定，否则就会飞得到处都是，
bìng qiě tài kōng zhōng méi yǒu kōng qì shēng yīn shì bù néng chuán
并且太空中没有空气，声音是不能传
bō de
播的。

知识拓展

宇航员在太空生活一段时间后，受失重状态的影响，钙流失比较严重，他们的骨头会变得很脆弱，肌肉也会有一定程度的萎缩，需要按照特殊的康复方法进行训练，才能重新恢复到原来的状态。

为什么人在太空中生活很艰难？

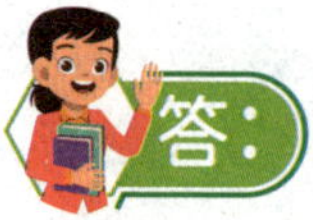

答：1961年4月，苏联航天员尤里·加加林成为地球上第一个步入太空的人，之后，我们将许许多多的航天员送入了太空。对于普通人来说，能够像宇航员一样遨游太空是一个极浪漫而伟大的梦想，但是很多人可能想不到，在太空中生活是极其困难的。这是因为人在太空中处于一种失重的状态，宇航员只能漂浮在

在太空中的宇航员

bàn kōng zhōng shí fēn bù shū fu yóu yú méi yǒu shòu lì
半空中，十分不舒服。由于没有受力

diǎn yǔ háng yuán de xíng dòng yě shì fēi cháng huǎn màn de
点，宇航员的行动也是非常缓慢的。

chú cǐ zhī wài yǔ háng yuán chī dōng xi shí yě yào bǎ
除此之外，宇航员吃东西时，也要把

shí wù xiān fàng jìn ruǎn guǎn li rán hòu zài xiàng jǐ yá gāo
食物先放进软管里，然后再像挤牙膏

nà yàng bǎ shí wù jǐ jìn zuǐ ba shuì jiào de shí hou bì
那样把食物挤进嘴巴；睡觉的时候必

xū yòng dài zi bǎ zì jǐ kǔn qǐ lái yào bù rán huì piāo
须用带子把自己捆起来，要不然会飘
zǒu tā men yě bù néng xiàng zài dì qiú shang yí yàng bǎ
走。他们也不能像在地球上一样把
shuǐ dào rù shuǐ bēi zhōng hē ér shì yào dào rù mì fēng de
水倒入水杯中喝，而是要倒入密封的
róng qì nèi shǐ yòng xī guǎn xī dào zuǐ ba li
容器内，使用吸管吸到嘴巴里。

知识拓展

要遨游太空，首先要经过严格的训练，这种训练极其艰苦，只有通过了训练和考核的人才能成为航天员。

wèi shén me shuǐ xīng bú shì hé rén lèi jū zhù

为什么水星不适合人类居住？

答:

shuǐ xīng shì tài yáng xì nèi zuì jiē jìn tài yáng de yì kē xíng xīng, tā de tǐ jī hé zhì liàng dōu shì tài yáng xì bā dà xíng xīng zhōng zuì xiǎo de, suī rán shuǐ xīng jù lí tài yáng hěn jìn, dàn shì shuǐ xīng bìng bú shì hé rén lèi shēng cún。

水星是太阳系内最接近太阳的一颗行星，它的体积和质量都是太阳系八大行星中最小的，虽然水星距离太阳很近，但是水星并不适合人类生存。

yī shì yīn wèi shuǐ xīng de zhòu yè wēn chā jí dà, bái tiān tài yáng zhí shè shuǐ xīng shí, shuǐ xīng de wēn dù kě yǐ dá dào 427℃, dào le wǎn shang de shí hou, shuǐ xīng de wēn dù yòu huì xià jiàng dào líng xià 137℃。

一是因为水星的昼夜温差极大，白天太阳直射水星时，水星的温度可以达到427℃，到了晚上的时候，水星的温度又会下降到零下137℃。

èr shì yīn wèi shuǐ xīng tǐ jī xiǎo, suǒ yǐ yǐn lì yě fēi cháng ruò, zhè dǎo zhì shuǐ xīng dà qì céng jí qí xī bó,

二是因为水星体积小，所以引力也非常弱，这导致水星大气层极其稀薄，不能为生命的生存提供屏障。三是水星的自转速度很慢，水星自转一周的耗时比地球的58倍还多，也就是说水星上才过一天，地球上就已经过了58天多。四是因为水星上没有液态水的存在。当然还有许多其他因素共

水星

tóng zào chéng le shuǐ xīng bú shì yí rén lèi shēng cún de jié
同造成了水星不适宜人类生存的结

guǒ bǐ rú shuǐ xīng de dì xíng hé tǔ dì jié gòu děng
果，比如水星的地形和土地结构等。

知识拓展

虽然水星的名字中有“水”字，但是水星上一点儿液态水也没有，在水星的北极有无法融化的冰山。

十万个你问我答

第一辑

恐龙王国

李梦雨◎编

南方传媒 | 广东人民出版社
·广州·

图书在版编目（C I P）数据

十万个你问我答. 第一辑. 恐龙王国 / 李梦雨编. —广州：广东人民出版社，2024.1
ISBN 978-7-218-16785-5

Ⅰ. ①十…　Ⅱ. ①李…　Ⅲ. ①科学知识—儿童读物②恐龙—儿童读物　Ⅳ. ① Z228.1 ② Q915.864-49

中国国家版本馆 CIP 数据核字（2023）第 148379 号

SHI WAN GE NIWENWODA · DI-YI JI · KONGLONG WANGGUO
十万个你问我答 · 第一辑 · 恐龙王国

李梦雨　编

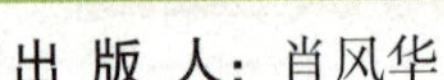

出 版 人：肖风华

责任编辑：吴瑶瑶
责任技编：吴彦斌

出版发行：广东人民出版社
地　　址：广州市越秀区大沙头四马路 10 号（邮政编码：510199）
电　　话：（020）85716809（总编室）
传　　真：（020）83289585
网　　址：http://www.gdpph.com
印　　刷：三河市祥达印刷包装有限公司
开　　本：880 毫米 ×1230 毫米　1/32
总 印 张：24　　　总 字 数：400 千
版　　次：2024 年 1 月第 1 版
印　　次：2024 年 1 月第 1 次印刷
定　　价：120.00 元（全八册）

如发现印装质量问题，影响阅读，请与出版社（020-87712513）联系调换。
售书热线：（020）87717307

目录 MULU

恐龙之前的世界

在恐龙出现之前，世界是什么样的呢？有哪些古老的生物呢？当时有人类的存在吗？这些问题众说纷纭，还需要我们不断去探索。

老师，我们人类是如何来到这个世界的呢？

达尔文进化论中提到人类是由猿进化来的。

那地球上最早的生命是怎么出现的呢？

这个问题至今也没有确切的答案，一起去看看生物学家都有哪些猜测吧！

dì qiú shang de shēng mìng cóng nǎ lǐ lái
地球上的生命从哪里来？

答：

shēng mìng cóng nǎ lǐ lái zhè ge kùn rǎo dà
生命从哪里来，这个困扰大
jiā jǐ gè shì jì de nán tí zhì jīn yě méi yǒu dé dào
家几个世纪的难题，至今也没有得到
jiě dá dàn shì mù qián rén lèi zuì rèn kě de shuō fǎ
解答。但是，目前人类最认可的说法
shì huà xué qǐ yuán shuō huà xué qǐ yuán shuō
是化学起源说。化学起源说
rèn wéi shēng mìng de qǐ yuán yǒu sì
认为生命的起源有四
gè jiē duàn shǒu xiān yóu yú
个阶段：首先，由于
dì qiú de jí duān huán jìng
地球的极端环境，
yì xiē jiǎn dān de xiǎo fēn zǐ
一些简单的小分子
huì hé chéng jiǎn dān de
会合成简单的
yǒu jī wù
有机物

分子

分子；接着，简单的有机物分子会合成比较复杂的有机物大分子；然后，有机物大分子组合在一起形成多分子体系；最后，多分子体系逐渐发展为有生命的物体。

知识拓展

目前，科学家已经通过实验证明了化学起源说第一个阶段的可行性，后三个阶段还有待进一步研究。

古老的生命是如何繁殖后代的？

地球上最古老的生命是一种单细胞的微生物，它们的繁殖方式是细胞分裂。细胞分裂简单来说就是一个母细胞从中间裂开，分成两个子细胞，然后子细胞会发育为一个新的细胞。

在细胞分裂成新细胞的过程中，新细胞和母细胞中相同的物质，我们称之为遗传，遗传是生命延续的根本。新细胞和母细胞中不一样的物

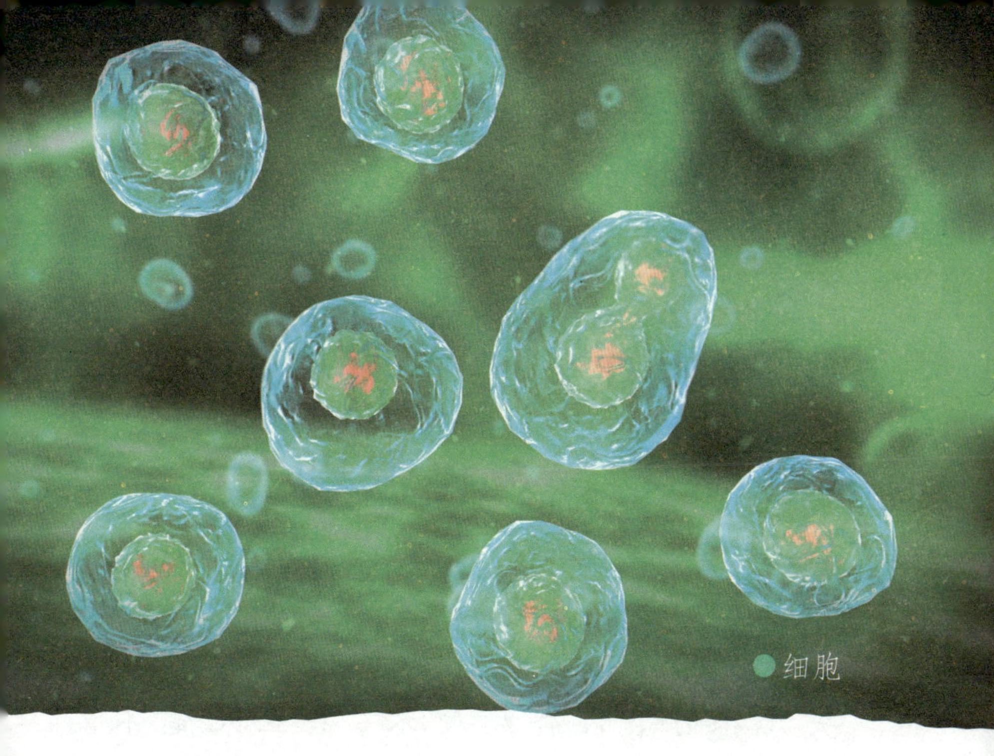

细胞

zhì wǒ men chēng zhī wéi biàn yì biàn yì shǐ de shēng wù
质，我们称之为变异，变异使得生物

gè tǐ zài xíng tài shēng lǐ tè zhēng děng fāng miàn chǎn shēng
个体在形态、生理特征等方面产生

chā yì
差异。

知识拓展

变异还分为可遗传变异和不可遗传变异。其中，可遗传变异是遗传物质发生了改变，并且会传给下一代；而不可遗传变异是环境条件导致的，不会传给下一代。

wèi shén me yuǎn gǔ shí qī de
shēng wù pǔ biàn tǐ xíng páng dà

为什么远古时期的生物普遍体型庞大？

答：

zài hán wǔ jì shí qī， gǔ shēng wù de gè
在寒武纪时期，古生物的个
tóur hěn xiǎo， zhǐ yǒu jǐ lí mǐ， shèn zhì jǐ háo mǐ。
头儿很小，只有几厘米，甚至几毫米。
dāng shí de kǒng lóng yě shì nà me xiǎo， zài jìn huà guò chéng
当时的恐龙也是那么小，在进化过程
zhōng， kǒng lóng de tǐ xíng zhú jiàn biàn dà。 dào le zhū luó
中，恐龙的体型逐渐变大。到了侏罗
jì shí qī， kǒng lóng de tǐ xíng dá dào le zuì dà zhí。
纪时期，恐龙的体型达到了最大值。

森林

恐龙体型变大的原因和当时地球的环境有很大关系。那个时期，地球上植被茂盛，气候温暖湿润，空气中有大量的氧气，大气层也很厚，为恐龙的生长提供了十分有利的条件。因此，当时不仅恐龙，还有许多爬行动物和昆虫都体型庞大。

知识拓展

侏罗纪时期，恐龙成为大陆上的统治者，同时鸟类和翼龙类逐渐出现，各种哺乳动物开始发展壮大。

蜜蜂

问：

和恐龙同时期的动物还有哪些存活至今？

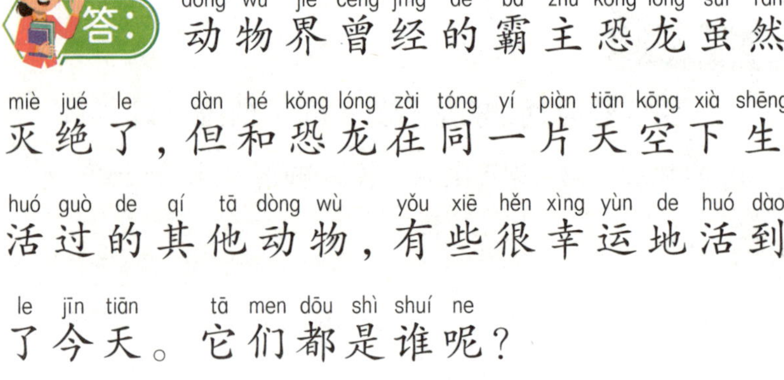

答：动物界曾经的霸主恐龙虽然灭绝了，但和恐龙在同一片天空下生活过的其他动物，有些很幸运地活到了今天。它们都是谁呢？

第一种动物是蜜蜂。古生物学家在研究化石时发现白垩纪时期的蜜

fēng hé xiàn zài de mì fēng yǒu hěn duō xiāng tóng zhī chù
蜂和现在的蜜蜂有很多相同之处。

dì èr zhǒng dòng wù shì dà xī yì zhè shì yì
第二种动物是大蜥蜴。这是一

zhǒng pá xíng dòng wù mù qián zài xīn xī lán shēng huó
种爬行动物，目前在新西兰生活。

dì sān zhǒng dòng wù shì lóng xiā bú guò yán jiū
第三种动物是龙虾。不过，研究

biǎo míng kǒng lóng shí dài de lóng xiā yǒu mǐ cháng ér xiàn
表明，恐龙时代的龙虾有2米长，而现

zài de lóng xiā gè tóur biàn xiǎo le hěn duō
在的龙虾个头儿变小了很多。

dì sì zhǒng dòng wù shì shā yú jù shuō zài kǒng
第四种动物是鲨鱼。据说，在恐

lóng shí dài shā yú huì bǔ shí xiǎo xíng kǒng lóng
龙时代，鲨鱼会捕食小型恐龙。

知识拓展

有一种植物叫伍德苏铁，是和恐龙同时期的植物，恐龙曾以它为食。因伍德苏铁有剧毒，恐龙灭绝后，没有任何动物可以帮它传播种子。现在，地球上的伍德苏铁只剩下最后一株，它被称为“最孤独的树”。

gǔ hǎi guī yǒu nǎ xiē tè zhēng

古海龟有哪些特征？

rén lèi yǐ zhī de zuì gǔ lǎo de hǎi guī shēng
人类已知的最古老的海龟生
huó zài jù jīn yuē yì nián qián tā men zhǐ yǒu fù bù
活在距今约2.2亿年前，它们只有腹部
yǒu guī ké bèi chēng wéi bàn ké guī
有龟壳，被称为半壳龟。

gǔ hǎi guī bèi bù méi yǒu ké zhǐ yǒu gǔ jià hé
古海龟背部没有壳，只有骨架和
hěn hòu hěn yìng de pí fū
很厚很硬的皮肤。

现代海龟

古海龟不能将头和四肢全部缩到壳中，在演化过程中，其中的一些龟进化出可以将身体缩进去的外壳构造，还有一些龟的龟壳甚至可以合在一起。

古海龟属于杂食动物，以海草、鱼虾等动植物为食。

知识拓展

古海龟生性懒散，它们不去主动捕食，总是吃海面上漂浮的腐肉、水母或其他植物等。因此，它们除了冬眠，平时几乎不潜入海底。

史前鳄鱼有哪些特别之处？

鳄类是古爬行动物，大约出现于三叠纪末期。

史前鳄鱼最显著的特征是体型庞大，一些史前鳄鱼常常捕食小型恐龙。

史前鳄鱼的咬合力十分惊人，据科学家推测，它们咬合力可达8吨，可以轻轻松松咬断十几厘米厚的骨头。它们的牙齿像香蕉一样大，共有60~80颗，这些牙齿大小虽然不完全相同，但都十分尖锐且粗壮。

cǐ wài shǐ qián è yú de xiù jué hái shí fēn líng
此外，史前鳄鱼的嗅觉还十分灵
mǐn jí biàn zài shuǐ zhōng qī xī zhǐ yào yǒu liè wù kào
敏，即便在水中栖息，只要有猎物靠
jìn shuǐ biān tā men yě néng lì kè xiù dào qì wèi
近水边，它们也能立刻嗅到气味。

shǐ qián è yú shǔ yú shuǐ lù liǎng qī dòng wù zài
史前鳄鱼属于水陆两栖动物，在
lù dì shang bǔ shí shí kě yǐ zhí lì xíng zǒu bǎ shēn
陆地上捕食时，可以直立行走，把身
tǐ tái gāo pèng dào liè wù shí hái kě yǐ duǎn jù lí
体抬高，碰到猎物时，还可以短距离

现代鳄鱼

chōng cì zài shuǐ zhōng bǔ shí shí tā de wěi bù jiù xiàng
冲刺；在水中捕食时，它的尾部就像
fā dòng jī yí yàng yóu yǒng de sù dù chāo kuài liè wù
发动机一样，游泳的速度超快，猎物
yí dàn bèi tā men suǒ dìng jiù hěn nán táo tuō
一旦被它们锁定，就很难逃脱。

知识拓展

白垩纪时期有一种史前鳄鱼叫作帝鳄，又名超级巨鳄。这种鳄鱼嘴巴长约1.8米，以各种鱼类为食。在很多关于史前时期的电影中都有帝鳄的身影。

kǒng lóng shì rú hé yǎn huà ér lái de
恐龙是如何演化而来的？

答：sān dié jì zǎo qī，qì hòu hán lěng，duō shù dòng wù dōu yǐ zhí wù wéi shí，yīn cǐ sì zhī bú gòu qiǎng jìng，zhǐ néng pá xíng qián jìn。dào le sān dié jì zhōng

三叠纪早期，气候寒冷，多数动物都以植物为食，因此四肢不够强劲，只能爬行前进。到了三叠纪中

恐龙

qī qì hòu biàn de yán rè yǐ zhí wù wéi shí de dòng
期，气候变得炎热，以植物为食的动
wù wú fǎ shì yìng dāng shí de huán jìng zhǐ néng bèi táo tài
物无法适应当时的环境，只能被淘汰
le ér zài sān dié jì zǎo qī nà xiē jiào xiǎo de ròu
了。而在三叠纪早期，那些较小的肉
shí xìng dòng wù sì zhī qiáng zhuàng yǒu lì hěn kuài jiù kě
食性动物，四肢强壮有力，很快就可
yǐ zhǐ yòng hòu zhī xíng zǒu suī rán tā men tǐ xíng xiǎo
以只用后肢行走。虽然它们体型小，
dàn tā men fǎn yìng kuài bēn pǎo sù dù kuài yīn cǐ dāng
但它们反应快，奔跑速度快。因此当
qì hòu biàn de yán rè shí zhè lèi dòng wù yě néng gòu shì
气候变得炎热时，这类动物也能够适
yìng dāng shí de huán jìng tā men zhú jiàn qiáng dà qǐ lái
应当时的环境，它们逐渐强大起来，
bìng yǎn huà chū hěn duō zhǒng lèi dào le sān dié jì de
并演化出很多种类。到了三叠纪的
zhōng wǎn qī zhè lèi dòng wù jiù jìn huà chéng le kǒng lóng
中晚期，这类动物就进化成了恐龙。

知识拓展

恐龙按食性可分为草食性恐龙和肉食性恐龙。肉食性恐龙一般都有锋利的牙齿和爪子，以草食性恐龙和其他动物为食。

认识古老的生物

恐龙是我们最熟悉的史前生物。那么，恐龙是如何被人类发现的？与恐龙同时期生存的爬行动物有哪些？大恐龙和小恐龙的身高差多少？关于这些有趣的问题，我们都将在本章节找到答案。

老师，人类怎么知道地球上曾经有过恐龙的？

这是因为科学家们发现了许多恐龙化石。

那人们是如何给恐龙起名字的呢？

这个就说来话长了，今天我们就一起走进恐龙世界去看看吧！

zuì zǎo fā xiàn kǒng lóng huà shí
最早发现恐龙化石
de rén jiào shén me míng zi
的人叫什么名字？

答：zuì zǎo fā xiàn kǒng lóng huà shí de rén jiào jí
最早发现恐龙化石的人叫吉
dí ēn màn tè ěr nián yīng guó de jí dí
迪恩·曼特尔。1822年，英国的吉迪
ēn màn tè ěr yī shēng ǒu rán dé dào le jǐ kē dòng wù
恩·曼特尔医生偶然得到了几颗动物

恐龙化石

yá chǐ huà shí tā jīng guò cháng shí jiān yán jiū fā xiàn
牙齿化石。他经过长时间研究，发现
zhè xiē yá chǐ huà shí de zhǔ ren hěn xiàng liè xī tā tuī
这些牙齿化石的主人很像鬣蜥。他推
duàn zhè shì yì zhǒng hé liè xī chà bu duō de gǔ pá xíng dòng
断这是一种和鬣蜥差不多的古爬行动
wù jiù gěi tā qǐ míng wéi fān yì
物，就给它起名为“Iguanodon”，翻译
chéng zhōng wén jiù shì liè xī de yá chǐ hòu lái jīng
成中文就是“鬣蜥的牙齿”。后来经
shēng wù xué jiā yán jiū zhèng shí màn tè ěr fā xiàn de yá
生物学家研究证实，曼特尔发现的牙
chǐ huà shí shǔ yú qín lóng
齿化石属于禽龙。

qín lóng shēng huó zài běi měi zhōu hé ōu zhōu shì zuì
禽龙生活在北美洲和欧洲，是最
zǎo bèi fā xiàn bìng bèi zhèng shí de kǒng lóng
早被发现并被证实的恐龙。

知识拓展

禽龙存在于白垩纪早期，是第一种被发现的恐龙，身体约9米长，7吨重，前肢长有五指，拇指像钉子一样。它能像人一样两足行走，以植物为食。

哪些爬行动物和恐龙生活在同一时期？

答：在恐龙时代，还生活着其他三类爬行动物：一是蛇颈龙、沧龙和鱼龙等生活在海中的爬行动物；二是盘踞于天空的翼龙类；三是鸟鳄、布拉

翼龙

sè lóng yuán è guī lù è hé kěn shì shòu děng bǔ rǔ
塞龙、原颚龟、陆鳄和肯氏兽等哺乳
lèi dòng wù cǐ wài hái yǒu yì xiē gǔ pá xíng dòng wù
类动物。此外，还有一些古爬行动物，
rú ní yà sà lóng kù lā lóng hé shǐ zǔ niǎo děng yě shēng
如尼亚萨龙、酷拉龙和始祖鸟等也生
huó zài kǒng lóng shí dài tā men dāng zhōng yǒu de bú duàn
活在恐龙时代。它们当中，有的不断
de yǎn huà fán yǎn cún huó zhì jīn rú xī yì è
地演化、繁衍，存活至今，如蜥蜴、鳄
yú guī biē děng
鱼、龟鳖等。

知识拓展

鳄鱼是十分古老的肉食性爬行动物，在地球上已经生活了2.3亿年。在恐龙时代，鳄鱼同恐龙一样，都是顶级捕猎者，处于食物链的顶端。

kǒng lóng dà gài néng huó duō shao suì
恐龙大概能活多少岁？

答:

dì qiú shang de shēng mìng dōu huì jīng lì cóng chū
地球上的生命都会经历从出
shēng dào sǐ wáng de guò chéng kǒng lóng yě bú lì wài nà
生到死亡的过程，恐龙也不例外。那
me kǒng lóng yì bān néng huó duō shao nián ne
么，恐龙一般能活多少年呢？

wǒ men suǒ tán de néng huó dào duō shao suì zhǐ
我们所谈的“能活到多少岁”指
de shì kǒng lóng zì rán sǐ wáng shí de shòu mìng xǔ duō biàn
的是恐龙自然死亡时的寿命。许多变
chéng huà shí de kǒng lóng dōu shì yīn wèi fā shēng yì wài ér
成化石的恐龙，都是因为发生意外而
sǐ wáng de suǒ yǐ tā men biàn chéng huà shí nà ge shí kè
死亡的，所以它们变成化石那个时刻
de nián líng bìng bú shì tā men zhēn shí de zì rán shòu mìng
的年龄，并不是它们真实的自然寿命。
mù qián kē xué jiā men yán jiū kǒng lóng de shòu mìng zhǔ yào
目前，科学家们研究恐龙的寿命主要
yī jù kǒng lóng gǔ gé huà shí shang lèi sì yú shù mù nián lún
依据恐龙骨骼化石上类似于树木年轮

恐龙

的微观结构。科学家们会先检测化石中恐龙骨骼生长的程度，并以此判断骨骼的主人是处在幼年还是成年时期，再根据恐龙的生长速度算出恐龙从幼年生长到成年所需的时间。这样，我们就可以推算出恐龙的寿命了。

科学研究发现，有些小型的食草原角类恐龙只用30年就可以从幼年生长到成年，这类恐龙大概可以活到60岁；有些体型居中的蜥脚类恐龙需要100年才能从幼年长到成年，它们的寿命在160岁左右；而那些大型的蜥脚类恐龙则需要150年的时间才成年，不出意外的话，它们可以活200~300岁。

知识拓展

三种食性的恐龙中，寿命最长的是草食性恐龙，寿命最短的是肉食性恐龙。肉食性恐龙一般活不过100岁，例如霸王龙大约只能活到50岁。

kǒng lóng hé qí tā pá xíng dòng wù yǒu nǎ xiē yì tóng
恐龙和其他爬行动物有哪些异同？

kǒng lóng de sì zhī shēng zhǎng zài qū gàn de xià miàn，cóng zhè fāng miàn lái shuō，tā men shǔ yú zhǔ lóng lèi pá xíng dòng wù。
恐龙的四肢生长在躯干的下面，从这方面来说，它们属于主龙类爬行动物。

suī rán kǒng lóng lì shǔ yú pá xíng dòng wù，dàn shì tā hé qí tā de pá xíng dòng wù hái shi yǒu qū bié de。
虽然恐龙隶属于爬行动物，但是它和其他的爬行动物还是有区别的。

kǒng lóng hé qí tā pá xíng dòng wù dōu shǔ yú jǐ zhuī dòng wù，dōu yǒu sì tiáo tuǐ，dōu yǒu tóu、qū gàn hé wěi ba，tā men de shēn tǐ jié gòu jī běn xiāng tóng。qū bié zài yú tā men de xíng zǒu fāng shì。qí tā pá xíng dòng wù
恐龙和其他爬行动物都属于脊椎动物，都有四条腿，都有头、躯干和尾巴，它们的身体结构基本相同。区别在于它们的行走方式。其他爬行动物是一步一步匍匐向前爬的，不能飞快地奔跑，主要原因是它们的四肢并不是垂直向下生长的，它们的四肢从身体到肘部这一段平行于地面，肘部之后才垂直于地面。恐龙的四肢则是直

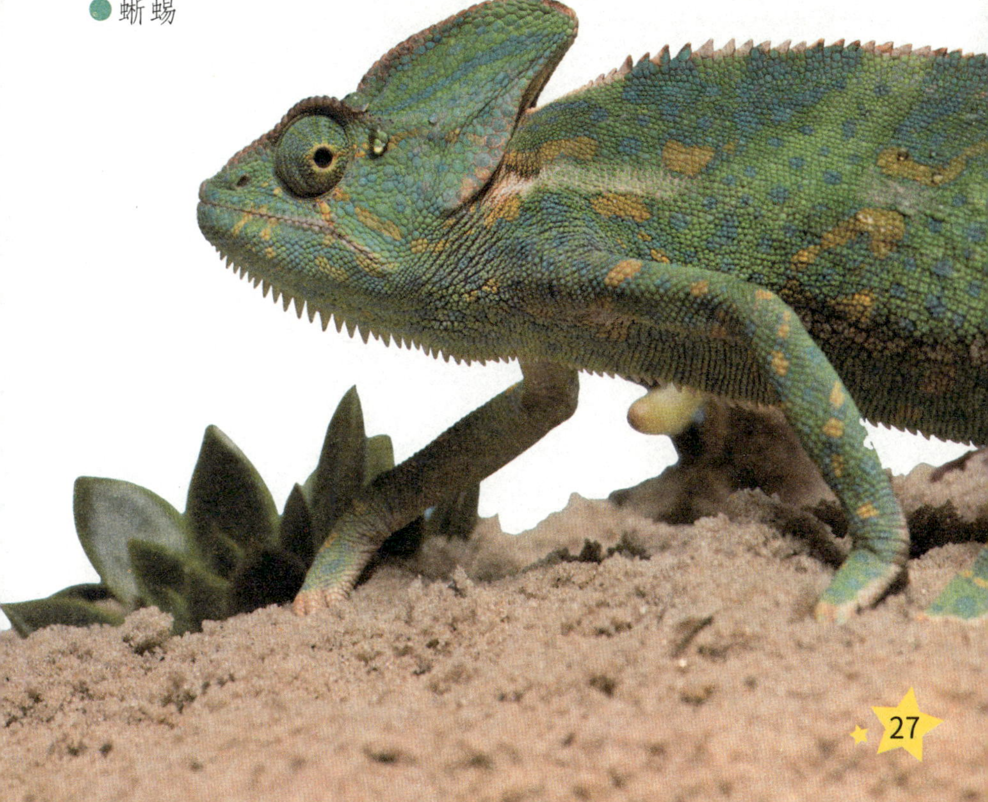

蜥蜴

jiē shù zhí xiàng xià shēngzhǎng de yīn cǐ kǒng lóng néng shù zhí
接竖直向下生长的，因此恐龙能竖直

zhàn lì hái néng kuà bù zǒu hé kuài sù bēn pǎo
站立，还能跨步走和快速奔跑。

知识拓展

爬行动物的身体和生理构造让它们对环境有了更强的适应性。它们的身体由头、颈、躯干、四肢及尾巴组成。它们的骨骼发育完全，颈部可随意转动，还有聪明的大脑，在捕食方面十分厉害。常见的爬行动物有蜥蜴、鳄鱼和蛇等。

dà kǒng lóng hé xiǎo kǒng lóng de
大恐龙和小恐龙的
tǐ xíng dà xiǎo chà duō shao
体型大小差多少？

cóng zhū luó jì shí dài zǎo qī dào bái è jì
从侏罗纪时代早期到白垩纪
shí dài wǎn qī dì qiú shang de shēng tài huán jìng fā shēng
时代晚期，地球上的生态环境发生
le fān tiān fù dì de biàn huà kǒng lóng wèi le shì yìng bú
了翻天覆地的变化。恐龙为了适应不
duàn biàn huà de huán jìng zhǐ néng suí zhe huán jìng bú duàn jìn
断变化的环境，只能随着环境不断进
huà yīn ér chū xiàn le gè zhǒng bù tóng zhǒng lèi de kǒng
化，因而出现了各种不同种类的恐
lóng qiě tā men zài shēng cún fāng shì jí wài xíng shang chā bié
龙，且它们在生存方式及外形上差别
hěn dà
很大。

bà wáng lóng gè tóur jù dà shēn tǐ yuē yǒu
霸王龙，个头儿巨大，身体约有
mǐ cháng mǐ gāo jiù xiàng yí zuò liǎng céng xiǎo lóu
15米长，6米高，就像一座两层小楼。

dàn shì bà wáng lóng yě bú shì zuì dà de kǒng lóng kǒng
但是，霸王龙也不是最大的恐龙，恐
lóng zhōng de jù wú bà shì xī jiǎo lèi kǒng lóng ér xī
龙中的巨无霸是蜥脚类恐龙。而蜥
jiǎo lèi kǒng lóng zhōng zuì chū míng de yào shǔ dì zhèn lóng hé
脚类恐龙中最出名的要数地震龙和
wàn lóng
腕龙。

dì zhèn lóng yīn wèi tǐ cháng ér wén míng tā de shēn
地震龙因为体长而闻名。它的身
tǐ cháng yuē mǐ zhòng yuē dūn ér wàn lóng yǐ shēn
体长约36米，重约80吨；而腕龙以身
gāo zhì shèng tā de shēn tǐ gāo yuē mǐ yǒu céng
高制胜，它的身体高约18米，有6层

霸王龙

楼那么高，它的体重大约是50头大象的重量。

除了这些庞然大物，恐龙家族中还有许多迷你可爱的小型恐龙。秀颌龙是体型最小的一种恐龙，它体型相当于一只母鸡的大小，体长仅有70多厘米。

知识拓展

为什么恐龙的体型差异如此巨大呢？这可能和恐龙的生存环境有关，也许中生代的气候和食物比较适合恐龙生长，也可能和恐龙本身的遗传有关。

niǎo lèi shì yóu
鸟类是由
kǒng lóng yǎn huà ér lái de ma
恐龙演化而来的吗？

dì yī gè tí chū niǎo lèi yóu kǒng lóng yǎn huà
第一个提出鸟类由恐龙演化
ér lái zhè yì jiǎ shuō de rén shì yīng guó shēng wù xué jiā hè
而来这一假说的人是英国生物学家赫
xū lí xiàn zài dà bù fen shēng wù xué jiā dōu rèn wéi niǎo
胥黎。现在大部分生物学家都认为鸟

● 鸟龙化石

类是由恐龙演化而来的，他们认为鸟类是一种小型树栖恐龙的后裔。

20世纪末期，我国考古工作者和生物学家们在辽宁西部发现了带有羽毛的恐龙化石。其中，中华龙鸟是人类发现的第一个身上还保存着真正的羽毛的恐龙化石。中华龙鸟化石的发现引起了全球古生物学界的极大轰动，并且成为鸟类是恐龙演化而来这一学说重要的新证据。

虽然中华龙鸟仍然属于恐龙，但其身体构造与鸟类有很多相似之处，再加上后来其他带羽毛的恐龙化石被

fā xiàn rén men gèng jiā shēn xìn niǎo lèi jiù shì kǒng lóng yǎn
发现，人们更加深信鸟类就是恐龙演
huà ér lái de bú guò niǎo lèi de qǐ yuán shì yí gè
化而来的。不过，鸟类的起源是一个
fēi cháng fù zá de wèn tí jù tǐ shì bu shì yóu kǒng lóng
非常复杂的问题，具体是不是由恐龙
yǎn huà ér lái mù qián réng shì yí gè mí yǒu dài rén men
演化而来，目前仍是一个谜，有待人们
jì xù tàn suǒ hé qiú zhèng
继续探索和求证。

知识拓展

有一种观点认为，恐龙在不断进化的过程中身体逐渐变小，前肢逐渐演化为鸟翼，体表也慢慢长出羽毛，为了躲避敌害，它们转移到树上生存，慢慢地学会了飞翔。

恐龙的特征

恐龙灭绝于6500万年前，对于曾经的地球霸主，我们充满了好奇。科学家们也在通过化石等线索不断地研究，但是，至今我们对恐龙的了解也只是沧海一粟。

老师，恐龙是不是都爱吃肉呢？

并不是所有的恐龙都吃肉，也有许多恐龙是吃草的。

那恐龙的皮肤、牙齿、身高等都是什么样的呢？

既然你这么好奇，那就跟着老师一起去恐龙世界看一看吧！

kǒng lóng shì héng wēn dòng wù
恐龙是恒温动物
hái shi biàn wēn dòng wù
还是变温动物？

kǒng lóng shì héng wēn dòng wù hái shi biàn wēn dòng wù dào xiàn zài yě méi yǒu yí gè míng què de jié lùn yǒu rén shuō kǒng lóng shì biàn wēn dòng wù kě shì biàn wēn dòng wù zài tiān qì hán lěng shí cháng cháng bú wài chū huó dòng ér shì zhǎo gè dì fang dōng mián kǒng lóng tǐ xíng jù dà shén me yàng de

恐龙是恒温动物还是变温动物，到现在也没有一个明确的结论。有人说恐龙是变温动物，可是，变温动物在天气寒冷时，常常不外出活动，而是找个地方冬眠。恐龙体型巨大，什么样的

恐龙

洞穴能让它冬眠呢？还有人说恐龙是恒温动物，因为生物学家通过化石发现有的恐龙长有羽毛。恒温动物在天热时要散热，天冷时要保温，恐龙的羽毛就是用来保温的。但是，恐龙那么大的身体，就必须有一个特别大的心脏为血液循环提供动力，维持体温，这种情况也很难实现。因此，恐龙是恒温动物还是变温动物，到现在依旧没有明确的结论。

知识拓展

从分类上来说，恐龙属于爬行动物，而地球上的爬行动物几乎都是冷血动物；但是又有证据证明鸟类是恐龙的后裔，鸟类属于热血动物。因此，恐龙属于恒温动物还是变温动物，至今仍是一个谜。

kǒng lóng xíng zǒu yòng de
恐龙行走用的
shì sì zú hái shi hòu zhī
是四足还是后肢?

答:

kē xué jiā duì
科学家对
kǒng lóng huà shí jìn xíng yán
恐龙化石进行研

jiū hòu fā xiàn bìng bú shì suǒ yǒu
究后发现，并不是所有

de kǒng lóng dōu yòng sì tiáo tuǐ zǒu
的恐龙都用四条腿走

lù yì xiē shí cǎo lèi de dà
路。一些食草类的大

xíng kǒng lóng yīn wèi tǐ xíng guò
型恐龙，因为体型过

dà xū yào yòng sì tiáo tuǐ cái néng
大，需要用四条腿才能

●恐龙

zhī chēng zhù shēn tǐ suǒ yǐ tā men jiù shì yòng sì zú xíng
支撑住身体，所以它们就是用四足行
zǒu ér dà duō shù de shí ròu kǒng lóng dōu shì yòng liǎng tiáo
走；而大多数的食肉恐龙都是用两条
tuǐ xíng zǒu yīn wèi tā men zài bǔ zhuō liè wù shí xū yào
腿行走，因为它们在捕捉猎物时需要
yòng hòu zhī kuài sù bēn pǎo ér qián zhī yòng lái zhuō zhù liè
用后肢快速奔跑，而前肢用来捉住猎
wù hái yǒu bù fen kǒng lóng jì néng sì zú xíng zǒu yě
物；还有部分恐龙，既能四足行走，也
kě yǐ yòng liǎng tiáo hòu zhī zǒu lù tā men kě yǐ gēn jù
可以用两条后肢走路，它们可以根据
zì jǐ de xū yào suí yì biàn huàn suǒ yǐ zhè lèi kǒng lóng
自己的需要随意变换，所以这类恐龙
de qián zhī shí fēn líng huó
的前肢十分灵活。

知识拓展

大部分的食肉恐龙都是两条脚走路，但是，专家根据宣汉龙的化石推测，它可能是唯一一种四足行走的食肉恐龙。

kǒng lóng de yá chǐ yǒu nǎ xiē 恐龙的牙齿有哪些 tè diǎn hé zuò yòng 特点和作用？

xǔ duō ròu shí xìng kǒng lóng de yá chǐ xíng zhuàng
许多肉食性恐龙的牙齿形状
xiàng bǐ shǒu ér qiě cháo xiàng lǐ miàn de yá chǐ yòu xiàng jù
像匕首，而且朝向里面的牙齿又像锯
chǐ shí fēn fēng lì suǒ yǒu ròu shí xìng kǒng lóng de yá
齿，十分锋利。所有肉食性恐龙的牙
chǐ dà xiǎo hé xíng zhuàng dōu jī hū yí yàng yì kē āi zhe
齿大小和形状都几乎一样，一颗挨着
yì kē pái liè zhè xiē dà ér fēng lì de yá chǐ zhǔ yào
一颗排列。这些大而锋利的牙齿主要
yòng lái sī yǎo liè wù xùn sù bǎ liè wù fēn gē kāi
用来撕咬猎物，迅速把猎物分割开。
cǎo shí xìng kǒng lóng de yá chǐ hé ròu shí xìng kǒng lóng yǒu hěn
草食性恐龙的牙齿和肉食性恐龙有很
dà de bù tóng cǎo shí xìng kǒng lóng de yá chǐ yǒu duō zhǒng
大的不同。草食性恐龙的牙齿有多种
xíng zhuàng yǒu shù yè xíng sháo zi xíng hé dīng zi xíng tā
形状，有树叶形、勺子形和钉子形。它

霸王龙的牙齿

men de yá chǐ yě shì yì kē jǐn āi zhe lìng yì kē dàn
们的牙齿也是一颗紧挨着另一颗，但
méi yǒu quán bù jí zhōng zài yì qǐ yǒu de yá chǐ zài kǒu
没有全部集中在一起，有的牙齿在口
qiāng qián miàn de wèi zhì yǒu de zài liǎng jiá de wèi zhì
腔前面的位置，有的在两颊的位置。
cǎo shí xìng kǒng lóng zhǔ yào chī zhí wù suǒ yǐ yá chǐ hé
草食性恐龙主要吃植物，所以牙齿和
ròu shí xìng kǒng lóng xiāng bǐ bú suàn fēng lì
肉食性恐龙相比，不算锋利。

kǒng lóng de yá chǐ rú guǒ tuō luò hái huì zài zhǎng
恐龙的牙齿如果脱落，还会再长
chū xīn de lái bú xiàng wǒ men de yá chǐ qī bā suì
出新的来，不像我们的牙齿，七八岁

huàn yá hòu, yá chǐ zài tuō luò, jiù bú huì zài zhǎng xīn yá le
换牙后，牙齿再脱落，就不会再长新牙了。

知识拓展

恐龙中牙齿最可怕的非霸王龙莫属。在它的血盆大口里，生长着很多巨大的、匕首般的牙齿。它的牙齿微微向后弯曲，最长的牙齿有20厘米。

和恐龙有血缘关系的动物有哪些？

答：现存的蜥蜴类、鳄类都是恐龙的亲戚，不过它们都属于远亲。白垩纪末期，恐龙及当时的一些大型动物因适应不了变化的环境都灭绝了。而当时的一些小型动物，因为新陈代谢较慢，不需要那么多食物，反而适应了恶劣的环境，不但活了下来，而且繁衍至今，演化成了如今的蜥蜴类和鳄类。此外，不少生物学家认为，鸟类

shì kǒng lóng de hòu yì shǔ yú kǒng lóng de zhí xì qīn shǔ
是恐龙的后裔，属于恐龙的直系亲属；
bái è jì mò qī yì xiē kǒng lóng wèi le shì yìng biàn huà
白垩纪末期，一些恐龙为了适应变化
de huán jìng zhuǎn yí dào shù shang shēng cún bìng zhú jiàn zhǎng
的环境，转移到树上生存，并逐渐长
chū le yǔ máo xué huì le fēi xiáng zuì zhōng yǎn huà chéng
出了羽毛，学会了飞翔，最终演化成
le niǎo lèi
了鸟类。

知识拓展

恐龙目前生活得不错的远亲是龟鳖类爬行动物，特别是我们常说的龟，它们和恐龙是同时期的动物，因长寿而闻名。

恐龙会游泳吗？

答：恐龙属于爬行动物，在陆地上生活。但是，恐龙生活的地方有许多河流、沼泽和湖泊，所以，恐龙有时也会去水中活动。比如雷龙，它们的个头儿大，即使它们不会游泳，也可以安全地站在水中。古生物学家们经过研究发现，有些恐龙有游泳的技能。比如鸭嘴龙，它们的嘴巴和鸭子一样是扁平的，它们可以在水中快速游动，被人们被认为是游泳健将。鸭

鸭嘴龙

zuǐ lóng shǔ yú cǎo shí xìng kǒng lóng yóu yǒng yīng gāi shì wèi
嘴龙属于草食性恐龙，游泳应该是为
le duǒ bì dí rén
了躲避敌人。

知识拓展

关于恐龙会不会游泳一直颇有争议。古生物学家认为，恐龙是害怕水的，但也有少数恐龙为了捕食到水中活动。还有人认为，棘龙是唯一的水生大恐龙。

kǒng lóng huì xiū zhù cháo xué ma

恐龙会修筑巢穴吗？

tōng cháng luǎn shēng dòng wù dōu huì jiàn zào cháo
通常卵生动物都会建造巢
xué tā men zhù cháo shì wèi le bǎ luǎn chǎn zài cháo zhōng
穴，它们筑巢是为了把卵产在巢中，
bǎo hù dàn hé fū huà dàn kǒng lóng yě shì luǎn shēng dòng
保护蛋和孵化蛋。恐龙也是卵生动

恐龙蛋

物，因此它们也会建巢。根据科学家发现的恐龙巢穴，我们可以知道不同恐龙的巢穴是不同的。有的恐龙巢穴只是在地上挖个坑，有的巢穴则十分复杂，会建得很深，窝里铺有柔软的草木，窝的四周用泥土砌成。恐龙如此精心地布置巢穴，可能是怕恐龙蛋被损坏，或者是为了保暖。

知识拓展

恐龙的巢一般都是圆形的，恐龙蛋在窝里排列成环形。有的巢穴里的蛋是两个两个地组合在一起，科学家推断，可能这类恐龙有两条产道，可以一次性产两个蛋。

恐龙是怎样睡觉的？

答：动物和人一样，在持续活动之后都需要休息，大多数动物都是晚上休息，白天活动，也有一部分动物正好相反。动物们休息的姿势多样，可能趴着、躺着、站着等。迄今为止，对于恐龙是如何睡觉的，科学家还没有定论。我们不清楚恐龙的栖息习性，是因为恐龙化石并没有体现出来。但科学家们还是从化石中发现了一些蛛丝马迹，并由此推测出了恐龙是如何睡觉的。大部分小型恐龙的睡觉姿势可能和其他爬行动物差不多，都是趴在地上，四肢弯曲，头枕着地面或者前肢。有些大型恐龙，如大部分蜥脚类恐龙，它们可能趴着睡觉，也可能侧躺着睡。一些体型较大的肉食

恐龙

性恐龙有可能会站着休息。例如霸王龙，因为前肢较短，要是趴下或躺下，较短的前肢无法让它站起来。那些长着羽毛、体型较小的恐龙，它们睡觉的样子和如今的鸟类差不多。我国科学家在辽宁发现了一具寐龙的化石，这具化石正好是寐龙睡觉时的样子：整个身体趴在后腿上，用前肢的羽毛盖住弯过来的脖子，尾巴在身体四周围成一圈，蜷成一团睡觉。

知识拓展

恐龙睡觉的方式各不相同，可它们睡觉时的警惕性都很高，一点儿细微的动静都能把它们惊醒。所以，睡着的恐龙也是很可怕的。

千奇百怪的恐龙

恐龙最早出现于2.3亿年前，并逐渐发展为一个庞大的家族。这个家族中的恐龙有大有小，有凶猛的，有温和的，样子更是千奇百怪。它们都有哪些特点呢？让我们去了解一下吧！

老师，我看到电视上的恐龙长得都不一样，为什么呀？

恐龙有上千种类型，就像我们人一样，中国人和外国人长得也是不同的。

那这么多恐龙，它们的生活习性和身体特征也都是不同的吗？

没错，今天，我们就去看看这些千奇百怪的恐龙。

shēn shang yǒu jiàn bǎn de kǒng lóng jiào shén me
身上有剑板的恐龙叫什么？

答：

zài zhū luó jì shí qī, mào mì de sēn lín zhōng dào chù dōu shì kǒng lóng. qí zhōng yǒu yì zhǒng kǒng lóng, zhǎng de yòu gāo yòu pàng, yòng sì tiáo tuǐ zǒu lù, bìng qiě tā de shēn shang hái yǒu xǔ duō lèi sì shàn zi de jiàn bǎn. zhè zhǒng kǒng lóng yīn bèi shang de jiàn bǎn bèi mìng míng wéi jiàn lóng. jiàn lóng yǐ zhí wù wéi shí, shēng cún yú zhū luó jì wǎn qī. kē xué jiā zài ōu zhōu hé běi měi zhōu fā jué chū le jiàn lóng de huà shí. cóng huà shí lái kàn, jiàn lóng shì míng fù qí shí de pàng zi, chéng nián de jiàn lóng tǐ cháng yuē 9 mǐ, gāo yuē 4 mǐ, xiāng dāng yú yí liàng zhōng xíng gōng jiāo

在侏罗纪时期，茂密的森林中到处都是恐龙。其中有一种恐龙，长得又高又胖，用四条腿走路，并且它的身上还有许多类似扇子的剑板。这种恐龙因背上的剑板被命名为剑龙。剑龙以植物为食，生存于侏罗纪晚期。科学家在欧洲和北美洲发掘出了剑龙的化石。从化石来看，剑龙是名副其实的胖子，成年的剑龙体长约9米，高约4米，相当于一辆中型公交车。剑龙的头和身体相比，显得又窄又小。剑龙的四肢十分粗壮，前肢长有5个脚趾，后肢长有3个脚趾，后肢比前肢长，因此剑龙的头离地面较近，只能吃地上的低矮植物，尾巴则高高翘起。

剑龙最特别之处就是它背上的那些剑板。这些剑板有什么用呢？科学家对此有不同的看法，有人认为，剑龙的剑板是它们求偶的工具，剑板的颜色和大小可能都不一样，那些剑板更大、颜色更好看的剑龙对异性的吸引力更大。还有人认为，这些剑板

yǒu tiáo jié tǐ wēn de zuò yòng yīn wèi jiàn bǎn shang yǒu xǔ
有调节体温的作用，因为剑板上有许
duō xiǎo kǒng xuè yè yǒu kě néng cóng zhè xiē xiǎo kǒng zhōng liú
多小孔，血液有可能从这些小孔中流
guò jiàn lóng kě yǐ tōng guò xiǎo kǒng kòng zhì xuè liú liàng
过，剑龙可以通过小孔控制血流量，
cóng ér dá dào xī rè hé sàn rè de mù dì jiàn bǎn jiù
从而达到吸热和散热的目的，剑板就

剑龙

shì jiàn lóng de quán zì dòng kōng tiáo
是剑龙的“全自动空调”。

知识拓展

剑龙嘴巴上长着和鸟类一样尖尖的喙，喙里面没长牙齿，只在嘴里的两边长有一些小牙。剑龙的剑板有17块，尾巴上还长着一些刺。

问：

嗜鸟龙真的会捕食鸟类吗？

答：嗜鸟龙，顾名思义，是特别喜欢捕食鸟类的恐龙。但是，至今没人能够证明嗜鸟龙真的会捕食鸟类。嗜鸟龙生活于侏罗纪晚期，属于小型兽脚类恐龙，它们的身材小巧可爱，和小型矮脚马差不多。嗜鸟龙的后肢修长有力，类似鸵鸟的腿，可以快速奔跑；它们的前肢则比较短，能用来抓握猎物。藏身于岩缝中的蜥蜴、小型的恐龙及哺乳动物，都可能成为嗜鸟龙的口中餐。有科学家猜测，嗜鸟龙会捕食鸟类，但目前还没有可靠的证据可以证明这一猜测。

知识拓展

嗜鸟龙的意思是盗鸟的贼，科学家研究发现，嗜鸟龙能够快速奔跑，猜测它们能够捕捉到始祖鸟，所以为它起名嗜鸟龙。

窃蛋龙

qiè dàn lóng wèi shén me jiào zhè ge míng zi
窃蛋龙为什么叫这个名字？

答:

qiè dàn lóng cún huó yú bái è jì wǎn qī de
窃蛋龙存活于白垩纪晚期的
yà zhōu yòu míng tōu dàn lóng dào dàn lóng shēn tǐ zhǐ yǒu
亚洲，又名偷蛋龙、盗蛋龙，身体只有
mǐ cháng shǔ yú xiǎo xíng shòu jiǎo lèi yǐ dòng wù
2～3米长，属于小型兽脚类，以动物
wéi shí nián měi guó de zhōng yà xì yà kǎo chá
为食。1923年，美国的中亚细亚考察
tuán zài měng gǔ wā chū yì xiē kǒng lóng dàn huà shí hé yì zhī
团在蒙古挖出一些恐龙蛋化石和一只

原角龙的化石，以及一只正趴在蛋壳上的未知名恐龙的化石。因为当时鉴别水平低，科学家误以为这只恐龙正在偷原角龙的蛋，于是将它命名为窃蛋龙。后来，科学家经过仔细研究，确认了当时的那堆蛋是窃蛋龙的，原角龙只是刚好从那里路过，偷蛋这件事真相大白，可是窃蛋龙的名字并没有改变。

知识拓展

窃蛋龙和鸵鸟差不多大小，头上有一个骨冠，嘴里没有牙齿，长着尖尖的爪子、长长的尾巴，科学家推测它可以快速奔跑，尾巴可以保持身体平衡。窃蛋龙是和鸟类最相似的恐龙之一。

问：

梁龙靠什么来保护自己？

liáng lóng kào shén me lái bǎo hù zì jǐ

梁龙

答：梁龙的大个子可以直接把想捕食它的敌人吓退，但是，有些饿极了的肉食性恐龙，还是会攻击梁龙。这个时候，梁龙又如何保护自己呢？梁龙的长尾巴如同有力的鞭子，当敌人

liáng lóng de dà gè zi kě yǐ zhí jiē bǎ xiǎng bǔ shí tā de dí rén xià tuì dàn shì yǒu xiē è jí le de ròu shí xìng kǒng lóng hái shi huì gōng jī liáng lóng zhè ge shí hou liáng lóng yòu rú hé bǎo hù zì jǐ ne liáng lóng de cháng wěi ba rú tóng yǒu lì de biān zi dāng dí rén

来袭时，它们会用尾巴还击。要知道，这条长尾巴能把那些肉食性恐龙抽得很疼。此外，梁龙的前肢十分灵活，当敌人靠近时，梁龙就会用前肢狠狠地教训敌人。

知识拓展

梁龙的身体极长，可达到27 ~ 30米，脖子和尾巴都是又细又长，四肢像四根大柱子，鼻孔位于眼睛上方，脑袋也小小的。梁龙以植物为食，吃东西时不咀嚼，而是直接吞下去。

暴龙有哪些特点？

答：暴龙生活于白垩纪晚期，曾经称霸亚洲东部和北美洲，被称为“最成功的恐龙”。暴龙的前肢非常细小，它们常常利用自己那恐怖的大嘴巴和强壮的身体去捕食。暴龙是恐龙家族中的

暴龙

zuì qiáng zhě yǒu zhe jù dà de nǎo dai hòu hòu de bí
最强者，有着巨大的脑袋、厚厚的鼻
zi wān wān de xià hé néng gòu jǐn jǐn hé zài yì qǐ
子、弯弯的下颌，能够紧紧合在一起
de fēng lì yá chǐ yǐ jí nà yòu cū yòu duǎn de bó zi
的锋利牙齿，以及那又粗又短的脖子。
cǐ wài bào lóng hái yǒu shí fēn fā dá de xiù jué hé shì
此外，暴龙还有十分发达的嗅觉和视
jué zhè xiē tè shū de shēn tǐ gòu zào hé chāo qiáng de gǎn
觉，这些特殊的身体构造和超强的感
guān néng lì ràng bào lóng kě yǐ qīng qīng sōng sōng de bǔ dào
官能力，让暴龙可以轻轻松松地捕到
liè wù
猎物。

知识拓展

霸王龙，学名是雷克斯暴龙，是暴龙中最强悍的一种。它们的身体平均长度达11.7米，体重达11吨，是已知恐龙中最大的肉食性恐龙之一。霸王龙的牙齿像香蕉一样大，可以咬断动物的骨骼。

lián dāo lóng de míng zi
镰刀龙的名字
shì zěn yàng dé lái de
是怎样得来的？

答：

lián dāo lóng zuì xiǎn zhù
镰刀龙最显著
de tè zhēng shì qián zhī shang zhǎng
的特征是前肢上长
yǒu páng dà de zhǐ zhǎo　zhè
有庞大的指爪。这
xiē dà zhuǎ zi chà bu duō
些大爪子差不多
yǒu　mǐ cháng　kàn
有1米长，看

镰刀龙

起来就像一把把锋利的大镰刀，所以人们将其命名为镰刀龙。虽然镰刀龙长着可怕的爪子，但是它属于植食性恐龙，主要吃植物的枝叶和果实，前肢上的大爪子可以帮助它们把枝叶切碎，还可以用来挖开土壤。

知识拓展

镰刀龙是大型兽脚类恐龙，行动缓慢。生物学家认为，镰刀龙属于进化了的恐龙，它们的祖先和暴龙相同。

腕龙

wàn lóng wèi shén me bèi chēng wéi dà wèi wáng

腕龙为什么被称为“大胃王”?

wàn lóng bèi chēng wéi dà wèi wáng shì yīn
腕龙被称为“大胃王”，是因
wèi tā men de shēng zhǎng sù dù hěn kuài xū yào bú duàn
为它们的生长速度很快，需要不断
de chī dōng xi xiàn zài dòng wù jiè zuì néng chī de yà zhōu
地吃东西。现在动物界最能吃的亚洲

象每天需要吃150千克的东西，而腕龙每天大概需要1500千克的食物，是亚洲象的10倍。科学家是根据腕龙的粪便化石推断出腕龙每天的进食量的，因为腕龙一次可以排出1米多高的粪便。

知识拓展

腕龙曾是陆地上最大的动物之一，存在于侏罗纪晚期，它们前肢较大，后肢较小，脖子像长颈鹿的脖子一样长，尾巴较短。

jí lóng bèi shang de fān yǒu shén me zuò yòng

棘龙背上的“帆”有什么作用？

答：

jí lóng yòu míng jí bèi lóng shēng huó zài bái
棘龙又名棘背龙，生活在白
è jì de běi fēi shǔ yú shòu jiǎo lèi kǒng lóng shì yǐ zhī
垩纪的北非，属于兽脚类恐龙，是已知
shòu jiǎo lèi zhōng zuì dà de ròu shí xìng kǒng lóng jí lóng shēn
兽脚类中最大的肉食性恐龙。棘龙身

棘龙

长约为12~20米，高约1.6米，体重可达20吨。棘龙的背上长着长长的棘，棘与棘中间连接着皮肤，看上去就像轮船的风帆。科学家经过研究，推测棘龙的“帆”有威胁对手、吸引异性和猎物、储存脂肪、调节体温等用处。棘龙十分可怕，算得上是顶级掠食者。

知识拓展

研究显示，棘龙是已知恐龙中唯一会游泳的肉食性恐龙。它的头颅骨有1.75米长，被认为是半水生动物。

雷龙为什么叫“雷龙”？

答：雷龙属于蜥脚类恐龙，生存于侏罗纪晚期，居住在北美洲西部。雷龙体长大概22米，身高大概是4.5米，体重将近15吨。1879年，美国科学家在对雷龙化石研究后提出，这种恐龙走路时会发出特别大的声音，

雷龙

jiù xiàng dǎ léi yí yàng yīn cǐ jiāng qí mìng míng wéi léi
就像打雷一样，因此将其命名为雷
lóng nián yǒu gǔ shēng wù xué jiā rèn wéi léi
龙。1903年，有古生物学家认为，雷
lóng hé mí huò lóng hěn xiāng sì yīng gāi shǔ yú tóng yì zhǒng
龙和迷惑龙很相似，应该属于同一种
kǒng lóng yú shì léi lóng chéng wéi mí huò lóng de yì yuán
恐龙，于是雷龙成为迷惑龙的一员。
nián yòu yǒu xīn dí zhèng jù zhèng míng léi lóng bù
2015年，又有新的证据证明，雷龙不
shǔ yú mí huò lóng zhì cǐ léi lóng zhōng yú què dìng le
属于迷惑龙。至此，雷龙终于确定了
shǔ yú zì jǐ de míng zi
属于自己的名字。

知识拓展

迷惑龙属于梁龙科恐龙，是植食性恐龙，生活在侏罗纪晚期。迷惑龙的颈椎比梁龙的更短、更重，腿部的骨头比梁龙更长、更结实。科学家说它是比梁龙更粗壮的恐龙。

yā zuǐ lóng de tóu guān
鸭嘴龙的头冠
yǒu shén me qí tè zhī chù
有什么奇特之处？

yā zuǐ lóng tóu shang dǐng zhe yí gè tóu guān
鸭嘴龙头上顶着一个头冠，
jiù xiàng tā men de mào zi yā zuǐ lóng de tóu guān bù tóng
就像它们的帽子。鸭嘴龙的头冠不同
yú qí tā dòng wù de tóu guān tā de nèi zài jié gòu shí
于其他动物的头冠，它的内在结构十
fēn jīng xì yā zuǐ lóng de tóu guān shì zhōng kōng de lǐ
分精细。鸭嘴龙的头冠是中空的，里
miàn wān yán qū zhé hé bí kǒng yǐ jí fèi bù lián zài yì
面蜿蜒曲折，和鼻孔以及肺部连在一
qǐ dāng tā men hū qì hé xī qì shí yǎng qì jīng bí
起，当它们呼气和吸气时，氧气经鼻
kǒng lái dào tóu guān li jiù huì fā chū gè zhǒng bù tóng de
孔来到头冠里，就会发出各种不同的
xiǎng shēng yā zuǐ lóng dà gài jiù shì lì yòng zhè xiē shēng
响声。鸭嘴龙大概就是利用这些声
yīn hé tóng bàn men chuán dì xìn xī de yā zuǐ lóng de tóu
音和同伴们传递信息的。鸭嘴龙的头

guān bìng bù wán quán xiāng tóng xìng bié nián líng bù tóng de
冠并不完全相同，性别、年龄不同的

yā zuǐ lóng tóu guān yě huì bù yí yàng
鸭嘴龙，头冠也会不一样。

知识拓展

鸭嘴龙有良好的视力和灵敏的嗅觉，就像在身体四周装满了摄像头，能快速发现敌情，迅速逃走。另外，它们的足部有蹼，可以进入水里躲避敌人。

bà wáng lóng wèi shén me néng
霸王龙为什么能
chéng wéi dāng shí dì qiú shang de bà zhǔ
成为当时地球上的霸主？

答：

zài bào lóng zhè ge dà jiā zú zhōng bà wáng
在暴龙这个大家族中，霸王
lóng shì zuì dà de yì zhǒng kǒng lóng bà wáng lóng tǐ cháng
龙是最大的一种恐龙。霸王龙体长
dà yuē mǐ nǎo dai tè bié dà yá chǐ jiān yìng cū
大约12米，脑袋特别大，牙齿坚硬粗
zhuàng jiù xiàng xiāng jiāo yí yàng bà wáng lóng de tóu gǔ shí
壮，就像香蕉一样。霸王龙的头骨十
fēn jiē shi ér qiě shàng xià hé de yǎo hé lì jīng rén kě
分结实，而且上下颌的咬合力惊人，可
yǐ háo bú fèi lì de bǎ gǔ tou yǎo duàn bà wáng lóng bǔ
以毫不费力地把骨头咬断。霸王龙捕
shí liè wù shí shǒu xiān huì shǐ jìn yǎo xiàng liè wù jiē
食猎物时，首先会使劲咬向猎物，接
zhe bǎ jǐng bù niǔ xiàng yì biān chě xià hěn dà yí kuài dài
着把颈部扭向一边，扯下很大一块带
zhe gǔ tou de ròu yì qǐ tūn jìn dù zi li cǐ wài
着骨头的肉，一起吞进肚子里。此外，

霸王龙

bà wáng lóng de shì jué hé xiù jué dōu fēi cháng líng mǐn zhè
霸王龙的视觉和嗅觉都非常灵敏，这
ràng bà wáng lóng gèng róng yì bǔ zhuō dào liè wù zài nà ge
让霸王龙更容易捕捉到猎物。在那个
shí hou méi yǒu dòng wù néng dí de guò bà wáng lóng bà
时候，没有动物能敌得过霸王龙，霸
wáng lóng zì rán jiù chéng le dāng shí de bà zhǔ
王龙自然就成了当时的霸主。

知识拓展

巨大的霸王龙的前肢十分细小，大概只有80厘米长，无法摸到自己的头，也摸不到自己的脚。科学家猜测，霸王龙的前肢是用来平衡头部重量的。

突然消失的恐龙

恐龙在地球上存在了1.6亿年，繁衍了一个庞大的家族。6500万年前的生物大灭绝事件，使得恐龙全部灭绝。恐龙为什么会全部灭绝呢？究竟是什么原因造成的呢？

老师，恐龙那么厉害，为什么还会灭绝呢？

可能是因为环境的变化，恐龙不适应环境，所以灭绝了。

那其他动物又为什么能活下来呢？

可能这些动物不需要大量食物，当时的环境也能够让它们生存。具体原因科学家还在不断探索中，我们先去了解一下目前已知的内容吧。

kǒng lóng shì shén me shí hou xiāo shī de
恐龙是什么时候消失的？

kǒng lóng xiāo shī yú wàn nián qián kǒng
恐龙消失于6500万年前。恐
lóng jiū jìng shì zěn me xiāo shī de ne zhì jīn wǒ men
龙究竟是怎么消失的呢？至今，我们
dōu bù néng què dìng qí zhōng de yuán yīn
都不能确定其中的原因。

dàn kě yǐ què dìng de shì zài bái è jì mò qī
但可以确定的是，在白垩纪末期，
fā shēng le yí cì shēng wù dà miè jué shì jiàn kǒng lóng jiù
发生了一次生物大灭绝事件，恐龙就
miè jué yú zhè ge shí hou rú jīn wǒ men zài diàn shì shang
灭绝于这个时候。如今我们在电视上
jiàn dào de kǒng lóng shì rén men gēn jù huà shí jí xiǎng xiàng
见到的恐龙，是人们根据化石及想象
huán yuán chū lái de zài nà cì dà miè jué shì jiàn zhōng
还原出来的。在那次大灭绝事件中，
chú le kǒng lóng hái yǒu xǔ duō dòng wù yě dōu miè jué le
除了恐龙，还有许多动物也都灭绝了。
hǎi yáng zhōng de pá xíng dòng wù zhǐ yǒu hǎi guī huó le xià
海洋中的爬行动物只有海龟活了下

lái huì fēi de yì lóng miè jué le bǎ tiān kōng liú gěi le
来；会飞的翼龙灭绝了，把天空留给了
hòu lái de niǎo lèi shēng huó zài lù dì shang de dòng wù xìng
后来的鸟类；生活在陆地上的动物幸
cún de zhǐ yǒu bù fen pá xíng dòng wù hé bǔ rǔ dòng wù
存的只有部分爬行动物和哺乳动物。
kě yǐ shuō zhè cì shēng wù dà miè jué ràng dì qiú shang
可以说，这次生物大灭绝，让地球上
de wù zhǒng jiǎn shǎo le
的物种减少了80%。

dàn shì kǒng lóng bìng bú shì yí xià zi quán bù xiāo
但是，恐龙并不是一下子全部消
shī de kē xué jiā duì bái è jì mò qī de yán céng jìn
失的。科学家对白垩纪末期的岩层进
xíng le fēn xī fā xiàn zài zhè cì dà miè jué shì jiàn qián
行了分析，发现在这次大灭绝事件前，

海龟

yǐ jīng yǒu bù fen kǒng lóng zhú jiàn miè jué le ér shēng wù
已经有部分恐龙逐渐灭绝了。而生物

dà miè jué shì jiàn shǐ shèng xià de kǒng lóng yě xiāo shī le
大灭绝事件使剩下的恐龙也消失了。

知识拓展

关于恐龙灭绝的原因，有以下几种猜想：一是地球上突然变冷，恐龙忍受不了严寒；二是小行星撞击地球导致；三是因为其他动物偷吃恐龙蛋；四是因为突然暴发的传染病。

nǎ zhǒng kǒng lóng zuì zǎo miè wáng
哪种恐龙最早灭亡?

答:
zài zhū luó jì zhōng qī dào bái è jì zǎo
在侏罗纪中期到白垩纪早
qī shēng huó zhe yì zhǒng kǒng lóng zhè zhǒng kǒng lóng shēn cháng
期，生活着一种恐龙，这种恐龙身长
zài mǐ zhī jiān tǐ zhòng dà yuē dūn kào
在6~12米之间，体重大约20吨，靠
sì tiáo tuǐ xíng zǒu qián zhī bǐ hòu zhī duǎn cóng yuǎn chù
四条腿行走，前肢比后肢短，从远处
kàn jiù xiàng yí zuò gǒng xíng de shān fēng zhè zhǒng kǒng lóng
看，就像一座拱形的山峰。这种恐龙
shí fēn chū míng yīn wèi tā men de bèi bù zhǎng zhe jù dà
十分出名，因为它们的背部长着巨大
de gǔ bǎn méi cuò tā men jiù shì jiàn lóng jù shuō
的骨板。没错，它们就是剑龙。据说，
jiàn lóng shì zuì zǎo miè jué de kǒng lóng
剑龙是最早灭绝的恐龙。

jiàn lóng de nǎo dai shí fēn xiǎo nǎo róng liàng shì suǒ
剑龙的脑袋十分小，脑容量是所
yǒu kǒng lóng li zuì xiǎo de shèn zhì bǐ yì tiáo gǒu de nǎo
有恐龙里最小的，甚至比一条狗的脑

róng liàng hái yào xiǎo
容量还要小。

jiàn lóng de tǐ xíng yòu ǎi yòu cháng tóu lí dì miàn
剑龙的体型又矮又长，头离地面
jiào jìn yīn cǐ tā zhǐ néng chī dào dì miàn shang jiào ǎi
较近。因此，它只能吃到地面上较矮
de zhí wù kě shì suí zhe huán jìng de biàn huà dī
的植物。可是，随着环境的变化，低
ǎi zhí wù bú duàn jiǎn shǎo jiàn lóng bù dé bù xiǎng bàn fǎ
矮植物不断减少，剑龙不得不想办法
qù chī gāo chù de zhí wù zhè yàng yì lái jiàn lóng miàn
去吃高处的植物。这样一来，剑龙面

剑龙

lín liǎng gè wèn tí dì yī qián dī hòu gāo de shēn tǐ
临两个问题：第一，前低后高的身体
gòu zào huì xiàn zhì jiàn lóng chī dào gèng gāo chù de zhí wù
构造会限制剑龙吃到更高处的植物；
dì èr qí tā kǒng lóng yě yào chī jiào gāo chù de zhí wù
第二，其他恐龙也要吃较高处的植物，
jiàn lóng bù dé bù yǔ qí tā kǒng lóng qiǎng duó shí wù rán
剑龙不得不与其他恐龙抢夺食物，然
ér jiàn lóng běn shēn bìng bù cōng ming suǒ yǐ hěn nán chéng gōng
而剑龙本身并不聪明，所以很难成功
qiǎng dào shí wù huò xǔ zhèng yīn wèi rú cǐ jiàn lóng
抢到食物。或许，正因为如此，剑龙
cái chéng wéi zuì zǎo bèi dà zì rán táo tài de kǒng lóng
才成为最早被大自然淘汰的恐龙。

知识拓展

剑龙生活在侏罗纪晚期，是一种体型巨大的恐龙，以植物为食，喜欢群居生活，在平原中活动。它身体最特殊的地方就是背上的三角形骨板。

问：

最后消失的恐龙有哪些？

答：历史上体型最大的动物非恐龙莫属，在久远的恐龙时代，它们是这个世界的主宰。但是，我们并没有见证恐龙的辉煌。为了能理清恐龙时代发生的事情，科学家们把那个时代划分为三叠纪、侏罗纪和白垩纪。

每个时期都生活着不同的恐龙，据我们目前掌握的信息，还没发现有哪种恐龙在这三个时期都存活过，也就是说每种恐龙最多能活在其中一个或两个时期。我们推断，最后消失的恐龙生活于白垩纪。那么，究竟有哪些恐龙生活在白垩纪呢？对此，古生物学家们可以从一些已发现的恐龙化石中找到答案。

例如，古生物学家们在美国蒙大拿州一个叫“地狱溪建造”的地层中发掘出三角龙的角化石。挖掘出恐龙角化石的地层距离

三角龙

K－T城只有13厘米，属于中生代和新生代的分界点。而白垩纪是中生代最后一个阶段，由此可推断出三角龙生活在白垩纪晚期，属于最后灭亡的恐龙。按照同样的方法，古生物学家通过恐龙化石推断出最后灭亡的恐龙可能还有暴龙、埃德蒙顿龙、肿头龙等。

知识拓展

海王龙，又称作节龙，属于沧龙类。其体型非常庞大，是肉食性恐龙，会游泳，泳技高超。脑袋大大的，嘴巴又长又尖，脖子较短。事实上，海王龙不属于恐龙，它只是生活在恐龙时代。

è yú hé kǒng lóng yǒu guān xì ma
鳄鱼和恐龙有关系吗？

答：

jīng cháng yǒu rén shuō è yú shì kǒng lóng de hòu
经常有人说鳄鱼是恐龙的后

dài yīn wèi tā men yǒu hěn duō xiāng tóng diǎn è yú hé
代，因为它们有很多相同点。鳄鱼和

kǒng lóng de xiàng mào jí shēn tǐ jié gòu dí què yǒu lèi sì de
恐龙的相貌及身体结构的确有类似的

dì fang è yú shì shēng huó zài lù dì shang de pá xíng
地方。鳄鱼是生活在陆地上的爬行

鳄鱼

dòng wù jí qí xiōng měng yǐ dòng wù wéi shí tā men
动物，极其凶猛，以动物为食。它们
tǐ xíng páng dà shēn shang zhǎng mǎn le lín jiǎ wěi ba shí
体型庞大，身上长满了鳞甲，尾巴十
fēn cū zhuàng yá chǐ yòu dà yòu fēng lì zhè xiē tè zhēng
分粗壮，牙齿又大又锋利，这些特征，
wú yī bú ràng rén xiǎng dào kǒng lóng è yú de zǔ xiān shì
无一不让人想到恐龙。鳄鱼的祖先是
zhōng shēng dài shí qī de gǔ è yú lèi gēn jù xiàn dài
中生代时期的古鳄鱼类，根据现代
shēng wù xué fēn lèi è yú shǔ yú chū lóng xià gāng kǒng
生物学分类，鳄鱼属于初龙下纲，恐
lóng de zǔ xiān shì cáo chǐ lèi shēng wù kě jiàn tā men
龙的祖先是槽齿类生物，可见，它们
de zǔ xiān bìng bù xiāng tóng è yú bìng bú shì kǒng lóng de
的祖先并不相同，鳄鱼并不是恐龙的
hòu dài
后代。

知识拓展

鳄鱼是高等的爬行动物，用肺呼吸。我国特有的鳄鱼叫扬子鳄，是国家一级保护动物。

翼龙

yì lóng wèi shén me yě miè jué le
翼龙为什么也灭绝了?

答:

guān yú yì lóng wǒ men xū yào zhī dào liǎng
关于翼龙，我们需要知道两
diǎn yī shì yì lóng bú shì kǒng lóng tā shǔ yú pá xíng
点：一是翼龙不是恐龙，它属于爬行
dòng wù yì lóng mù bìng qiě huì fēi èr shì wàn
动物翼龙目，并且会飞；二是6500万
nián qián de shēng wù dà miè jué shì jiàn dǎo zhì dì qiú shang
年前的生物大灭绝事件导致地球上
jué dà bù fen shēng wù dōu miè jué le qí zhōng yě bāo kuò
绝大部分生物都灭绝了，其中也包括

翼龙。

尽管翼龙可以像鸟类一样飞翔，但它毕竟是在地球上生存的，地球的环境变化对翼龙也产生影响。大灭绝发生时，地球上环境极其恶劣，大量火山喷发，空气中充满了灰尘和有毒物质，对会飞的生物来说，空气质量的影响更大。因此，翼龙会灭绝，也就不奇怪了。

知识拓展

恐龙被定义为后肢能独立行走的陆地爬行动物，可翼龙的身体结构和恐龙完全不同，后肢也不能直立行走，它被称为“飞龙”，是最早具有飞行能力的脊椎动物。